MODERN HUMANITIES RESEARCH ASS

CRITICAL TEXTS

PHOENIX

VOLUME 3

Editors
THOMAS WYNN
PIERRE FRANTZ

DELISLE DE SALES

THEATRE D'AMOUR

ET

BACULARD D'ARNAUD

L'ART DE FOUTRE, OU PARIS FOUTANT

DELISLE DE SALES

THEATRE D'AMOUR

ET

BACULARD D'ARNAUD

L'ART DE FOUTRE, OU PARIS FOUTANT

Édition présentée, établie et annotée par

Thomas Wynn

MODERN HUMANITIES RESEARCH ASSOCIATION

2011

Published by

The Modern Humanities Research Association,
1 Carlton House Terrace
London SW1Y 5AF

First published 2011

ISBN 978-1-907322-43-3

Copies may be ordered from www.phoenix.mhra.org.uk

Table des Matières

Introduction

Cette édition offre au lecteur l'occasion de découvrir le théâtre érotique du dix-huitième siècle, un aspect méconnu et presque inaccessible de la théâtromanie qui caractérisait l'époque. Extrêmement rares, les textes réunis dans ce volume paraissent ici dans leur intégralité pour la première fois depuis plus de 250 ans. Nous présentons deux ouvrages : le *Théâtre d'amour*, un recueil de comédies (et autres textes) écrit par Delisle de Sales pour un théâtre princier, probablement dans les années 1770 ; et *L'Art de foutre, ou Paris foutant*, un ballet obscène de Baculard d'Arnaud, joué dans un bordel parisien en 1741. Delisle constate dans la préface de son manuscrit qu'il « ne reste réellement en Europe de mon *Théâtre d'amour* qu'un seul exemplaire » (pp. 51-52). Alors que de brefs extraits furent publiés au début du siècle dernier,[1] nous publions l'ensemble de cette œuvre insolite. L'ouvrage de Baculard est presque aussi rare, car il n'en reste qu'un seul imprimé et un manuscrit unique. Aussi singulières soient-elles, ces œuvres littéraires n'en sont pas moins dignes d'étude sérieuse, car elles se trouvent à la confluence de deux courants caractéristiques du dix-huitième siècle, le libertinage et le théâtre de société. Ce volume est la toute première édition critique de pièces de théâtre érotiques.[2]

Dès son titre, l'obscénité de *L'Art de foutre* se distingue de l'élégance du *Théâtre d'amour* : l'action ne s'y passe plus « tantôt dans un bosquet près d'une chute d'eau, tantôt dans un joli boudoir pratiqué dans une petite orangerie » (p. 121), mais dans « un vaste appartement, enrichi de tous les emblèmes du bordel » (p. 219) ; Minerve, Junon et Vénus disparaissent, faisant place à des « garces à cul et [des] laveuses de vit » (p. 218) ; les personnages du ballet pensent beaucoup moins à séduire des vierges, qu'à éviter les chaudes-pisses ; et alors que les personnages de Delisle s'empêchent d'employer des termes vulgaires – « dis-moi

---

[1] Gaston Capon et Robert Yve-Plessis, *Les Théâtres clandestins* (Paris : Plessis, 1905), pp. 153-175.

[2] Jean-Jacques Pauvert a édité deux anthologies de théâtre érotique : *Théâtre érotique français au XVIIIᵉ siècle* (Paris : Terrain vague, 1993), et *Théâtre érotique – volume 1* (Paris : La Musardine, 2001). Les trois textes du dix-huitième siècle dans cette seconde anthologie – à savoir *Le Bordel*, *La Comtesse d'Olonne*, et *Vasta, reine de Bordélie* – avaient déjà apparu pas dans la première. Maurice Lever présente huit dialogues et pièces de théâtre dans son *Anthologie érotique : le XVIIIᵉ siècle* (Paris : Robert Laffont, 2003), pp. 1029-1157. De ces trois volumes, celui de Lever est le seul à offrir au lecteur quelques rares notes érudites.

comment cette bégueule de Minerve, qui ne t'a pas dévoilé son sein, t'a permis de dévoiler son... pardon, j'allais dire une sottise » (p. 154) – le langage de *L'Art de foutre* est foncièrement cru ; « Du puissant art de foutre épuisez les secrets ; / Remplissez de nos cons l'ouverture profonde. / Foutez, foutez, ne vous lassez jamais ; / Que sur le con votre bonheur se fonde » (pp. 219-20). Les deux ouvrages diffèrent par le public visé, le style, la culture et l'idéologie.

Le *Théâtre d'amour* et *L'Art de foutre* sont des ouvrages inattendus chez des auteurs que l'histoire littéraire a regardés comme des écrivains plutôt sobres et moralisateurs. Mieux connu comme l'auteur de *La Philosophie de la nature* (1770), « livre assez ennuyeux » selon Meister,[3] Jean-Baptiste-Claude Delisle de Sales (1741-1816) a été considéré comme un écrivain « dont les textes ne présentaient pas d'emblée le caractère du génie », et dont le « rôle est à l'évidence celui d'un simple transmetteur d'idées déjà là, qui ne les compose jamais en système, ne les enrichit d'aucune instrumentation conceptuelle originale ».[4] Il est donc d'autant plus surprenant que Delisle ait composé un des ouvrages érotiques les plus développés et originaux de son époque. Nous tâcherons de montrer que ce que deux critiques ont dénigré comme des pièces « révoltantes d'obscénité »[5] constitue plutôt une réflexion suivie sur le désir, l'absence et la caste. François-Thomas-Marie Baculard d'Arnaud (1718-1805) jouit de la réputation d'un auteur de contes moraux comme les *Épreuves du sentiment* (1768), et de pièces de théâtre sensibles, par exemple *Les Amants malheureux* (1764). Décrit comme un écrivain « apparemment moralisateur, fournisseur d'émotions plus ou moins fortes, d'aventures, d'Histoire vulgarisée, grand pourvoyeur et fauteur de larmes », c'est-à-dire comme un auteur dont les

---

[3] *Correspondance littéraire, philosophique et critique par Grimm, Diderot, Raynal, Meister etc.*, éd. Maurice Tourneux, 16 tomes (Paris : Garnier, 1877-82), IX, p. 311. Notons, tout de même, que *La Philosophie de la nature* était un ouvrage fort controversé voire condamné.

[4] Pierre Malandain, *Delisle de Sales, philosophe de la nature (1741–1816)*, SVEC, 203-204 (1982), p. 15 et p. 515. Malandain note que l'auteur est connu sous au moins dix-huit noms, selon qu'il s'appelle Delisle, Delille, Desales, Isle, Isoard etc. Nous le nommerons Delisle tout simplement.

[5] Capon et Yve-Plessis, *Les Théâtres clandestins*, p. 161.

« œuvres suivent le marché du siècle »,[6] Baculard fait preuve d'une plume prolifique plutôt qu'originale. Selon Robert Dawson, le conservatisme raisonnable de Baculard dans tous les genres littéraires aurait été une raison importante de la réception favorable que connurent ses œuvres chez les critiques et le grand public qui se méfiaient des philosophes iconoclastes.[7] Alors qu'un de ses contemporains proclame qu'aucun « auteur n'inspire plus que lui l'amour de l'humanité et la pratique des vertus sociales »,[8] il est peut-être déconcertant de lire que la police accuse Baculard d'être « l'autheur d'une pièce des vers des plus licencieux et absolument contraire aux bonnes mœurs ».[9] Cette édition du *Théâtre d'amour* et de *L'Art de foutre* permettra donc une évaluation plus complète de ces deux auteurs.

Le théâtre érotique : représentation et lecture

Force est de constater que la catégorie de « théâtre érotique » est assez anachronique, l'époque des Lumières lui préférant des termes comme « gaillard » et « grivois », adjectifs qui s'appliquent à toute une variété d'œuvres qui choquent la bienséance. Typique à cet égard est le *Recueil de comédies et de quelques chansons gaillardes* (1775), qui comprend six pièces de théâtre qui diffèrent considérablement par leur ton : par exemple, *Le Bordel ou le jeanfoutre puni* du comte de Caylus (1732) et *La Comtesse d'Olonne*, sans doute par Grandval père (1738), mettent en scène des épisodes sexuellement explicites, tandis que les parades *Le Tempérament* et *Léandre Nanette, ou Le Double qui-pro-quo* présentent des épisodes qui, certes, choquent la bienséance mais qui ne montrent pas un corps prêt à se donner à un autre.

---

[6] Béatrice Touitou, *Bibliographie des écrivains français : Baculard d'Arnaud* (Paris : Memini, 1997), p. 16.

[7] Robert Dawson, *Baculard d'Arnaud : life and prose fiction*, SVEC, 141-42 (1976), p. 557. Cette réputation a été contestée, notamment par Katharine Astbury, *The Moral Tale in France and Germany 1750-1789*, SVEC, 2002:07.

[8] *Bibliothèque d'un homme de goût* (1798), citée dans Dawson, *Baculard d'Arnaud*, p. 21.

[9] Bibliothèque de l'Arsenal, Archives de la Bastille, Ms 11480, f. 223. Ce document fut écrit vers le 14 mars 1741, lors du transfert de Baculard à Saint-Lazare.

Cette infraction au code social est évidente dans *L'Oracle* de Grandval fils (1767) ; quand la vieille Clitorisette essaie de séduire le jeune prêtre Imbecillis, celui-ci s'écrie, « Eh ! mais !... la bienséance... », et elle répond « ici, l'on s'en dispense ».[10] Dans ce théâtre obscène, l'objet de fascination n'en est pas moins le corps humain dévoilé, mais il s'agit d'une gamme plus large de ses fonctions corporelles, que ce soit le plaisir sexuel ou la défécation. De plus, ce n'est pas toujours la beauté du corps qu'on montre, mais l'échec (dans *Alphonse l'impuissant* de Collé, 1738) ou la mutilation (*La Bougie de Noël* de Mercier de Compiègne, date inconnue). Ce genre de théâtre tend à provoquer chez le lecteur ou le spectateur divers effets (y compris le rire), et l'érotisme va souvent de pair avec la scatologie, la castration et le blasphème. Cette diversité d'effets doit être prise en compte lorsqu'on lit le *Théâtre d'amour* et *L'Art de foutre*, puisqu'ils n'excluent ni la violence, ni l'humour ni même la tristesse.

Le contenu du théâtre érotique est, en général, contemporain ; des pièces comme *La Garcette*, *Les Nones fugitives* et *La Matinée libertine, ou les moments bien employés* mettent sur scène des épisodes résolument actuels, plutôt que d'évoquer un passé fantaisiste. Bien représentatif à cet égard est *L'Art de foutre*, dont les personnages furent identifiés par au moins deux lecteurs contemporains (voir ci-dessous). L'effet d'actualisation du genre est très prononcé dans les pamphlets théâtralisés où apparaissent les acteurs réels de la Révolution ; voir, à ce titre, le *Bordel patriotique* et *La Journée amoureuse ou les derniers plaisirs de M...-A...*, pamphlets dans lesquels la politique et la pornographie vont de pair.[11] Le contenu du *Théâtre d'amour* est, au contraire, historique et mythologique, ce qui donne à ce recueil un ton résolument néoclassique ; nous examinerons plus loin cet aspect du recueil.

Dans la préface du *Théâtre d'amour*, Delisle propose une généalogie du théâtre érotique, selon laquelle le genre dérive du

---

[10] Charles François Racot de Grandval, *L'Oracle, ou le Muphti rasé* ('Constantinople' : 1767), p. 23.

[11] Voir Lynn Hunt, 'Pornography and the French Revolution', dans *The Invention of Pornography : Obscenity and the Origins of Modernity, 1500-1800*, sous la direction de Lynn Hunt (New York : Zone Books, 1996), pp. 301-39 ; et Marie Delouze, '*Sodom* (1676) et le *Bordel patriotique* (1791): mises en scène d'une pornographie patriotique', *Loxias* (mai 2007), à consulter en ligne.

dialogue érotique ancien (p. 48) :

> Toute l'antiquité a retenti des dialogues d'un amour plus que libre qu'avait composés Eléphantis, et dont les dernières copies ont probablement été brûlées lors de l'incendie de la bibliothèque des Ptolémées. Des peintres de renom avaient joint à ces ouvrages licencieux des desseins qui présentaient l'amour sans voile dans toutes les attitudes que l'imagination la plus hardie avait pu suggérer. C'est une pareille tradition qui a pu faire naître dans nos âges modernes les entretiens d'Aloysia et les sonnets de l'Arétin ; j'ai toujours regretté qu'une plume plus [...][12] ne se fût pas emparée de l'idée originale d'Eléphantis en couvrant d'un voile heureux toutes ces nudités cyniques qui révoltent le goût, sans rien ajouter au délire enchanteur de l'amour.

Les ouvrages de la poétesse grecque Eléphantis ont disparu, et n'existent plus que comme des références chez d'autres auteurs. Martial, par exemple, écrit : « De tes vers scabreux, Sabellus, tu m'en as lus de trop bien tournés, et tels que ni les prostituées de Didymos n'en ont appris, ni les livres licencieux d'Eléphantis. »[13] Selon Suétone (que traduisit Delisle, et nous y reviendrons), Tibère avait dans sa retraite de Capri « des appartements particuliers ornés de tableaux et de statues lascives, et où l'on ne trouvait d'autres livres que les ouvrages infâmes d'Eléphantis, afin que personne ne fît d'outrages à la nature sans en avoir des modèles ».[14] Un poème anonyme y fait référence aussi dans l'anthologie connue sous le nom de la *Priapeia* ;

> Obscœnis rigido deo tabellas
> Ducens ex Elephantidos libellis
> Dat donum Lalage, rogatque tentes,
> Si pictas opus edat ad figuras.[15]

---

[12] Un mot manque ici.

[13] Martial, chapitre 43, livre XII, *Épigrammes*, éd. H. J. Izaac, 2 tomes (Paris : Société d'édition 1930-33), II, p. 172.

[14] Delisle de Sales, *Histoire des douze Césars de Suétone, traduite par Henri Orphellot de La Pause, avec des mélanges philosophiques et des notes*, 3 tomes (Paris : Saillant & Nyon, 1771), II, p. 396.

[15] *Erotopœgnion, sive Priapeia veterum et recentiorum* (Paris : C.-F. Patris, 1798), p. 2. La traduction française est : « Lalage consacre au dieu rigide des tableaux / Tirés des livres obscène d'Eléphantis ; / Il demande aux gars déployés / Que leurs

Ces allusions ne précisent pas la forme exacte des ouvrages d'Eléphantis, et même dans les notes à sa traduction de Suétone, Delisle n'écrit que « cet Eléphantis avait fait un *livre* sur les diverses espèces de jouissances ».[16] Delisle prend ces textes comme l'origine d'une tradition que continue *L'Académie des dames* (écrite en latin vers 1660, et traduite en français en 1680). Faussement attribué par son véritable auteur Nicolas Chorier à une femme espagnole, Luisa (ou Aloysia) Sigea, ce dialogue exerça une influence considérable sur la littérature érotique.[17] La forme dialoguée se prête à des thèmes érotiques, puisqu'elle sert à séduire le lecteur : « Le dialogue ne se limite pas à exposer méthodiquement, froidement, les choses du sexe. Il s'offre aussi comme un discours tentateur, qui veut éveiller le désir et précipiter le passage à l'acte. »[18] Dans *Les Aphrodites* (1793), Andréa de Nerciat remarque d'une façon assez elliptique que « le mélange du dialogue au récit nous a paru plus propre que l'un ou l'autre exclusivement, à peindre dans ce genre-ci ».[19] Mais là où Nerciat emploie ces deux formes, d'autres auteurs aux dix-septième et dix-huitième siècles ne choisissent que le dialogue pour leurs œuvres libertines, par exemple *Vénus dans le cloître ou la Religieuse en chemise* de l'abbé Du Prat (1672), *La Nuit et le moment* de Crébillon fils (1755), et *La Philosophie dans le boudoir* de Sade (1795).[20] Le théâtre érotique pourrait donc être compris comme une version plus élaborée, plus extrême du dialogue libertin, dont il prolonge et amplifie les effets de présence et de voyeurisme.

Dans le *Tableau de Paris*, Mercier évoque la représentation « de certaines petites pièces libres et voluptueuses qu'on vient d'accueillir en secret », et sa critique n'est pas

---

prouesses égalent les figures peintes. »

[16] Delisle de Sales, *Histoire des douze Césars de Suétone*, II, p. 481. Nous soulignons.

[17] Michel Jeanneret, *Éros rebelle : littérature et dissidence à l'âge classique* (Paris : Seuil, 2003), pp. 207-16.

[18] Jeanneret, *Éros rebelle*, p. 201. Voir aussi notre article, 'Le dialogue dans le théâtre érotique du XVIIIᵉ siècle', *SVEC*, 2005:07, pp. 223-30.

[19] Andréa de Nerciat, *Les Aphrodites ou fragmens thali-priapiques pour servir à l'histoire du plaisir*, 8 tomes ('Lampasque' : 1793), I, p. 5.

[20] Voir David J. Adams, *Bibliographie d'ouvrages français en forme de dialogue 1700 – 1750, SVEC*, 293 (1992).

dépourvue d'une certaine admiration. Evitant « le jargon quintessencié de la comédie moderne », ces ouvrages « font hausser l'éventail » mais n'en sont pas moins « pleins de vérité ». Mercier ne nomme aucune pièce, mais il est évident qu'il s'agit du théâtre de société :

> Voilà donc les *atellanes*[21] naturalisées parmi nous ; elles ne se présentent point sur les théâtres publics. Tout à la fois licencieuses et impudentes, elles ne sont dans l'ombre que pour exciter plus vivement la curiosité. Les lois ne peuvent les interdire ; c'est une jouissance pour ces êtres blasés, qui croient aviver ainsi leur âme abâtardie.[22]

Loin du regard public et soustrait au contrôle policier, il n'est guère surprenant que ce théâtre érotique, explicite et exclusif ait laissé peu de traces de ses représentations.[23] Érica-Marie Benabou a donc bien raison de décrire la représentation de *L'Art de foutre* comme un « épisode exceptionnel »,[24] car une lettre signée par Maurepas, secrétaire d'état, confirme que ce ballet fut joué (voir ci-dessous). Dans des discours moins « officiels », on trouve quelques références au genre ; le *Petit journal du Palais Royal* annonce plusieurs pièces érotiques dans une rubrique qui se présente comme une parodie de la rubrique 'Spectacles', telle que l'on la trouverait dans le *Mercure* :

> Le B... ou le J. F. puni, représentation secrète, et à minuit, pour la fin du mois, par les Séminaristes de Saint-Nicolas-du-Chardonnet, qui doivent en régaler M. l'archevêque de Paris, quelques jolies femmes et leurs supérieurs.

Il est évident que le *Petit Journal* est porteur d'un discours

---

[21] « Pièces de théâtre en usage chez les Romains, et qui ressemblaient fort aux pièces satyriques des Grecs. [...] Ces atellanes ne se continrent pas toujours dans les bornes de la bienséance qui y avait d'abord régné ; elles devinrent si licencieuses et si impudentes, que le sénat fut obligé de les supprimer » ; voir 'Atellanes', *Encyclopédie ou dictionnaire raisonné des sciences, des arts et des métiers, par une société de gens de lettres*, éd. Denis Diderot et Jean Le Rond D'Alembert, 17 tomes (Paris et Neufchâtel : 1751-1765), I, p. 797.

[22] Louis-Sebastien Mercier, *Tableau de Paris*, 8 tomes (Amsterdam : 1782-83), VI, p. 126.

[23] Cécile Santini, 'Théâtralité et exhibition dans le théâtre pornographique du XVIIIe siècle', dans *De l'obscène et de la pornographie comme objets d'études*, éd. Jean M. Goulemot, *Cahiers d'histoire culturelle*, 5 (1999), pp. 39-48.

[24] Érica-Marie Benabou, *La Prostitution et la police des mœurs au XVIIIe siècle* (Paris : Perrin, 1987), p. 231.

« révolutionnaire », et qu'une telle notice n'est qu'un moyen de ridiculiser le clergé,[25] car on lit non seulement que « les demoiselles Reaucourt [sic], Duthé et Colombe » vont mettre en scène les trente-six postures de l'Arétin sur le théâtre du sieur Astley, mais aussi qu'une singulière représentation eut lieu chez l'abbé Viernet :

> La punition de Sodome et Gommore [sic], ou le châtiment des B..., tragédie en trois actes et vers très libres, représentée le premier de ce mois par les bardaches de sa société, et quelques honnêtes femmes qui ont bien voulu s'y prêter. On assure qu'on y a vu en action Madame le May, femme d'un commis au contrôle.[26]

La littérature libertine n'est point, bien sûr, une source fiable de faits historiques, mais elle peut évoquer des activités qui échappent aux discours plus orthodoxes. Rares y sont pourtant les références à la représentation du théâtre pornographique. Ces allusions à un tel genre sont absentes des romans libertins qui décrivent la vie quotidienne au bordel ; absentes aussi de ces listes qui détaillent les services qui y sont offerts, tels que Les Bordels de Paris et la Liste complète des plus belles femmes publiques et des plus saines du palais de Paris.[27] Il existe, néanmoins, quelques références à la représentation de pièces libertines devant un public aristocratique ou appartenant à l'élite sociale, capable de se soustraire à la répression judiciaire. Des anecdotes scabreuses circulent, qui prétendent donner au lecteur un aperçu d'un monde privé et débauché : « Les spectacles de Mlle Guimard continuent à sa maison de Pantin. Elle y a fait jouer hier une parade toute nouvelle, qui a paru délicieuse à la société, c'est-à-dire extrêmement grivoise, polissonne, ordurière. »[28] Quoique prometteur, ce

---

[25] Selon Pierre Rétat, « toutes les annonces sont satiriques : contre l'ancienne Cour, les Princes, la Reine, la Polignac, les anciens ministres, l'archevêque de Paris, le clergé, les actrices. [...] Alliance de petites méchancetés et de potins salaces, et de violence révolutionnaire, dénonciatrice et punitive » voir Les Journaux de 1789 : bibliographie critique (Paris : CNRS, 1988), pp. 210-11.

[26] Petit journal du Palais Royal, ou Affiches, annonces et avis divers, no. 3, pp. 20-21.

[27] Voir, par exemple, L'Espion libertin ou le calendrier du plaisir, éd. Patrick Wald Lasowski (Arles : Éditions Philippe Picquier, 2000).

[28] Louis Petit de Bachaumont, Mémoires secrets pour servir à l'histoire de la République des Lettres en France depuis 1762 jusqu'à nos jours; ou Journal d'un observateur, 36 tomes (Londres : John Adamson, 1784), VI, p. 163.

témoignage rapporte peu de renseignements précis ou fiables. *La Comtesse d'Olonne* est citée mais pas jouée dans *La Messaline française*, conte anonyme publié en 1790. Une sorte de performance érotique est évoquée dans l'*Histoire de Juliette* de Sade, où le millionnaire Mondor regarde un spectacle obscène sur son propre théâtre :

> Trois scènes composaient l'ensemble de cet acte libidineux : il fallait premièrement, pendant que j'allais avec ma bouche réveiller l'activité très endormie de Mondor, il fallait, dis-je, que mes six compagnes, réunies en trois groupes, exécutassent, sous ses regards, les plus voluptueuses attitudes de Sapho ; *aucunes de leurs postures ne devaient être les mêmes, chaque instant devait les voir renouveler.* Insensiblement les groupes se mêlèrent, et nos six tribades, exercées depuis plusieurs jours, formèrent enfin le tableau le plus neuf et le plus libertin qu'il fût possible d'imaginer.[29]

Sans doute cet épisode raconte-t-il un spectacle organisé et répété, mais il ne s'agit pas d'une pièce proprement dite ; Mondor observe (et finit par participer à) une série d'attitudes explicites, qu'aucune intrigue ne relie et dont l'intérêt érotique dépend précisément de leur brièveté et diversité. On trouve dans *Le Sultan à l'ouvrage, ou Tout bande en pareil cas* (1793), la description bien rare de la représentation d'une comédie érotique. La forme de ce conte évoque celle d'une pièce de théâtre, car l'auteur emploie des vers chantés pour raconter son intrigue :

> Tout le monde connaît cet abbé V*** qui sur son théâtre du Faubourg Saint-Germain, rassemblait les individus de l'un et de l'autre sexe, qui comme certain marquis, s'amusait à perforer et les uns et les autres.
>
> Que l'on soit bougre en pareil cas,
>
> A Dieu ne plaise que je n'en glose,
>
> Mais hélas ! le foutu tracas,
>
> Quand on s'amuse d'autre chose.
>
> Personne n'ignore que cet abbé était dans l'usage de choisir sa société, et de faire représenter sur son théâtre voluptueux

---

[29] Sade, *Histoire de Juliette*, dans *Œuvres*, éd. Michel Delon, 3 tomes (Paris : Gallimard, 1990-98), III, pp. 320-21. Nous soulignons.

15

Air : *Eh ! toujours va qui dure.*

[30]A la suite du grand Brutus,[31]
Les faits de Messaline,
Et puis l'on voyait les vertus,
Et ensuite une pine,
Représenter au naturel,
Toute la fouterie,
Ah quel bonheur pour un mortel,
De jouer de la vie.[32]

Si cette histoire contient le moindre brin de vérité (nous n'en avons trouvé aucune preuve décisive), il semblerait que le théâtre érotique fût représenté (comme le suggèrent, d'ailleurs, Mercier, Bachaumont et Sade) sur des scènes privées. Le *Théâtre d'amour* est caractéristique du genre : Delisle l'écrivit pour le prince d'Hénin et son « théâtre secret où il n'introduisait que des roués de sa petite cour et des femmes de qualité dignes d'être des courtisanes » (p. 50).

Il existe dans le théâtre érotique une sorte d'obligation de montrer les désirs physiques et leur satisfaction d'une façon aussi spectaculaire que possible. Clitandre, héros du *Bordel* de Caylus, proclame : « Ce n'est pas que tu ne sois assez jolie pour cela, et même que tu ne me fasses bander, en voici la preuve. (*Il montre son vit*). »[33] Le dénouement de *L'Art de foutre* est à cet égard exemplaire, car selon une didascalie : « On fout ; il se fait là une décharge générale de foutre, qui forme le plus beau coup de théâtre du monde » (p. 226). Une allusion très rare à la manière de représenter de telles actions se trouve dans la préface du *Théâtre d'amour*, où Delisle parle des « accessoires de la dernière licence » (p. 51), sans doute des godemichés. Bien plus communs sont, au contraire, des commentaires affirmant que ces pièces sont difficiles

---

[30] La ponctuation et la syntaxe sont correctes, car ce bout de prose et les vers suivants ne font qu'une seule phrase : « Personne n'ignore que cet abbé était dans l'usage de choisir sa société, et de faire représenter sur son théâtre voluptueux, à la suite du grand Brutus, les faits de Messaline ».

[31] *Brutus*, tragédie de Voltaire, représentée pour la première fois en 1730.

[32] *Les Costumes théâtrales ou scènes secrètes des foyer. Petit recueil de contes, un peu plus que gaillards, orné de couplets analogues. Dédiés aux jeunes gens des deux sexes qui se destinent aux théâtres* (À Hélio-foutropolis, de l'Imprimerie de Crispinaille, à la Matricule, 1793), pp. 23-24.

ou même impossibles à jouer. Une didascalie dans *L'Esprit des mœurs au XVIIIᵉ siècle*, proverbe en deux actes de Mérard de Saint-Just (1789), signale qu'il « ne tiendra qu'aux acteurs et aux actrices de donner à cette scène toute la chaleur dont elle peut être susceptible ». Selon l'avertissement de la pièce « ce drame érotique » est pourtant « plus difficile à jouer qu'aucun autre, parce qu'il exige nécessairement d'excellents acteurs, et qu'on n'en trouve plus guère ».[34] C'est un sentiment avec lequel Caylus est en plein accord :

> Cependant, malgré tous les avantages qu'on pourrait tirer de la représentation de cette pièce, il est sensible qu'elle ne sera point jouée. Ce n'est pas, comme on se l'imagine bien, que la police y mît obstacle (également attentive à protéger la vertu qu'appliquée à détruire le libertinage, on ne doute pas qu'elle n'eût accordé son approbation, si on la lui eût demandé) ; le seul empêchement viendra donc de l'embarras où l'on est de trouver des acteurs qui puissent figurer dignement, et faire honneur à l'ouvrage, en donnant aux termes expressifs tout le brillant de l'action.[35]

L'avis aux lecteurs des *Plaisirs du cloître* (1773), comédie en trois actes attribuée à un certain « M.D.L.C.A.P », aborde le problème des limites du corps de l'acteur, et aussi le plaisir éventuel du lecteur :

> Cette comédie avait été composée pour un théâtre de société ; la difficulté de bien distribuer les rôles a empêché jusqu'à présent qu'elle ait été jouée. Ceux d'Agathe et de Marton étaient aisés à remplir, et brigués par les jeunes dames. Ceux de Clitandre et du Jésuite demandaient des acteurs d'une certaine force, et personne n'osa s'en charger. Il viendra peut-être des temps plus heureux. Quoique cette pièce doive emprunter une partie de son mérite du jeu du théâtre et de la nouveauté du spectacle,

---

[33] Caylus, *Le Bordel, ou le jeanfoutre puni*, dans *Théâtre érotique français au XVIIIᵉ siècle*, p. 38. Dans la préface du *Théâtre d'amour*, Delisle écrit que « le savant comte Caylus [sic] a bien fait imprimer une comédie dont le nom même ne peut pas se prononcer » (p. 53).

[34] Mérard de Saint-Just, *L'Esprit des mœurs au XVIIIᵉ siècle ou la petite maison*, dans *Théâtre érotique français au XVIIIᵉ siècle*, pp. 346 et 289.

[35] Caylus, *Le Bordel*, dans *Théâtre érotique français au XVIIIᵉ siècle*, pp. 503-504.

l'auteur a cru que la simple lecture pourrait amuser.[36]

Ce genre intensément physique peut donc susciter des plaisirs désincarnés ou imaginaires, même littéraires. Le théâtre érotique est un texte à lire, comme le montre un épisode dans le roman *La Belle Cauchoise* (1788) :

> On voyait aussi aux deux extrémités de ce salon, deux tablettes dorées et surmontées d'un groupe de fouteurs en sculpture. Dans chacune de ces tablettes on avait réuni une collection d'ouvrages dramatiques et autres, propres à inspirer du goût aux personnes qui composaient cette fête superbe. Pour ne laisser rien à désirer aux lecteurs de l'invention générale d'un pareil amusement, qu'il voie dans le grand Catalogue de la bibliothèque des fouteurs, divisé en deux parties : la première remplie par l'histoire et la poésie érotique [sic], l'autre était uniquement consacrée à la dramaturgie du même genre.[37]

C'est exactement de cette manière que les personnages dans *César et les deux Vestales* lisent les dialogues d'Eléphantis : « il y a dans le manuscrit d'Eléphantis un dessin qui convient parfaitement à la position que je désire vous voir prendre » (p. 830). Si cet épisode fonctionne comme une mise en abyme du *Théâtre d'amour* en particulier et du théâtre érotique en général, il s'ensuit que ce genre d'ouvrage est non seulement un texte à représenter devant un public (comme c'est le cas avec *L'Art de foutre*), mais aussi un texte qui se lit, qui se savoure et qui stimule. Transformé en écriture, l'acte sexuel éphémère s'éternise et même s'intensifie, idée que développera Sade.

Delisle de Sales et le Théâtre d'amour

Ce volume offre au lecteur la première occasion de lire le *Théâtre d'amour* dans son intégralité. Le recueil comprend huit comédies (*Junon et Ganymède, La Vierge de Babylone, César et les deux Vestales, Anacréon, Héloïse et Abailard, Ninon et La Châtre, Minette et Finette ou les épreuves d'amour d'une troisième Héloïse*, et *Le Jugement de Pâris ou les trois dards*), un dialogue

---

[36] *Les Plaisirs du cloître*, dans *Théâtre érotique français au XVIIIe siècle*, p. 245.

[37] *La Belle Cauchoise, ou mémoires d'une jolie Normande devenue courtisane célèbre* (Londres : Alfeston, 1788), pp. 68-69.

(*Dialogue érotique sur l'air de Mirza avec une pantomime voluptueuse*), un récit en prose (*Les Trois Jouissances*), un monologue (*Monologue de volupté*), et plusieurs éléments paratextuels. Gaston Capon et Robert Yve-Plessis en donnent des extraits dans leur étude *Les Théâtres clandestins* (1905) ; ce choix éditorial semble être déterminé en partie par des critères moraux aussi bien que littéraires, et les auteurs s'effarouchent quand il s'agit de décrire certaines actions : Ganymède « essaie de plusieurs variantes sur lesquelles nous nous abstiendrons d'insister », et La Châtre « caresse et dévêt peu à peu la belle Ninon qui apparaît enfin dans sa superbe vénusté. Le reste aisément se devine. »[38]

Les quelques études qui ont traité le *Théâtre d'amour* ont été pour la plupart basées sur cette version partielle, et par conséquent leurs analyses s'en trouvent limitées. Typique de cette tendance est Maurice Lever, qui avoue qu'à « la lecture de ces pièces, ou du moins des extraits qui en furent jadis publiés par G. Capon [sic] », l'on ne trouve qu'une « obscénité libérée de toute retenue, affranchie de toute considération littéraire (ne parlons même pas de morale), offensante pour le goût autant que pour l'oreille ».[39] En ne se servant que des extraits publiés par Capon et Yve-Plessis, et tout en acceptant leur assertion que les pièces furent jouées, Karl Toepfer élabore une théorie de l'identification du spectateur avec l'acteur ;[40] notons, pourtant, que Delisle affirme que seuls cinq textes sur onze furent joués. Laurence Senelick n'utilise que le livre de Capon et Yve-Plessis pour dénigrer « the formulaic elements of these trifles », qu'il énumère comme « a single male protagonist with an emphasis on his vigour, an obsession with deflowering pubescent girls or corrupting untried youths, a taste for sacrilege expressed in blasphemy and incest, and a happy ending which is never marriage, always the hero's ejaculation ».[41] Pourtant, le *Théâtre d'amour* ne peut se résumer ainsi, car s'il est vrai que les pièces répètent souvent le même

[38] Capon et Yve-Plessis, *Les Théâtres clandestins*, p. 167.

[39] Maurice Lever, *Théâtre et Lumières : les spectacles de Paris au XVIIIᵉ siècle* (Paris : Fayard, 2001), pp. 324-29.

[40] Karl Toepfer, *Theatre, aristocracy and pornocracy : the orgy calculus* (New York : PAJ Publications, 1991), surtout pp. 59-80.

[41] Laurence Senelick, 'The Word Made Flesh : Staging Pornography in Eighteenth-Century Paris', *Theatre Research International*, 33 (2008), pp. 191-203 (p. 197).

schéma (jeune fille et homme adulte se rencontrent, se font l'amour et s'inondent dans des « flots de l'amour »), toute analyse du *Théâtre d'amour* doit rendre compte de la variété des textes qui le constituent et de la fluidité de l'identité sexuelle que Delisle propose.[42]

Comment donc interpréter le *Théâtre d'amour* ? La réponse dépend en partie du choix d'analyser ou le recueil en entier ou plutôt des extraits. Lorsque Maurice Lever regrette que « rien ne les sauve, hélas, de la pornographie la plus basse et la plus révoltante »,[43] sa décision de diviser le recueil est implicite et lourde de conséquences ; en sortant un texte de l'ensemble du recueil, on risque de négliger comment l'ouvrage en général se prête à une lecture plus riche. Nous proposons qu'on aborde le *Théâtre d'amour* dans son intégralité car, s'il y a sans doute des scènes fort explicites, seule une lecture de l'œuvre entière nous permet d'apprécier son originalité, sa mélancolie et son idéologie.

Le commanditaire est un « personnage-clé » dans le théâtre de société,[44] et le *Théâtre d'amour* ne fait pas exception, car on pourrait se demander d'où et de qui viennent les fantasmes de flagellation et de sodomie qui s'y trouvent. Il n'est guère surprenant, pourtant, que le manuscrit ne nomme jamais le commanditaire, et des doutes sur ce personnage ont été exprimés. La page de titre du recueil indique : « Delisle de Sales / Théâtre d'Amour / Théâtre de société du prince d'Henin (vers 1774) / Théâtre de la Guimard (vers 1778) ». Or certains ont accepté que ces pièces furent en effet jouées sur le théâtre privé de Marie-Madeleine Guimard (en fait, l'actrice avait deux théâtres, l'un à Pantin, l'autre la Chaussée d'Antin).[45] Mais cette page, d'une main

---

[42] Marie-Emmanuelle Plagnol-Diéval insiste justement sur la richesse et le caractère parfois surprenant du recueil ; voir *Le Théâtre de société : un autre théâtre ?* (Paris : Champion, 2003), pp. 226-29; et 'Puissances du mâle : le théâtre d'amour de Delisle de Sales', dans *Le Mâle en France 1715-1830 : représentations de la masculinité*, sous la direction de Katherine Astbury and Marie-Emmanuelle Plagnol-Diéval (Berne : Peter Lang, 2004), pp. 150-62.

[43] Lever, *Théâtre et Lumières*, p. 326.

[44] Plagnol-Diéval, *Théâtre de société*, p. 18.

[45] Alphonse Royer, *Histoire de l'Opéra* (Paris : Bachelin-Deflorenne, 1875), p. 97 ; et le *Catalogue de la bibliothèque de M. Alf. Bégis*, 3 tomes (Paris : Techener, 1897), III, p. 36. Selon quelques anecdotes, Arnould méprisait le théâtre de Pantin ; *Arnoldiana, ou Sophie Arnould et ses contemporaines ; recueil choisi d'anecdotes piquantes, de réparties et de bons mots de Mlle Arnould* (Paris :

différente de celle qui écrivit le reste du *Théâtre d'amour*, ne fait pas partie du recueil original, et on a lieu de croire qu'elle fut ajoutée bien après la composition du manuscrit.[46] Edmond de Goncourt remarque que le *Théâtre d'amour* « n'a que la tradition pour être celui de la Guimard, et aucun document ne vient à l'appui de cette tradition », et que « devant le silence des *Mémoires secrets*, qui donnent les titres d'un certain nombre de pièces, jouées sur les deux théâtres », tout ce que l'on peut supposer est qu'une ou deux ou trois des pièces de ce recueil furent jouées sur les théâtres de Pantin et de la chaussée d'Antin. Rappelant que c'était Charles Collé qui fournissait des pièces à Mlle Guimard, Goncourt avance que le *Théâtre d'amour* serait « le théâtre secret attiré, où en ses jours de libertinage d'esprit, un maître de maison de la grande société allait puiser, pour une représentation à huis clos ».[47]

Si vague que soit la préface du recueil, rien n'y indique que les pièces furent créées pour des théâtres différents, et en effet elle ne parle que d'un commanditaire unique (p. 50) :

> Un prince étranger, homme très aimable, mais un peu blasé sur les plaisirs que l'innocence appelle, avait un théâtre secret où il n'introduisait que des roués de sa petite cour et des femmes de qualité dignes d'être des courtisanes. […] La licence d'un grand festin lui donna la hardiesse de s'adresser à moi, et de me demander des conseils sur les moyens de jeter de l'intérêt dans ces odieux spectacles. J'eus la faiblesse de lui dire que Socrate lui-même se serait prêté en ce genre aux folies d'Alcibiade. De ce moment, il n'eut plus de secrets pour moi, et il m'invita avec toutes les grâces imaginables à épurer son théâtre, de manière qu'un sage même put s'y rendre en loge grillée. Telle est l'origine de ce *Théâtre d'amour*.

Le fait que Charles-Alexandre-Marc-Marcelin, prince d'Hénin

Gérard, 1813), pp. 162-63, 167-68 et 176-77 ; et André Billy, *La Vie amoureuse de Sophie Arnould* (Paris : Ernest Flammarion, 1929), pp. 74-75.

[46] Je tiens à remercier Nicholas Cronk d'avoir identifié cette page apocryphe comme typique du dix-neuvième siècle.

[47] Edmond de Goncourt, *La Guimard, d'après les registres des Menus-Plaisirs, de la Bibliothèque de l'Opéra, etc.* (Paris : Charpentier, 1893), pp. 77-78.

Sophie Arnould par Jean-Baptiste Greuze *c.*1773. By kind permission of the Trustees of The Wallace Collection.

22

naquit à Bruxelles en 1744 donne du poids à l'affirmation que ce « prince étranger »[48] avait commandé ces œuvres à Delisle, malgré son portrait peu flatteur dans le *Dialogue érotique sur l'air de Mirza*, qui le représente en amant trompé et désabusé de la chanteuse Sophie Arnould (1740-1802).[49] Etant donné que Delisle rédigea le manuscrit bien après la mort d'Hénin et d'Arnould, il n'y a pas lieu de croire pourtant que ceux-ci connaissaient le dialogue dans son état actuel. Célèbre autant pour ses talents musicaux[50] que pour son esprit et sa vie privée, Arnould aurait demandé : « Une femme aimable n'est-elle pas un anneau qui circule dans la société, et que chacun peut mettre à son doigt ? »[51] Plutôt que le prince d'Hénin, le comte de Lauraguais était son amant préféré, dont elle eut quatre enfants :

> On lui a connu plusieurs amants ; mais elle a toujours conservé pour le comte de L. le premier et le plus doux objet de son cœur, un attachement tendre et soumis, que l'ascendant qu'il avait pris sur elle fortifiait sans cesse : ils vivaient ensemble comme certains époux ; les infidélités de l'un motivaient celles de l'autre ; mais Sophie y mettait plus de mystère, et sauvait les apparences autant qu'elle le pouvait. Le comte de L. ne pouvait faire un choix plus analogue à ses goûts, et ses amours, ses bouderies, ses ruptures et ses raccommodements forment un long épisode dans la vie de cette actrice.

Selon une anecdote rapportée le 13 février 1774 dans les *Mémoires secrets*, Hénin se rendait sans cesse chez Arnould pendant près de six mois. Pour l'écarter, Lauraguais – muni d'une lettre d'une prétendue faculté de médecine – accusa le prince d'être si

---

[48] Charles, prince de Soubise, était l'amant de Guimard, et il « payait la plus grande partie des frais » du théâtre de Pantin (*Arnoldiana*, p. 177); mais, né à Versailles, il est impossible de le décrire comme « prince étranger ».

[49] Ce n'est pas le seul ouvrage dramatique qui mette en scène Arnould ; voir aussi *Sophie Arnould*, comédie en trois actes et en prose mêlée de vaudevilles par Barré, Radet et Desfontaines (représentée pour la première fois au Théâtre du Vaudeville en 1813) ; et *Sophie Arnould*, comédie en trois actes, mêlée de couplets par Leuven, Forges et Dumanoir, représentée pour la première fois au Théâtre du Palais-Royal le 11 avril 1833. La Wallace Collection a un portrait de Greuze, que l'on dit être celui de la chanteuse ; voir la page précédente.

[50] Claude Dorat loue Arnould dans le troisième chant 'L'Opéra' de *La Déclamation théâtrale* (Paris : Sébastien Jorry, 1766), pp. 115-16.

[51] *Arnoldiana*, p. 283.

ennuyeux qu'il menaçait la santé de la chanteuse : « Cette plaisanterie ne parut point telle au prince d'Hénin, qui appela en duel M. de Lauraguais. Ils se battirent sans se faire beaucoup de mal, et le prince continua ses visites chez l'actrice. »[52] Le 12 août 1774, la *Correspondance secrète* observe qu'Hénin et Arnould étaient amants, et nonobstant une maladie vénérienne (« un cadeau de galanterie assez peu galant »)[53] qu'elle lui aurait donnée en été 1779,[54] ils étaient toujours ensemble quelques mois plus tard alors qu'il courait un quatrain sur le prince ;

> Depuis qu'auprès de ta catin
> Tu fais un rôle des plus minces,
> Tu n'es plus le prince d'Hénin ; (des nains)
> Mais seulement le nain des princes.

L'éditeur des *Mémoires secrets* explique :

> Malheureusement sous cette pointe grossière étaient renfermées des vérités dures, concernant la bêtise, la crapule et la nullité de ce seigneur, lié avec toutes les impures de Paris, et surtout ne désemparant pas de chez Mlle Arnoux, qu'il ennuie du matin au soir.[55]

Faute de renseignement plus fiable, on ne peut dater l'époque de la liaison d'Hénin et Arnould que vers 1774 à 1779, car selon les *Mémoires secrets* (6 janvier 1780) Mlle Raucourt enleva Hénin à Arnould. Il est donc difficile de préciser la date de la création initiale du *Théâtre d'amour*. Considérons, par exemple, la préface du *Dialogue érotique* (p. 182):

> Chaque strophe de cette folie érotique forme un dialogue, dont l'amant chante les deux premiers vers et l'amante les

---

[52] Cousin d'Avalon, *Grimmiana, ou recueil des anecdotes, bons mots, plaisanteries de Grimm [...] contenant des traits peu connus sur plusieurs littérateurs vivans, et un choix de bons mots de Mlle Arnould* (Paris : Davi et Locard, 1813), pp. 139-40.

[53] Selon le *Dictionnaire de l'Académie française*, « On dit donner, attraper une galanterie, en parlant d'une maladie secrète ».

[54] Voir l'article du 17 juillet 1779, dans la *Correspondance secrète, politique et littéraire, ou Mémoires pour servir à l'histoire des cours, des sociétés et de la littérature en France, depuis la mort de Louis XV*, 18 tomes (Londres : John Adamson, 1787-90), VIII, pp. 169-70.

[55] Voir l'article du 26 septembre 1779, dans les *Mémoires secrets* (XIV, pp. 187-88). On attribuait ce quatrain d'abord à Champcenetz (28 septembre 1779, XIV, p. 190), puis à Louvois (16 décembre 1781, XVIII, p. 194). La même plaisanterie sur la petitesse du prince se retrouve à l'article du 18 octobre 1779 (XIX, p. 227).

deux autres : ces derniers sont répétés deux fois, ainsi que l'exige l'air de *Mirza*, un air trop connu pour le noter dans un *Théâtre d'amour*.

Etant donné que le ballet de *Mirza* de Gossec fut dansé pour la première fois le 18 novembre 1779, on pourrait croire que le *Dialogue* fut créé vers cette date-là (et certainement pas avant, comme l'indique la fausse page de titre), ce qui est possible si l'on se fie à la chronique de la vie amoureuse d'Arnould et Hénin. Mais c'est une fausse piste, car Delisle remania le manuscrit vers la fin de sa vie, et, vu que le *Dialogue* ne flatte guère le commanditaire du recueil, il est certain qu'il l'ajouta après la composition initiale.

Pourquoi le prince d'Hénin commanda-t-il des ouvrages érotiques à Delisle plutôt qu'à un autre auteur ? Capon et Yve-Plessis notent que Delisle jouissait d'une certaine célébrité après le scandale de la *Philosophie de la nature*, et ils avancent que ce texte aurait attiré l'attention du prince.[56] Malandain s'efforce de montrer des constantes idéologiques entre ce texte et le *Théâtre d'amour*.[57] Il nous semble, pourtant, fort invraisemblable qu'Hénin ait vu dans l'auteur de la *Philosophe de la nature* un écrivain prêt à composer des fantasmes de flagellation, sodomie et bisexualité. Ainsi hasardons-nous une autre explication de la commande originale. En 1770 deux traductions de l'*Histoire des douze Césars* de Suétone furent publiées, l'une par La Harpe, l'autre par Delisle. Ce dernier publia sa traduction « avec des mélanges philosophiques et des notes » sous le pseudonyme Henry Ophellot de La Pause, anagramme de « Le Philosophe de la nature ». Ses contemporains déchiffrèrent sans difficulté ce pseudonyme.[58] Fréron, par exemple, écrivit dans l'*Année littéraire* : « Au style contourné, à l'emphase pédantesque, au ton impérieux qui distinguent cette *Préface*, ces *Notes* et ces *Mélanges*, vous reconnaîtrez à chaque phrase l'amphigourique et sublime auteur de la *Philosophie de la nature*. »[59] Le texte latin offrait, en guise d'histoire antique, de nombreux épisodes licencieux, et quelles que soient les imperfections de la traduction de Delisle, cet écrivain (au contraire de La Harpe) surenchérit l'érotisme de Suétone en ajoutant des

---

[56] Capon and Yve-Plessis, *Les Théâtres clandestins*, pp. 158-59.

[57] Malandain, *Delisle de Sales*, pp. 336-38.

[58] Malandain, *Delisle de Sales*, pp. 91-103 et pp. 568-70.

[59] *Année littéraire*, 24 janvier 1771, I, pp.162-63.

anecdotes excitantes, par exemple celle de examen des Vestales :

> Une Vestale devait être la plus pure des femmes ; et la seule manière dont on la choisissait, était un attentat contre les mœurs. Sous prétexte d'examiner si elle n'avait pas de défauts corporels qui la rendissent indigne du service de Vesta, le grand Pontife la dépouillait et promenait ses regards sur ses charmes, comme un eunuque dans le marché d'Ispahan parcourt la Géorgienne qu'il doit acheter pour le sérail des Sophis.[60]

Delisle développe les aspects sexuels et violents de ses sources historiques (comme le ferait Sade) :

> L'impéritie du législateur se montrait jusque dans les châtiments que subissait une prêtresse qui avait laissé éteindre le feu sacré de Vesta ; le grand pontife la conduisait dans un lieu secret où elle se dépouillait toute nue, et il la frappait de verges. L'honneur d'une Vestale jeune et belle était-il alors en sûreté auprès d'un grand pontife tel que César, qui se vantait d'être le mari de toutes les femmes, et la femme de tous les maris ? N'était-il pas au contraire dans la vraisemblance qu'il la rendait aussi coupable qu'elle pouvait l'être, afin de la dérober à l'ignominie de son supplice ?[61]

Nous proposons ainsi que le prince d'Hénin ait trouvé dans Delisle – en tant que le traducteur et le commentateur de Suétone, plutôt que l'auteur de la *Philosophie de la nature* – l'homme idéal à lui fournir des pièces érotiques.

Les circonstances de la commande et des représentations originales du *Théâtre d'amour* rendent cette hypothèse plus convaincante. Delisle précise que deux ouvrages furent commandés, à savoir *Junon et Ganymède* – « je combattis six mois l'enchanteur qui m'avait donné ce sujet, avant de me résoudre à le traiter » (p. 54) – et *Le Jugement de Pâris* – « que j'ai pu composer d'après les ordres suprêmes » (p. 63). Aussi remarque-t-il qu'il avait choisi le sujet de *La Vierge de Babylone* – qu'il considère « comme un des plus heureux qu'une plume érotique ait pu rencontrer » (p. 63) – et que la « scène d'*Anacréon*, et les pièces qui touchent à notre histoire moderne, sont des folies de mon

---

[60] Delisle de Sales, *Histoire des douze Césars de Suétone*, I, p. 381.

[61] Delisle de Sales, *Histoire des douze Césars de Suétone*, I, p.385.

imagination » (pp. 50-51) ; ce qui laisse entendre qu'il créa, sans la participation d'Hénin, *Anacréon, Ninon et La Châtre, Héloïse et Abailard*, le *Dialogue érotique, Les Trois jouissances* et le *Monologue de volupté*. Il est probable que Delisle a composé *Minette et Finette* tout seul.[62] Selon la préface, *Junon et Ganymède, La Vierge de Babylone, César et les deux Vestales* et *Le Jugement de Pâris* furent joués « sans qu'on se permît de changer un seul mot », et (p. 50) :

> Ils n'ont eu que trois représentations, afin que les acteurs n'eussent pas le temps d'apprendre d'autres rôles que ceux qu'ils jouaient ; ensuite on me renvoyait mon manuscrit avec tous les rôles individuels à part, tels que je les avait transcrits moi-même ; rien n'a été copié par une main étrangère.

Delisle recopia et remania tout le recueil plusieurs décennies après sa composition initiale, et quelques allusions dans le texte nous permettent de déterminer l'époque de sa rédaction. Le manuscrit fut évidemment rédigé après la Révolution, puisque Delisle fait référence à la mort du prince d'Hénin,[63] guillotiné le 7 juillet 1794. Le fait que Delisle écrit, « Je ne me suis ressouvenu de la galanterie du prince que quand j'ai songé à faire le catalogue de ma bibliothèque » nous permet de dater la rédaction du manuscrit vers 1810, lorsque ce catalogue fut publié. Enfin la preuve la plus convaincante est celle dans la préface du *Dialogue*, où Delisle fait référence à « Madame Saint Huberty, morte épouse du chevalier d'Entraigues » (p. 182) ; cette chanteuse et son mari furent assassinés par leur domestique le 22 juillet 1812 à Barnes, près de Londres. Au contraire de Pierre Malandain qui suggère que le manuscrit date de 1810,[64] nous croyons que Delisle doit donc avoir rédigé le *Théâtre d'amour* entre la mort de la chanteuse et le 22 septembre 1816, celle de son propre décès.

Ainsi est-il difficile de connaître la genèse du *Théâtre d'amour*, puisqu'il y en avait effectivement deux. Nous voudrions, par conséquent, hasarder les propositions suivantes : cinq pièces (à

---

[62] Il écrit dans la postface de la comédie : « D'abord, après avoir eu la faiblesse de traiter pour un prince, qui m'avait comblé de bienfaits, les sujets donnés du jugements de *Pâris* et de *Ganymède*, celui de *Minette et Finette* n'était qu'une peccadille » (p. 138). Le même paratexte indique que cette comédie fut jouée.

[63] « mon secret a péri avec le prince » (p. 51).

[64] Malandain, *Delisle de Sales*, p. 617 et p. 699.

savoir *Junon et Ganymède*, *La Vierge de Babylone*, *César et les deux Vestales*, *Le Jugement de Pâris* et *Minette et Finette*) formaient le « noyau » original du *Théâtre d'amour* tel qu'il fut créé pour le prince d'Hénin à la fin des années 1770 ;[65] le prince commanda ces pièces majoritairement « antiques » à Delisle, qu'il admirait comme le traducteur de Suétone ; si certaines pièces furent véritablement jouées, il s'agit de celles-ci (mais pas forcément sous leur forme actuelle) ; Delisle ajouta les autres textes lors de sa dernière rédaction du manuscrit après 1812.

L'histoire du manuscrit est importante, car elle « nous interdit de considérer le *Théâtre d'amour* comme un épisode sans lendemain de son œuvre ».[66] Elle montre, en plus, que *Théâtre d'amour* n'a rien de spontané ; en effet le manuscrit est une sorte de relique, un souvenir d'une époque à laquelle il n'appartient qu'en apparence. Dès la première page il occupe une double position temporelle, dans une tradition historique et un temps imaginaire à la fois. On lit à la page de titre authentique : « Composé de pièces grecques, assyriennes, romaines, et françaises / A Amathonte, / L'an de l'organisation de notre Planète / 40..780. » À l'instar de beaucoup de textes érotiques, ce recueil aurait été publié dans un lieu fictif, dont la dénomination est associée au plaisir sexuel antique (ici le site d'un temple dédié à Aphrodite). La préface de *Ninon et La Châtre* met tout le recueil sous le signe du regret, même du deuil : « Cette Olympe a été ma première passion et elle la serait encore, si elle n'était pas morte d'amour à vingt ans ; je serais encore heureux, de mon ignorance, en espiègleries immorales et je n'aurais jamais composé un *Théâtre d'amour* » (p. 109). Le manuscrit est, d'ailleurs, hanté du regret du passé prérévolutionnaire et des personnages perdus, notamment Hénin lui-même. Delisle loue « la loyauté chevaleresque du prince », qu'il décrit comme « le plus franc et le plus loyal des hommes » (p. 51). De plus, l'auteur critique le tumulte de fin du siècle, prenant pour cible « la destruction des couvents, lors de l'infernale révolution française » (p. 74) et « notre démagogie révolutionnaire » (p. 138). Le recueil se place dans une sorte de « non-temps » ou un présent impossible, contemporain mais perdu, érotique et élégiaque.

Le caractère historique et mythologique d'une grande

---

[65] Selon Malandain, les pièces furent représentées entre 1774 et 1780 (p. 699).

[66] Malandain, *Delisle de Sales*, p. 699.

partie du *Théâtre d'amour* (à savoir *Junon et Ganymède*, *La Vierge de Babylone*, *César et les deux Vestales*, *Anacréon*, *Le Jugement de Pâris*, *Héloïse et Abailard* et *Ninon et La Châtre*) est étroitement lié à cette atemporalité. L'histoire ancienne et la mythologie étaient omniprésentes dans l'art de la seconde moitié du dix-huitième siècle, et Jaucourt écrit dans l'article 'Fable' de l'*Encyclopédie* :

> Nos spectacles, nos scènes lyriques et dramatiques, et nos poésies en tout genre, y font de perpétuelles allusions ; les estampes, les peintures, les statues qui décorent nos cabinets, nos galeries, nos plafonds, nos jardins, sont presque toujours tirées de la fable ; enfin elle est d'un si grand usage dans tous nos écrits, nos romans, nos brochures, et même dans nos discours ordinaires, qu'il n'est pas possible de l'ignorer à un certain point, sans avoir à rougir de ce manque d'éducation.[67]

Il en résulte que le mythe perdit ce qu'il avait de dérangeant, de magnifique, de passionnant : « Commode instrument du jeu libertin, philosophique, pornographique ou mondain, le mythe dépourvu de toute transcendance, semble avoir conservé juste assez de pouvoir à l'Académie de peinture, à l'Opéra, chez les Comédiens Français pour offrir aux artistes et aux écrivains le joyeux plaisir d'une transgression sans danger. »[68] Il se peut que le *Théâtre d'amour* prolonge cet emploi stérile du mythe, dans une forme plus extrême, en ce que le mythe n'existerait que comme prétexte à de nouveaux ébats amoureux. Mais il est indéniable que ce retour vers le passé a des conséquences idéologiques.[69] Selon Chantal Grell, après l'avènement de Louis XVI, les princes du sang et l'élite sociale employaient le style antique afin de valider leur train de vie : « La fascination pour le passé apparaît comme l'expression d'un sentiment d'impuissance. [...] L'image de l'antiquité [...] vint ainsi, naturellement pourrait-on dire,

---

[67] *Encyclopédie*, VI, p. 344.

[68] Philippe Le Leyzour, 'Fables et Lumières : quelques remarques sur la mythologie au XVIIIe siècle', dans *Les Amours des dieux : la peinture mythologique de Watteau à David* (Paris : Réunion des musées nationaux, 1991), p. xxiv.

[69] Marc Fumaroli, 'Retour à l'Antique : la guerre des goûts dans l'Europe des Lumières', dans Guillaume Faroult, Christophe Leribault et Guilhem Scherf (éds.), *L'Antiquité rêvée : innovations et résistances au XVIIIe siècle* (Paris : Gallimard et musée du Louvre, 2010), pp. 23-55.

symboliser ce passé mythique synonyme d'évasion et de liberté. »[70] Le mythe chez Delisle sert alors à créer une sorte de havre éternel et idéal, à l'abri de l'instabilité historique et destructive. On peut décrire ce refuge sans coordonnée temporelle ni spatiale comme une « pornotopie », que Steven Marcus théorise comme une utopie dans laquelle toute expérience humaine est perçue comme une série d'événements sexuels, et qui, nécessairement, n'existe que dans l'imagination et dans un « présent total et simultané ».[71]

Dans la pornotopie qu'est le *Théâtre d'amour* les rôles sexuels semblent au premier abord figés et traditionnels. La femme est souvent jeune ; Zulmé dans *Anacréon* a treize ans ; Marcia et Virginie dans *César et les deux Vestales* ont entre treize et quatorze ans ; Amestris dans *La Vierge de Babylone* a quatorze ans ; Inez dans *Les Trois Jouissances* est 'affligée de quinze ans' (p. 193) ; et Héloïse a le même âge. Innocente mais désireuse d'expériences sexuelles, cette personne est l'objet de la passion (souvent violente) de l'homme adulte et puissant, de qui dépend la subjectivité de sa victime, comme le dit Héloïse : « J'ai trouvé grâce aux yeux d'Abailard, mon courage a surpassé peut-être son attente : je suis satisfaite et je n'ai plus de blessures » (p. 104). Delisle exacerbe ce déséquilibre en décrivant le rapport sexuel en termes incestueux : « Ô mon père », dit Virginie à César, « la peine que tu m'infliges est pour moi une récompense » (p. 79). Et Héloïse demande à Abailard : « Rien ne peut m'offenser de la part d'un père qui m'est cher : ne suis-je pas votre fille d'adoption ? ne pouvez-vous pas toucher et retoucher à votre ouvrage ? *(Abailard touche avec volupté les deux roses, les baise tour à tour, et dans son extase, tombe involontairement à ses genoux)* » (p. 95). Selon Malandain, ce schéma est banal au dix-huitième siècle : « l'homme est le maître, et la femme lui doit tout, la conservation de sa virginité bien sûr, mais aussi son sacrifice, et encore le respect, l'admiration, la reconnaissance. »[72]

---

[70] Chantal Grell, *Le Dix-huitième siècle et l'antiquité en France 1680-1789*, *SVEC*, 330 (1995), pp. 718-20.

[71] Steven Marcus, *The Other Victorians : a Study of Sexuality and Pornography in Mid-Nineteenth Century England* (Londres : Weidenfeld and Nicolson, 1964), p. 216 et p. 270.

[72] Malandain, *Delisle de Sales*, p. 336. Telles sont l'omniprésence et la qualité surdéterminée de ce scénario qu'on peut se demander s'il ne finit pas par devenir une représentation parodique de l'exercice de l'autorité.

Force est de constater pourtant que dans le *Théâtre d'amour* l'identité sexuelle, loin d'être fixe, se caractérise par la mutabilité et l'équivalence. César lui-même ne répète-t-il pas le commentaire célèbre de Suétone que « ce n'est pas sans raison qu'on m'appelle dans Rome 'le mari de toutes les filles, et la femme de tous les maris' » (p. 75) ? L'extrême hétérosexualité du recueil (dont les épisodes lesbiens semblent ne servir qu'à l'excitation du spectateur masculin) est illusoire. Dans sa forme la plus pure, le plaisir sexuel efface l'individualité et crée un effet d'intersubjectivité, car, comme Abailard dit à son élève : « mon ange me parle avec respect ; il oublie que, depuis son touchant abandon, notre égalité est parfaite, que je suis Héloïse et qu'il est Abailard » (p. 104). Le goût des personnages masculins pour de jeunes filles témoigne de leur prédilection pour ce qui est, à leurs yeux, un corps sexuel indifférencié. À en juger par l'exclamation d'Anacréon, le corps d'une fille ressemble à celui d'un garçon : « Ma Zulmé, jusqu'à ce que les deux roses de ton sein s'entrouvriront, est du sexe de l'Amour » (p. 91), c'est-à-dire de Cupidon.

Tout au long du recueil, les personnages se délectent de jouer de rôles sexuels différents. Dans *Junon et Ganymède*, la déesse punit le héros en disant, « Tu vas être un moment Junon, et moi, je remplirai envers toi le rôle terrible de Jupiter » (p. 60) ; dans *Le Jugement de Pâris*, Minerve recommande au jeune berger de lui désigner « le rôle que je dois jouer : continue... fais un moment le personnage de Minerve et je vais faire celui de Pâris » (p. 173) ; Anacréon demande à Zulmé s'il a « bien joué le rôle de Vénus », et elle répond, « Je voudrais avoir mis autant de grâce à remplir celui de l'Amour » (p. 90) ; et Finette s'écrie, « Mon incroyable maîtresse, tu m'embrases par tes tableaux ; et moi aussi je serai quand tu le voudras, ton Ganymède. Je remplacerai ton Ariel » (p. 125). Figure emblématique du *Théâtre d'amour*, Ganymède représente la mutabilité sexuelle dès la première pièce du recueil, car il décrit à Junon ses conversations avec Hébé ainsi : « elle est toujours sur moi... quand je ne lui fais pas prendre l'attitude contraire... bien plus douce encore » (p. 58). Il stimule le désir des personnages masculins de même que féminins dans plusieurs pièces du recueil. Minette commande à Ariel, « sois le Ganymède de celle que tu appelles Vénus » (p. 125) ; et lorsque dans *Junon et Ganymède*, l'éphèbe dit, « tous ces jeux charmants me rappellent ma première jouissance avec Jupiter », la déesse répond, « mais ma curiosité est à son comble, je veux que tu me dises, tout de suite, de ta bouche ingénue, de quoi il s'agit dans cette jouissance » (p. 61). Delisle insiste sur le fait que Ganymède plaît à ses amants en tant que personnage masculin, comme en témoigne un échange entre Vénus et Pâris (p. 162):

> VÉNUS. Je ne lui en ai appris aucun, dont son cœur ne lui eût inspiré l'usage ; on m'a dit que ce Ganymède était une espèce d'hermaphrodite : comme il avait deux sexes, il servait comme homme à la table des dieux, et comme femme il s'introduisait dans le lit de Jupiter.
>
> PÂRIS. Jupiter ne croyait pas tout à fait cela et Jupiter est un peu connaisseur.

Ainsi, Delisle rejette-t-il ici l'interprétation néoplatonicienne du mythe de Ganymède, laquelle avait vidé le rapt de l'éphèbe de tout contenu sexuel, et lui rend son érotisme homosexuel.[73] Alors que Ganymède n'est pas hermaphrodite, le sexe d'Ariel dans *Minette et Finette* est un mystère jusqu'au dénouement, mais tout inconnu qu'est son sexe, ce personnage n'en reste pas moins désirable : « son sexe ne s'est point prononcé : il a commencé par jouer Zaïre sur notre petit théâtre de société, et tous les hommes en sont devenus amoureux : ensuite il a fait Orosmane, et toutes les femmes en ont été éprises » (pp. 121-22). Selon Abigail Solomon-Godeau, l'éphèbe néoclassique était « l'emblème visuel principal de l'idéal masculin pendant la période révolutionnaire et postrévolutionnaire ».[74] Incarnant un certain polymorphisme et témoignant de la fascination contemporaine pour l'ambigüité sexuelle, cette figure dans l'art officiel ne représenterait pas pourtant l'intégration harmonieuse et positive du masculin et du féminin, car elle s'approprie le féminin qui avait été banni du discours public. En somme, l'éphèbe permettait de penser et de contrôler la différence sexuelle qui ne se conformait pas au nouvel ordre symbolique.[75] L'analyse de Solomon-Godeau nous aide à

---

[73] Voir aussi Michael Preston Worley, 'The Image of Ganymède in France, 1730-1820 : the survival of a homoerotic myth', *The Art Bulletin*, 76 (1994), 630-43.

[74] Abigail Solomon-Godeau, *Male Trouble : A Crisis in Representation* (Londres : Thames and Hudson, 1997), p.102. Melissa Hyde propose que Boucher, à l'opposé des peintres néoclassiques, avait prisé l'ambigüité sexuelle ; *Making Up the Rococo : François Boucher and His Critics* (Los Angeles : Getty Publications, 2006).

[75] Solomon-Godeau, *Male Trouble*, pp. 99-175.

comprendre la représentation de l'éphèbe chez Delisle. Les éphèbes dans le *Théâtre d'amour* (Ganymède, Ariel et même Pâris, qui « n'a que vingt ans, et [a les] grâces de l'adolescence ») semblent incarner une sexualité indifférenciée, car ils excitent les deux sexes également, et chaque sexe peut se plaire à s'identifier à l'éphèbe. Néanmoins, le corps qui permet la mutabilité sexuelle chez Delisle est en fin de compte le corps masculin ; c'est le corps de l'éphèbe qui assimile la sexualité féminine et pas l'inverse.

Deux pratiques sexuelles chères aux personnages du *Théâtre d'amour* montrent elles aussi le potentiel et les limites de ce polymorphisme sexuel. Au premier abord, la sodomie semble ébranler la dichotomie d'homme-actif et de femme-passive, et effacer la différence sexuelle.[76] Nous avons déjà remarqué que dans la première pièce du recueil, les ébats de Jupiter et Ganymède piquent la curiosité sexuelle de Junon, et il en est de même dans *Le Jugement de Pâris*, où la sodomisation de Junon excite Vénus (p. 162) :

PÂRIS. Quoiqu'il en soit, je trouvai charmant de faire de Junon un second Ganymède et d'essayer... achèverai-je ?

VÉNUS. Comme tu irrites mon envieuse impatience !

Dans *Minette et Finette*, la didascalie indiquant qu'Ariel est sur le point de sodomiser Minette,[77] décrit le corps de cette dernière par référence à l'éphèbe : « le dard affaissé reprend son essor et se présente à l'ouverture de Ganymède » (p. 136). Dans *Le Jugement de Pâris*, la sodomie semble rendre les deux sexes indistincts (pp. 148-49) :

PÂRIS, *avec une timidité feinte.* Maintenant, voulez-vous que je termine le rôle de Jupiter avec Ganymède ?

JUNON. Mais je ne suis pas Ganymède.

PÂRIS, *avec finesse.* Vous le croyez !

La mutabilité sexuelle n'est, pourtant, qu'illusoire, car la référence

---

[76] Selon Leo Bersani, « Any activity or condition that exposes the permeability of bodily boundaries will simultaneously expose the factitious nature of sexual differences as they are postulated within the heterosexual matrix » (*Homos* [Cambridge MA : Harvard University Press, 1995], pp. 46-47).

[77] Minette demande à Ariel de la sodomiser : « Mon ami, dis-je, d'un air égaré, tu n'as joué que la moitié du beau rôle de l'amant d'Héloïse... sois cet amant tout entier... tu as une autre virginité à conquérir... vois cette petite aperture qui appelle un autre dard qu'un doigt frivole... pénètres-y en vainqueur, force la barrière, inonde-la de mon sang, et rends-moi heureuse à jamais » (p. 125).

est le corps de Ganymède ; quoique passif et pénétrable, le corps masculin devient alors une norme paradoxale pour définir le corps féminin.

L'autre passion chère aux personnages du *Théâtre d'amour* est la flagellation, qui se pratique dans la plupart des textes du recueil (*Junon et Ganymède, La Vierge de Babylone, César et les deux Vestales, Héloïse et Abailard, Minette et Finette, Le Jugement de Pâris*, et *Les Trois Jouissances*).[78] Dans la majorité de ces rencontres, c'est la fille qui essuie les coups de fouet :

> Ganymède après avoir fouetté son amante un peu plus fort, promène ses mains sur les deux globes d'albâtre, et les baise avec la plus vive émotion et les entrouvre légèrement. (p. 60)
>
> Regard d'attendrissement d'Héloïse. Abailard la frappe graduellement pendant quelques minutes, jusqu'à ce qu'il voie palpiter les charmes secrets que son œil dévore, quand il s'arrête, Héloïse laisse retomber ses vêtements mais reste à genoux. (p. 98)

La flagellation est néanmoins une pratique qui semble ignorer la différence sexuelle, permettant aussi bien à la femme qu'à l'homme de participer comme agent ou objet à son gré.[79] Considérons l'épisode dans *Le Jugement de Pâris* où le berger se fait fouetter (p.156) :

> Pâris se met à genoux […]. Vénus prend le bouquet de roses, délie la ceinture de Pâris sans qu'il s'en aperçoive, le découvre et le fouette avec volupté : Pâris se retourne avec enchantement, remercie Vénus avec des yeux humides de plaisir et tente de porter la main de la déesse sur son dard : celle-ci le couvre d'un voile, mais après l'avoir serré presque involontairement.

---

[78] Raymond-Josué Seckel note que la flagellation n'est pas absente de la littérature du XVIIIᵉ siècle (on n'a qu'à penser à Sade), mais c'est à partir de la fin du siècle suivant qu'on voit « cette production particulière chez quelques éditeurs spécialisés cumulant la réédition de textes médicaux et la publication de collections et de compilations historiques qui fournissent un prétexte facile à diffuser des textes croustillants sur l'usage du fouet » ; voir 'La flagellation', dans Marie-Françoise Quignard and Raymond-Josué Seckel (éds.), *L'Enfer de la Bibliothèque : Éros au secret* (Paris : Bibliothèque nationale de France, 2007), pp. 347-54 (p. 347).

[79] Gilles Deleuze insiste que « la figure du masochiste est hermaphrodite » ; voir *Présentation de Sacher-Masoch* (Paris : Editions de minuit, 1967), p. 60.

Pâris prend volontiers une position et une attitude associées aux victimes féminines, et cependant la flagellation est une échappatoire vaine et un faible défi aux hiérarchies du pouvoir dominant, dont l'hégémonie s'étend même à ces imaginations « alternatives » qui sont définies par rapport à la culture orthodoxe.[80]

Cette identité sexuelle fluide, l'enthousiasme pour la flagellation et la sodomie créent une pornotopie d'ambiguïté sexuelle aux antipodes de la moralité conservatrice qui prédominait lors de la composition et la rédaction du *Théâtre d'amour*. Le néoclassicisme, réagissant contre le libertinage rococo et aristocratique, prisait « la probité masculine et la simplicité des mœurs ».[81] La pornotopie de Delisle (comme toutes utopies) est néanmoins fragile, et porte la marque de son époque.

Baculard d'Arnaud et L'Art de foutre, ou Paris foutant

L'Art de foutre, ou Paris foutant est un cas bien rare, peut-être même unique dans le théâtre érotique, car c'est non seulement la seule pièce de ce genre pour la représentation de laquelle il existe des renseignements fiables, mais c'est aussi la pièce érotique qui était l'objet de la répression policière la plus sévère. Ainsi peut-on se demander si ces deux faits sont liés, si la représentation obscène ne poussa pas les autorités à intervenir. Un examen des archives officielles nous permettra d'identifier les motifs de la police, et ainsi d'établir la cible précise de leurs activités.[82]

---

[80] « Socially sanctioned positions of power are fortified by the covert and always temporary changes of position offered by an underground culture. […] S/M is nonetheless profoundly conservative in that its imagination is almost entirely defined by the dominant culture to which it thinks of itself as giving 'a stinging slap in the face' » (Bersani, *Homos*, p. 87).

[81] Madelyn Gutwirth, *The Twilight of the Goddesses : Women and Representation in the French Revolutionary Era* (New Brunswick NJ : Rutgers University Press, 1992), p.369. Voir aussi Joan B. Landes, *Visualizing the Nation : Gender, Representation and Revolution in Eighteenth-Century France* (Ithaca : Cornell University Press), surtout pp. 81-174.

[82] Voir Bibliothèque de l'Arsenal, ms 11480 (surtout ff. 127-227), et 12484, 12550 et 12581 ; Frantz Funck-Brentano, *Les Lettres de cachet à Paris, étude suivie d'une liste des prisonniers de la Bastille* (1659-1789) (Paris : Imprimerie Nationale, 1903), p. 279 ; Bertran de La Villehervé, *François-Thomas Baculard d'Arnaud : son théâtre et ses théories dramatiques* (Paris : Champion, 1920), pp. 13-16 ; Dawson, *Baculard d'Arnauld*, pp. 55-60 ; et Françoise Weil, *Livres*

L'*Art de foutre* fut « représenté aux Porcherons dans le Bordel de Mademoiselle *De La Croix*, fameuse maquerelle, le premier de Janvier 1741 » (p. 214). Lacroix avait déjà été emprisonnée en 1736 sur la plainte de ses voisins ;[83] et le quartier des Porcherons (actuellement dans le neuvième arrondissement de Paris) était en effet bien connu pour ses guinguettes, ses maisons closes et ses maisons galantes.[84] L'ouvrage est une parodie du prologue de *L'Europe galante*, créé par André Campra et Houdar de la Motte en 1697. Baculard transforme des vers comme « Quelle soudaine horreur ! et quels terribles bruits ! / Ciel! qui peut amener la discorde où je suis ? » en « Quel foutu tintamarre ! et quel bougre de bruit ! / O ciel ! un commissaire ! Ah ! tout mon con frémit » (p. 222). Les personnages divins de l'ouvrage original se métamorphosent en « garces, maquerelles, maquereaux et piliers de bordel » (p. 217). L'action est explicite : « Les six putains s'avancent et les six fouteurs ; cela forme une scène muette. Deux des fouteurs ne bandent point ; deux putains leur mettent la main au vit, et tâchent de rappeler chez eux la nature ; des autres fouteurs qui bandent, l'un veut foutre en charrette brisée, l'autre en levrette. » Les acteurs exécutent les postures de l'Arétin, et le ballet termine par « une décharge générale de foutre » (p. 225).

La pièce fut imprimée au début de 1741 mais, selon Robert Dawson, aucun exemplaire de cette édition originale n'a survécu. Le seul exemplaire qu'il en trouva, est celui conservé à la Bibliothèque de l'Arsenal ;[85] publiée en 1747 sans nom d'éditeur ni lieu d'impression, cette édition se trouve à la fin d'un exemplaire du *Bordel ou le jeanfoutre puni* de Caylus, qui est relié avec

---

interdits, livres persécutés 1720-1770) (Oxford : Voltaire Foundation, 1999), p. 24.

[83] Capon et Yve-Plessis, *Théâtres clandestins*, p. 254. Nous n'avons trouvé aucune trace de Mme (de) Lacroix après 1741. Dawson et Benabou suggèrent qu'elle ait été arrêtée et emprisonnée (*Baculard d'Arnaud*, p. 55, et *La prostitution et la police des mœurs*, p. 241), mais son nom ou plutôt son pseudonyme (car c'en est sûrement un) ne figurent pas dans les listes de femmes envoyées à Salpetrière ou à Bicêtre en 1741 ; voir, par exemple, Bibliothèque de l'Arsenal, ms 12694, où le pseudonyme ou le surnom de plusieurs femmes est noté, par exemple « Francoise Magdelin ditte Fanchon 45 ans de Paris p[r]. deb[auche] vol et yvrog » (f. 24.v).

[84] Benabou, *La Prostitution et la police des mœurs*, pp. 202-08.

[85] Dawson, *Baculard d'Arnaud*, p. 55.

d'autres textes libertins dans un *Recueil de literature* [sic].[86] Mercier constate que ce sont les mêmes autorités qui saisissent et vendent les livres interdits ;[87] bien que son observation ne soit pas entièrement juste en ce qui concerne *L'Art de foutre*, toujours est-il que le seul imprimé de *L'Art de foutre* qui subsiste, doit sa survie à un homme censé responsable de sa destruction, car ce volume porte l'ex libris de Joseph d'Hémery, inspecteur de la librairie.[88] A la Cushing Memorial Library (Austin, Texas) se trouve un manuscrit bien particulier, le *Mélange de poésies diverses*.[89] Parmi ses nombreux textes érotiques figure *L'Art de foutre, ou Paris foutant*, qui n'est pas de la main de Baculard, et qui présente quelques légères variantes. A part cet imprimé et ce manuscrit, aucun texte du ballet n'a survécu.

Qui joua dans ce ballet ? La liste des personnages est plutôt celle des interprètes partiellement voilés sous l'anonymat, par exemple « Mademoiselle P****, la jeune, *putain* » et « Mademoiselle D********, *troisième putain* ». Quoique indéchiffrables à un public moderne, ces personnes furent reconnaissables au public contemporain, car des annotations manuscrites sur l'imprimé complètent les noms, en donnant « etit » et « uplessis ». Ces annotations font croire que, pour la plupart des cas dans ce ballet, personnage et acteur sont la seule et même personne. Une exception est « Monsieur D'A***, Commissaire »,

---

[86] La pièce se trouve dans *Le Bordel ou le jean-foutre puni* (Ancône : chez Jean Chouard, à l'Enseigne du Morpion couronné, 1747), pp. 119-31, à la bibliothèque de l'Arsenal, Rés 8° B 35550, pp. 119-31. Dans nos notes nous ferons référence à cette édition par le numéro 47.

[87] « Mais ces mêmes livres que la ligue secrète des brigands a fait mettre de côté, sont bientôt retirés par eux, vendus, distribués » ; Mercier, 'Saisies', *Tableau de Paris*, VII, p. 189.

[88] L'ex libris est reproduit dans Ernest Coyecque, *Inventaire de la Collection Anisson*, 2 tomes (Paris : Ernst Leroux, 1900), I. p. xlix.

[89] PQ 1177. M45 1780 ; *L'Art de foutre, ou Paris foutant* se trouve aux pp. 202-13. Ce recueil comprend plusieurs textes érotiques, dont *Les Trente-six postures de l'Arétin*, un conte intitulé *Parapilla*, de nombreux poèmes, et des pièces de théâtre telles que *La Nouvelle Messaline*, *La Comtesse d'Olonne*, *Les Plaisirs du cloître*, et *Vasta, reine de Bordélie*. Voir Robert Dawson, 'The *Mélange de poésies diverses* (1781) [sic] and the diffusion of manuscript pornography in eighteenth-century France', dans Robert P. Maccubbin (éd.), *Unauthorised Sexual Behavior During the Enlightenment*, numéro spécial d'*Eighteenth-Century Life*, 9 (1985), pp. 229-43.

que le manuscrit identifie comme « Monsieur d'Alby », c'est-à-dire le véritable commissaire qui entra au service au Châtelet en 1728, et qui était responsable du quartier de La Grève.[90] Ce commissaire vénal, que Delacroix réussit à soudoyer, est la cible principale du ridicule de Baculard, mais l'auteur décrit une corruption plus générale (p. 223):

> L'Hôpital, je m'en fous, j'ai partout des amis,
> À la ville, à la cour, et même à la police,
> Abbés, marquis, fermiers, tout jusques aux commis,
> Pour moi corrompra la justice.

Dénigrant ainsi les autorités et les élites, L'Art de foutre est, comme bien de la pornographie prérévolutionnaire, contestataire, même s'il lui manque une idéologie cohérente. Robert Darnton et Robert Dawson entre autres ont étudié les tentatives de la police au dix-huitième siècle d'empêcher la publication et la circulation d'œuvres séditieuses (y compris des ouvrages pornographiques) dans un espace public caractérisé par « le mot publié ».[91] Au contraire d'un bordel privé où des corps se joignent en paroxysme, dans l'espace public les participants ne s'unissent que par la discussion désincarnée. Dans cet espace diffus et abstrait, la police s'inquiétait du texte de l'auteur plutôt que du corps de l'actrice.

La première référence au ballet dans les rapports de police est dans une lettre du 21 janvier 1741, envoyée par Maurepas, secrétaire d'état, à Duval, secrétaire de la lieutenance :

> Je n'ay pris encore qu'une lecture trop rapide de l'imprimé que vous m'avez envoyés pour pouvoir vous mander ce que j'en pense moi-même. Comme j'imagine que vous en avez un double vous pourriez peut estre en cherchant dans

---

[90] Almanach royal (1741), p. 259. Il ne peut pas s'agir du célèbre Antoine-Raymond-Jean-Gualbert-Gabriel de Sartine, comte d'Alby, lieutenant criminel au Châtelet et puis lieutenant général de police, qui naquit en 1729. Voir aussi Steven L. Kaplan, 'Notes sur les commissaires de police de Paris au XVIIIe siècle', Revue d'Histoire moderne et contemporaine, 28 (1981), pp. 669-81.

[91] Jürgen Habermas, The Structural Transformation of the Public Sphere (Londres : Polity Press, 1989), p. 43. Voir aussi Robert Darnton, The Literary Underground of the Old Regime (Cambridge MA : Harvard University Press, 1982); Robert Darnton, The Forbidden Best-Sellers of Pre-Revolutionary France (Londres : HarperCollins, 1996) ; Robert Darnton, Poetry and the Police : Communication Networks in Eighteenth-Century Paris (Cambridge MA : Harvard University Press, 2010) ; Robert Dawson, Confiscations and Customs : Banned Books and the French Booktrade During the Last Years of the Ancien Régime, SVEC, 2006:07.

les papiers de M votre beaupere en retrouver le manuscrit original et comme il en auroit surement fait part à son Em[e]. j'ay cru qu'il seroit inutile de luy redemander son avis sur une matiere qui quoy qu'interressante en elle même ne s'éclairait pas par des combinaisons. Il seroit fort intéressant de découvrir l'autheur et l'imprimeur ; la découverte des acteurs seroit plus aisée, mais il y auroit aussi moins de fruit à en attendre et d'ailleurs on doit tout attendre du bénéfice du temps, s'ils ne sont point remplacés.[92]

Le ballet eut donc lieu, du moins selon Maurepas qui parle des « acteurs ». Pourtant il est évident que la police se préoccupait bien plus de la publication que de la représentation du ballet, et dès le début de son enquête elle en chercha l'auteur et non pas les acteurs. Bien que les archives ne précisent pas comment la police obtint le manuscrit et l'imprimé dont parle Maurepas, de nombreux documents nous permettent de reconstruire le reste de l'affaire.

Au début du mois de février la police trouva trente exemplaires du ballet chez une certaine Madame Frissart, domestique de la dame Chauvin,[93] lesquels y avaient été apportés par un colporteur nommé Guillaume Dacier.[94] Ce dernier déclara qu'un certain Auchenon avait eu ce « manuscrit de l'art de f... dans sa poche pendant plusieurs jours ».[95] L'enquête menée par la police révéla que Gabriel Osmont avait imprimé la pièce ; il fut embastillé le 9 février 1741,[96] et Dubut écrivit à Maurepas ce même jour :

J'ay l'honneur de vous rendre compte qu'en conséquence

---

[92] Ms 11480, f. 149.

[93] Le 20 février 1741, Baculard, emprisonné à la Bastille, écrivit une lettre à une certaine « Madame chauvin demeurant a l'image st. michel derriere st dénis de la chartre ». On se demande s'il s'agit de la même femme. Le ton de la missive est bien pathétique : « Vous scavés, madame, sans doute, tous mes malheurs, mon plus grand selon moi est d'être séparé de la personne que Vous connoissés et qui m'est si chere, je vous prie d'employer mes amis pour ma délivrance, noubliés pas un infortuné qui ne se nourrit que de larmes et qu'abandonne la terre entière. » Toute la lettre est reproduite dans Dawson, *Baculard d'Arnaud*, pp. 587-88.

[94] Ms 11480, f. 139.

[95] Ms 11480, f. 140 ; cette feuille n'est pas datée. Il est possible que ce soit le manuscrit dont parle Maurepas.

[96] Ms 12484, f. 24.v.

de vos ordres j'ay aretté et conduit à la bastille le m[r] osmont imprimeur pour avoir *distribué* l'imprimé quy a pour titre l'art de f... qui est des plus obscenes.[97]

Un document non daté décrit Osmont comme « un imprimeur qui *distribuoit dans le public* un imprimé remply d'obscenités les plus grossières »,[98] et selon un autre « il a imprimé et *distribué* une pièce des vers les plus obscènes ».[99] Son incarcération aurait donc été motivée par l'angoisse de la police qu'un ballet représenté dans un endroit connu et donc sujet à la surveillance et au contrôle, ne devienne accessible à un public plus large et diffus.

La police identifia « le S[r]. Baculard d'Arnaud [comme l'] auteur d'une pièce indécente intitulée l'art de foutre »,[100] et le 17 février il fut mis à la Bastille, selon la missive envoyée par Dubut à Maurepas :

Monsieur, j'ay l'honneur de vous rendre compte qu'en conséquence de vos ordres j'ay aretté et conduit à la bastille le Sr d'Arnaud poëte, pour avoir composé une pièces des plus licencieuses ayant pour titre l'art de f...[101]

Un document indique que « trois paquets l'un contenant 30. exemplaires de l'art de f... l'autre 19. pieces et lettres [furent] saisis chez lui lors de sa détention ».[102] Plusieurs documents attestent que Baculard avait écrit *L'Art de foutre* : il est décrit comme « un Poete qui est l'autheur d'une pièce des plus licencieuses, et absolument contraire aux bonnes mœurs »,[103] et Maurepas l'appelle « l'autheur d'une piece en vers des plus licentieux ».[104] Après un mois à la Bastille, Baculard fut transféré à Saint-Lazare le 14 mars. Cet événement ne fut pas inconnu à l'époque, car l'abbé Le Blanc écrivit :

---

[97] Ms 11480, f. 151 ; nous soulignons.

[98] Ms 11480, f. 152 ; nous soulignons. Plagnol-Diéval et Lever se trompent en constatant qu'Harnoncourt de Morsan était l'imprimeur (*Le Théâtre de* société, p. 60 ; et *Théâtre et Lumières*, p. 321).

[99] Ms 11480, f. 206 ; nous soulignons. Osmont fut libéré le 11 mars.

[100] Ms 11480, f. 127. La lettre est datée le 17 février 1741 et signée Phelypeaux, c'est-à-dire Maurepas lui-même.

[101] Ms 11480, f. 153.

[102] Ms 11480, f. 136. Sans date.

[103] Ms 11480, f. 223. Sans date.

[104] Ms 11480, f. 227. Voir aussi f. 223 et f. 225.

> On a mis à la Bastille pour être de là transféré à St Lazare le nommé *Bacula D'Arnaud* auteur de l'Art de xx & à ce qu'on dit de quelques Couplets satiriques contre la Cour. L'Imprimeur a été mis dans un Cachot & un jeune homme de famille pour en avoir facilité l'impression a été aussi mis à la Bastille, mais relaché tout de suitte à la Sollicitation de Mr le Controlleur général.[105]

Sorti de Saint-Lazare le 18 mai,[106] Baculard continuait à être surveillé par la police. D'Hémery rédigea plus de 500 fiches sur les écrivains de son temps, et il écrivit celle de Baculard quelques années après l'affaire de *L'Art de foutre*, quand l'auteur, âgé de 32 ans, avait été chassé de la Prusse :

> Grand, bienfait, blond et l'air efféminé. C'est un jeune homme, qui a assez d'esprit, il est le fils d'un homme qui avait beaucoup de bien, son pere et sa mere, qui sont d'une fort honnete famille, vivent honorablement a l'Isle [Lille], sa mere a beaucoup d'esprit.
>
> Il a fait les *Degouts du theatre*,[107] les *Epoux malheureux*, ou l'*histoire de La bedoyere*,[108] et *Paris foutant*, ce qui l'a fait mettre a la Bastille, il avait fait ce dernier ouvrage avec le petit Morsan, fils de M. d'Arnoncourt fermier general.
>
> C'est un eleve de Voltaire qui ne vaut pas mieux pour les sentiments.
>
> Le 7 septembre 1749, il est allé demeurer ruë des Cordeliers a l'hotel de Medoc, ou il fait courir le bruit qu'il alloit aller en Prusse. Le 20 Mars 1750 le Roy de Prusse luy a envoyé 2000 [livres] pour son voyage, mais les ayant mangés, il a été obligé de vendre tous ses ouvrages a Durand pour partir, lequel les a achetés cinquante louis. Il est ensuite parti et quelque tems apres il s'est brouillé avec

---

[105] Hélène Monod-Cassidy, *Un Voyageur-philosophe au XVIIIe siècle : l'abbé Jean-Bernard Le Blanc* (Cambridge MA : Harvard University Press, 1941), p. 360.

[106] Selon La Villehervé, le transfert de Baculard eut lieu le 8 mars, et son élargissement le 10 mai (*François-Thomas Baculard d'Arnaud*, p. 14).

[107] *Les Dégoûts du théâtre*, épître publiée en 1745 (Dawson, *Baculard d'Arnaud*, pp. 71-72 et p. 637).

[108] *Les Epoux malheureux, ou histoire de monsieur et madame de La Bédoyère, écrite par un ami*, roman publié en 1745 (Dawson, *Baculard d'Arnaud*, pp. 73-120 et pp. 682-88).

Voltaire pour une lettre qu'il avait écrit a Fréron, touchant une préface qu'il avait fait pour ses œuvres.

Le 27 Novembre 1750 le Magistrat m'a dit que Voltaire venoit de lui écrire que le Roy de Prusse venoit de chasser D'Arnaud.[109]

Si Baculard ne pouvait faire oublier son séjour à la Bastille (remarquons, d'ailleurs, que dans les documents policiers il ne nie jamais la paternité du ballet), il prétendait pourtant y avoir été emprisonné pour une raison plus honorable. Selon l'avertissement de sa tragédie *La Mort de Coligny* : « Cet ouvrage qu'il composa dans sa première jeunesse (à peine avait-il dix-huit ans) lui valut beaucoup d'applaudissements, une foule de critiques et les honneurs de la Bastille. »[110] La Villehervé ne rejette pas cette affirmation, proposant que ce soit le scandale autour de *La Mort de Coligny* qui « aurait motivé ces remue-ménage de geôliers et de sergents », et que *L'Art de foutre* donna à la police le prétexte pour faire arrêter le jeune auteur. Il remarque que dans un rapport de police Baculard est surnommé « l'élève de Voltaire »,[111] ce qui laisse penser que son arrestation fut un moyen d'attaquer au célèbre écrivain.[112] Dawson, lui aussi, voit une provocation au clergé et à la cour dans le portrait ignominieux que fait *Coligny* de la noblesse catholique.[113]

Le dernier personnage dans cette affaire à être emprisonné fut Joseph-Marie-Anne Durey d'Harnoncourt de Morsan (1717-1795), qui fit les frais de l'impression du ballet,[114] et qui fut embastillé le 23 février. Fils du fermier général Pierre Durey

---

[109] Joseph d'Hémery, *Historique des auteurs*, Bibliothèque nationale, NAF 10781, 15 r et v. Voir aussi Joseph Delort, *Histoire de la détention des philosophes et des gens de lettres à la Bastille et à Vincennes*, 3 tomes (Paris : Didot, 1829), II, pp. 144-58 ; Robert Shackleton, 'Deux policiers au XVIIIe siècle : Berryer et d'Hémery', dans Raymond Trousson (éd.), *Thèmes et figures du siècle des Lumières : mélanges offerts à Roland Mortier* (Genève : Droz, 1980), pp. 250-58 ; et Robert Darnton, 'A Police Inspector Sorts His Files : the Anatomy of the Republic of Letters', dans *The Great Cat Massacre And Other Episodes in French Cultural History* (Londres : Penguin, 1984), pp. 141-83.

[110] Cité dans Dawson, *Baculard d'Arnaud*, p. 59.

[111] Il s'agit de Ms 11480, f. 127.

[112] La Villhervé, *François-Thomas Baculard d'Arnaud*, p. 13 et p. 16.

[113] Dawson, *Baculard d'Arnaud*, p. 59.

[114] Ms 11480, f. 127.

d'Harncourt (ou d'Arnoncourt),[115] il s'était déjà fait connaître à la police, car le 28 octobre 1732 le curé de St. Gervais avait écrit au lieutenant général de police que :

> M. Darnoncour entretient sur sa paroisse une jeune fille de quatorze ans qu'il va voir deux ou trois fois la semaine, il paye au bourgeois ou elle est mil livres de pension, et fait d'autres depenses pour elle. Les faits sont certains.[116]

Lors d'une perquisition au domicile d'Harnoncourt, la police trouva des lettres de Baculard. Les deux hommes se connaissaient depuis quelques années, comme le témoigne une épître en vers et en prose datée le 20 janvier 1739, dans laquelle le poète s'excuse de ne pas rendre visite à son ami malade.[117] Baculard dédie, du reste, *L'Art de foutre* à Harnoncourt de Morsan, reconnaissable sous l'acronyme de « M. D. D. D. M.... » Libéré de la Bastille le 3 mai 1741, le 28 janvier 1756 il épousa Anne-Françoise-Geneviève d'Albignac de Castelnau, fille du comte de Castelnau, et en 1765 il devint receveur général des finances en survivance de son père en Franche-Comté.[118]

L'affaire de *L'Art de foutre* montre que la police se préoccupait bien plus de la circulation du ballet de Baculard que de sa représentation. Le but de la police n'était pas de faire taire les actrices, mais d'anéantir le texte, et elle faillit réussir. Les corps nus de Mlles Petit, Sueur et Duplessis étaient indifférents à Maurepas et ses hommes ; ils s'intéressaient bien plus à un ouvrage qui ridiculisait un de leurs collègues.

Principes de cette édition

Le *Théâtre d'amour* n'a jamais été publié, et Delisle prétend qu'il « ne reste réellement en Europe de mon *Théâtre d'amour* qu'un seul exemplaire » (p. 52). Notre texte de base est le

---

[115] Selon Meusnier, inspecteur de police à Paris, Pierre Durey d'Harncourt était « incapable de faire du bien, sinon à quelques mauvais complaisantes qui ont l'art de flatter ses deux passions favorites, l'avarice et le goût des femmes » ; voir Yves Durand, *Les Fermiers généraux au XVIIIᵉ siècle* (Paris : Maisonneuve et Larose, 1996), p. 257.

[116] Ms 11480, f. 141. Voir aussi f. 130, datée mars 1731.

[117] Dawson, *Baculard d'Arnauld*, p. 56.

[118] Durand, *Les Fermiers généraux au XVIIIᵉ siècle*, p. 295.

manuscrit conservé à la Bibliothèque de l'Arsenal (ms. 9549). Ce manuscrit comprend 396 pages, les dimensions en sont 253 x 185mm, et l'écriture semble être d'une seule main. Les pages sont numérotées au crayon. Le manuscrit n'est pas daté mais, comme nous l'avons montré, Delisle doit l'avoir rédigé entre le 22 juillet 1812 et le 22 septembre 1816. Le manuscrit entra dans la bibliothèque en 1919, faisant partie du fonds Georges Douay, et il avait jadis appartenu à Alfred Bégis (1829-1904). Celui-ci avait, pour reprendre les termes de son avocat, « la collection privée, la plus importante peut-être, d'autographes, de pamphlets et de documents originaux ou rares concernant l'histoire anecdotique de l'époque de Louis XVI et de la Révolution ». Le 7 juillet 1866, une perquisition eut lieu chez lui, 29 boulevard Sébastopol, et « quelques centaines de volumes, de brochures, de gravures, dont beaucoup étaient politiques et quelques-uns galants ou plus ou moins licencieux » furent saisis et transportés au parquet du procureur impérial.[119] Malgré de nombreux tentatives et procès judiciaires, ces textes ne furent jamais restitués à Bégis. Cette saisie de « 154 numéros d'imprimés, 23 numéros d'estampes pour la première saisie, et 17 numéros pour la seconde »[120] forme une partie significative de l'Enfer de la Bibliothèque nationale.[121] Le manuscrit des pièces érotiques ne fut pas pourtant parmi ces ouvrages puisqu'on lit dans le catalogue de sa bibliothèque, dressé en 1897 :

> THÉÂTRE D'AMOUR, composé de pièces grecques assyriennes, romaines et françaises. A Amathonte, l'an de l'organisation de notre planète 40480, 4 vol, in-8, mar. citron, fil., tr. dor. (*Anc, rel.*). Précieux recueil des pièces composées par Delisles de Salles pour la célèbre Guimard. Il est autographe.[122]

---

[119] *Cour de cassation. Chambre des requêtes, arrêt du 24 février 1896. L'Enfer de la Bibliothèque nationale. Plaidoirie de Me de Segogne avocat à la cour de cassation pour M. Bégis* (Paris : Pedone, 1896), pp. 3-5.

[120] *L'Enfer de la Bibliothèque nationale. Revendication par M. Alfred Bégis de livres saisis à son domicile et déposés à la Bibliothèque impériale en 1866* (Paris : Conquet, Carteret et Cie, 1899), p. 56.

[121] Voir Marie-Françoise Quignard, 'De l'existence de l'Enfer', dans Quignard and Seckel (éds.), *L'Enfer de la Bibliothèque*, pp. 166-72.

[122] *Catalogue de la bibliothèque de M. Alf. Bégis*, 3 tomes (Paris : Techener, 1897), III, p. 36.

Bégis prêta cet exemplaire à Capon et Yve-Plessis, qui le décrivirent ainsi : « Quatre volumes manuscrits, bien habillés de maroquin rouge, écrits sans ratures en belle ronde, avec, ça et là, dans les marges, des corrections modernes au crayon. C'est très probablement l'exemplaire de l'auteur et nous ne croyons point qu'il en existe d'autre. »[123] Malandain note que cette description ne correspond pas tout à fait à l'exemplaire de l'Arsenal, lequel est bien composé de quatre parties mais celles-ci sont reliées en un seul volume ; que « le texte présente un certain nombre de justifications qui ne semblent pas figurer dans l'exemplaire Bégis » ; et que l'exemplaire de l'Arsenal ne comporte pas de corrections au crayon. Il avance donc que deux exemplaires du *Théâtre d'amour* existent (ou ont existé) ; celui de Bégis (vu par Capon et Yve-Plessis, rappelons-le) serait la version contemporaine de la représentation, et qui aurait été peut-être vendu au début des années 1960, et qui est aujourd'hui introuvable ; celui de l'Arsenal serait une version bien postérieure à la représentation.[124] Il est vrai que le manuscrit à l'Arsenal ne comporte que deux notes marginales et insignifiantes, et que sa forme matérielle ne s'accorde pas avec la description que donnent Capon et Yve-Plessis, mais nous ne pouvons pas soutenir cette proposition de Malandain. Tout d'abord, Capon et Yve-Plessis constatent que Bégis lui-même leur prêta « ce trésor d'une insigne rareté pour l'histoire secrète du dix-huitième siècle ».[125] Il est possible, d'ailleurs, que les quatre volumes furent reliés après que ces deux hommes de lettres les eurent lus, et que les justifications légèrement différentes ne signifient rien. Mais Capon et Yve-Plessis citent la référence cruciale à la mort de Saint Huberty ;[126] ceci prouve qu'ils avaient sous la main l'exemplaire aujourd'hui conservé à Paris ; le manuscrit de Bégis et celui de l'Arsenal ne sont qu'un.

Notre texte de base de *L'Art de foutre, ou Paris foutant* est l'exemplaire conservé à la Bibliothèque de l'Arsenal. Publiée en 1747 sans nom d'éditeur ni lieu d'impression, cette édition se trouve à la fin d'un exemplaire du *Bordel ou le jeanfoutre puni* de

---

[123] Capon and Yve-Plessis, *Les Théâtres clandestins*, p. 159.

[124] Malandain, *Delisle de Sales*, p. 617.

[125] Capon and Yve-Plessis, *Les Théâtres clandestins*, p. 159.

[126] Capon and Yve-Plessis, *Les Théâtres clandestins*, p. 168.

Caylus, qui est relié avec d'autres textes libertins dans un *Recueil de literature* [sic].[127] Le manuscrit conservé à la Cushing Library – *Melange de poësies Divers par différents Auteurs. A Paris. 1780*[128] – ne fut pas été écrit par Baculard lui-même, mais il offre quelques variantes significatives (notamment en ce qui concerne les acteurs). Nous signalons ce manuscrit dans les notes par le sigle 'Cushing'.

L'orthographe a été modernisée, mais la ponctuation conservée, sauf lorsqu'elle était manifestement fautive. Les fautes et erreurs flagrantes ont été corrigées.

---

[127] Voir Rés 8° B 35550, p. 119-31 ; les dimensions du livre sont 163 x 100mm.

[128] PQ 1177. M45 1780 ; *L'Art de foutre, ou Paris foutant* se trouve aux pp. 202-13.

Théâtre d'amour

Composé

de pièces grecques, assyriennes,

romaines et françaises

À Amanthonte[129]

L'an de l'organisation

de notre planète

40..780

---

[129] « Amathonte ou Amathuse, ville de l'île de Chypre, où Vénus et Adonis avaient des autels. Quelques géographes croient que c'est Limisso d'aujourd'hui ; d'autres disent que Limisso est à plus de sept milles des ruines d'Amathonte » (*Encyclopédie*, I, p. 317).

Préface

Toute l'antiquité a retenti des dialogues d'un amour plus que libre qu'avait composés Eléphantis,[130] et dont les dernières copies ont probablement été brûlées lors de l'incendie de la bibliothèque des Ptolémées.[131] Des peintres de renom avaient joint à ces ouvrages licencieux des desseins qui présentaient l'amour sans voile dans toutes les attitudes que l'imagination la plus hardie avait pu suggérer. C'est une pareille tradition qui a pu faire naître dans nos âges modernes les entretiens d'Aloysia[132] et les sonnets de l'Arétin ;[133] j'ai toujours regretté qu'une plume plus [...][134] ne se fût pas emparée de l'idée originale d'Eléphantis en couvrant d'un voile heureux toutes ces nudités cyniques qui révoltent le goût, sans rien ajouter au délire enchanteur de l'amour.

Je ne me dissimule pas, que dans la Grèce, la nudité des athlètes, la satiété des plaisirs permis, l'apothéose des Ganymèdes semblaient inviter à des plaisirs qui contrarient les vues bienfaisantes de la nature ; mais il est, dans cette dégradation même de la morale, des moyens de réconcilier, sinon l'homme de bien, l'homme de goût, avec de pareils tableaux. La suite de cette

---

[130] Poétesse grecque, dont l'œuvre ne survit que dans des allusions chez d'autres auteurs, tels que Martial et Suétone ; voir notre introduction.

[131] « La plus grande et la plus magnifique bibliothèque de l'Egypte, et peut-être du monde entier, était celle des Ptolomées à Alexandrie [...]. Tout le monde sait ce qui obligea Jules César, assiégé dans un quartier d'Alexandrie, à faire mettre le feu à la flotte qui était dans le port ; malheureusement le vent porta les flammes plus loin que César ne voulait ; et le feu ayant pris aux maisons voisines du grand port, se communiqua de là au quartier de Bruchion, aux magasins de blé et à la bibliothèque qui en faisaient partie, et causa l'embrasement de cette fameuse bibliothèque » ('Bibliothèque', *Encyclopédie*, II, p. 230).

[132] Vers 1660 Nicolas Chorier écrivit *Aloisiae Sigœae Toletanae Satyra Sotadica de arcanis amoris et Veneris. Aloisiae hispanice scripsit, latinitate donavit Joannes Meursius V.V.* Dans le livre il emprunta le nom de deux auteurs réels du XVIᵉ siècle ; Luisa Sigea, poétesse espagnole, et Johannes Meursius, philologue flamand, qui aurait traduit ce dialogue en latin. La traduction française *L'Académie des dames* apparut en 1680.

[133] Pietro Aretino (1492-1556), dit l'Arétin, auteur des *Sonnetti lussuriosi* (*Sonnets luxurieux*), publiés vers 1527.

[134] Il manque un mot ici.

préface va me faire entendre.

Un prince étranger,[135] homme très aimable, mais un peu blasé sur les plaisirs que l'innocence appelle, avait un théâtre secret où il n'introduisait que des roués de sa petite cour et des femmes de qualité dignes d'être des courtisanes. C'étaient les saturnales de la Régence ;[136] on y jouait sans voile, les priapées[137] de Pétrone et les orgies du *Portier*.[138] La licence d'un grand festin lui donna la hardiesse de s'adresser à moi, et de me demander des conseils sur les moyens de jeter de l'intérêt dans ces odieux spectacles. J'eus la faiblesse de lui dire que Socrate lui-même se serait prêté en ce genre aux folies d'Alcibiade.[139] De ce moment, il n'eut plus de secrets pour moi, et il m'invita avec toutes les grâces imaginables à épurer son théâtre, de manière qu'un sage même pût s'y rendre en loge grillée. Telle est l'origine de ce *Théâtre d'amour*.

Quatre pièces de ce recueil, *Junon et Ganymède*, la *Vierge de Babylone*, *César et les deux Vestales* et le *Jugement de Pâris*, ont été jouées, sans qu'on se permît de changer un seul mot. La scène d'*Anacréon*, et les pièces qui touchent à notre histoire

---

[135] Charles-Alexandre-Marc-Marcelin, prince d'Hénin naquit à Bruxelles en 1744.

[136] La Régence, selon Patrick Wald Lasowski, « s'impose alors comme un mythe d'origine qui fond le siècle libertin » ; voir sa préface aux *Romanciers libertins du XVIIIe siècle*, 2 tomes (Paris : Gallimard, 2000-2005), I, p. xiv.

[137] Une priapée est « un nom qu'on a donné aux épigrammes et aux pièces obscènes et trop libres, et qui ont été composées sur Priape » (*Encyclopédie*, XIII, p. 358) ; ce dernier était le dieu des jardins et « présidait à toutes les débauches » (Chompré, *Dictionnaire de la fable pour l'intelligence des poètes, des tableaux et des statues*, onzième édition [Paris : Saillant & Nyon, 1774], p. 351).

[138] *L'Histoire de Dom Bougre, portier des Chartreux* (1741), roman pornographique anonyme.

[139] Né vers 450 et mort en 404 avant J.-C., et renommé pour sa grande beauté, Alcibiade fut intimement lié avec Socrate qui, comme le note Plutarque, veut empêcher son pupille de se livrer à ses passions : « Socrate ne tenait Alcibiade que par les oreilles, et [...] ses rivaux avaient, pour le saisir, plusieurs autres moyens que ce philosophe ne voulait pas employer ; la bonne chère et les plaisirs. En effet, Alcibiade se laissait facilement entraîner à la volupté. [...] Alcibiade, amolli par les délices, et plein de vanité, n'était pas plutôt entre les mains de Socrate, que ce philosophe, le fortifiant par ses discours, le faisait rentrer en lui-même, le rendait humble et modeste, en lui montrant combien il avait de défauts, et à quelle distance il était de la vertu » ; voir *Vie d'Alcibiade*, dans *Les Vies des hommes illustres*, trad. Dominique Ricard, 6 tomes (Paris : Théophile Barrois, 1799), IV, pp. 135-37.

moderne, sont des folies de mon imagination un peu plus décentes que les autres. Quant à *Minette et Finette*, dont j'ai connu les personnages originaux, j'ai vingt fois été sur le point de la livrer aux flammes, et je ne la conserve ici qu'à cause du but moral qu'elle présente et pour montrer le danger de ces théâtres particuliers où l'innocence se perd avant qu'une jeune personne se doute qu'elle a une innocence à conserver.

Avant de consentir à me livrer à un genre de travail qui répugnait à mes principes, je fis une espèce de contrat avec le prince, pour conserver ma propriété, et comme ce dernier était le plus franc et le plus loyal des hommes, il en a rempli toutes les stipulations avec la plus scrupuleuse fidélité, jusqu'à sa mort.

Junon, la *Vierge de Babylone*, *César*, et le *Jugement de Pâris*, qui ont été joués, n'ont eu que trois représentations, afin que les acteurs n'eussent pas le temps d'apprendre d'autres rôles que ceux qu'ils jouaient ; ensuite on me renvoyait mon manuscrit avec tous les rôles individuels à part, tels que je les avait transcrits moi-même ; rien n'a été copié par une main étrangère et mon secret a péri avec le prince, qui, à cet égard, avait la conscience d'un Numa[140] et d'un Marc-Aurèle.

La plus indécente des quatre pièces qui ont subi l'épreuve des trois représentations est le *Jugement de Pâris*, dont le sujet m'avait été donné avec des accessoires de la dernière licence. Je n'y ai point jeté les yeux dans un âge plus mûr, sans être tenté de la livrer aux flammes. C'est un reste d'amour-propre, qui m'a toujours empêché de faire ce sacrifice au pur amour. Il est certain que la pièce présente une intrigue assez neuve, et qu'il y a des beautés nées du sujet dans le rôle de Vénus. Or si, cédant à ces sophismes de l'amour-propre, je ne puis me résoudre à anéantir ce *Jugement de Pâris*, et peut-être aussi *Minette et Finette* jetée dans le même creuset, je conjure l'homme honnête à qui ce *Théâtre* parviendra, quand je ne serai plus, de mettre en récits les morceaux cyniques que j'ai eu l'audace de mettre en tableaux.

Ce sacrifice à la morale de l'homme de bien est d'autant plus aisé, que, grâce à la loyauté chevaleresque du prince qui m'avait commandé ces espèces de saturnales littéraires, il ne reste

---

[140] Deuxième roi de Rome, Numa Pompilius fonda le temple de Vesta. Selon Plutarque, sa sagesse « était comme une source abondante, d'où la justice et la vertu s'épanchaient dans toutes les âmes, et y entretenaient la tranquillité dont il jouissait lui-même » (*Vie de Numa*, dans *Les Vies des hommes illustres*, II, p. 194).

réellement en Europe de mon *Théâtre d'amour* qu'un seul exemplaire.

J'avais eu le bonheur de rendre au prince dont j'ai parlé quelques services en diplomatie, services restés à jamais secrets entre lui et moi ; quelle fut ma surprise à la réception de mon manuscrit du *Jugement de Pâris*, de trouver dans la caisse qui le renfermait environ cent volumes d'ouvrages d'un genre encore plus libre que la pièce qu'il m'avait condamnée à faire, la plupart accompagnés de gravures obscènes, de gravures sur lesquelles une vierge ne pouvait jeter les yeux sans cesser de l'être ; mon premier mouvement fut de renvoyer le ballot qui à ma comédie près ne pouvait être mis à mon adresse, mais à la tête de l'*Aloysia* ou du faux *Meursius* je trouvai une lettre pleine d'esprit et de grâces où le prince me démontrait que, dans une bibliothèque telle que la mienne il devait y avoir un *Enfer* dont la porte ne devait s'ouvrir qu'aux adeptes. L'enchantement d'Alcine[141] fit son effet : j'eus la faiblesse de me laisser persuader par le sophisme de l'*Arbiter Elegantiarum*, comme l'antiquité appelait l'auteur du *Repas de Frimalcion*,[142] et après avoir parcouru par le seul attrait de la curiosité, ce répertoire de tableaux obscènes, qui ne servent qu'à rendre une femme Messaline,[143] et un jeune homme eunuque à vingt ans, je renfermai les livres dans un vieux coffre fort, dont après j'égarai la clef. Je ne me suis ressouvenu de la galanterie du prince que quand j'ai songé à faire le catalogue de ma bibliothèque.[144]

Mais admirez comment l'homme qui a le plus de caractère est quelquefois inconséquent ! J'ai passé les trente plus belles

---

[141] L'enchanteresse dans *Orlando furioso* de l'Arioste.

[142] La référence est à Pétrone, auteur présumé du *Satyricon*, roman qui peint un banquet chez Trimalcion. Tacite écrit dans le seizième livre de ses *Annales* : « ou par inclination, ou par politique pour se conformer au goût de Néron, il entra dans la plus intime confidence de ce prince, et devint tellement l'arbitre de ses plaisirs [*elegantiae arbiter*], qu'il n'y avait point de repas bien préparé, ni de fête bien ordonnée, si l'un et l'autre n'était de l'invention de Pétrone ». Voir *Les Annales et les histoires de Tacite, avec la vie de Jul. Agricola*, trad. M. Guérin, 3 tomes (Paris : Durand, 1743), III, pp. 482-83.

[143] Femme de l'empereur romain Claude, Messaline était renommée pour ses débauches, et tout au long dix-huitième siècle son nom évoque la sexualité débridée : voir, par exemple, *La Nouvelle Messaline* de Grandval fils et le conte anonyme, *La Messaline française, ou les nuits de la duchesse de Pol**** (1789).

[144] *L'Analyse du catalogue de la bibliothèque de m. de Sales* fut publiée en 1810.

années de ma vie à parcourir l'échelle de connaissances honnêtes, sans avoir jamais lu un seul des livres qui déchirent les voiles si charmants de la pudeur, et voilà que sur la fin de mon automne, lorsque la raison me dit de ne me livrer qu'aux plaisirs de l'entendement, un prince blasé sur tout excepté sur la loyauté de l'antique chevalerie, sur la franchise et j'ose dire même sur la vertu, me fait présent d'une petite bibliothèque de livres obscènes, me fait croire que j'ai du talent pour mettre les priapées en dialogues. Au reste le savant comte Caylus a bien fait imprimer une comédie dont le nom même ne peut pas se prononcer.[145]

Maintenant qu'on[146] juge ce que c'est que cet homme d'Epictète et Montaigne, si fort quand il prononce et si faible quand il agit :[147] jouet éternel des événements qu'il se propose de maîtriser : le plus libre des êtres à ce qu'il assure et le plus enchaîné en effet, par tout ce qui l'environne. Il faut toujours finir, quand on est véridique, par l'axiome du roman oriental de *Zadig* [,] l'homme le plus sage, le plus fort en principes, la femme la plus essentiellement vertueuse, ne doivent jamais jurer de rien.[148]

---

[145] La comédie *Le Bordel, ou le Jean-foutre puni* (1732) a été attribuée au comte de Caylus ; voir *Théâtre érotique du XVIIIᵉ siècle*, pp. 21-72.

[146] Rayé : que l'on

[147] Ces deux philosophes avaient déjà été mis en parallèle dans l'*Entretien de Pascal avec M. de Sacy sur Épictète et Montaigne* de Nicolas Fontaine (publié en 1738 par le P. Desmolets) ; voir Blaise Pascal, *Œuvres complètes*, éd. Michel Le Guern, 2 tomes (Paris : Gallimard, 1998-2000), II, pp. 82-98. Si Delisle fait allusion à ce texte ou aux ouvrages mêmes d'Épictète et de Montaigne, nous n'avons pu trouver la référence exacte.

[148] Cette référence au conte de Voltaire (1748) semble plutôt une évocation de la sagesse du héros, qu'une citation exacte. Néanmoins, on lit dans le chapitre sur l'ermite la phrase suivante : « Les hommes, dit l'ange Jesrad, jugent de tout sans rien connaître. » Voir *Zadig, ou la destinée*, éd. Haydn T. Mason, dans *Œuvres complètes de Voltaire*, (Oxford : Voltaire Foundation 2004), XXXb, p. 219.

Junon et Ganymède

Comédie érotique en un acte

Préface

Il était difficile de trouver un sujet de comédie plus immoral que celui-là, le nom seul de Ganymède repousse toute plume qui se respecte ; je combattis six mois l'enchanteur qui m'avait donné ce sujet, avant de me résoudre à le traiter : enfin on sut si bien mettre mon amour-propre en jeu, on fit tellement valoir le talent qu'il y aurait à se faire lire, en présentant ces nudités grecques à des yeux amis de la décence, que je consentis à hasarder une petite pièce à deux acteurs, où le titre promettrait tout, et où je ne tiendrais presque rien ; je crois avoir mis quelque intérêt dans un ouvrage qui semblait l'exclure, et cet intérêt suffira peut-être pour le sauver, je ne dis pas des flammes, mais de l'oubli.

Personnages

Junon, Ganymède

La scène se passe dans l'Olympe, au boudoir d'Hébé.[149]

Scène première

JUNON. Il faut avouer que voilà une première nuit de noces, qui n'est pour la triste Junon d'un heureux augure : j'épouse, à seize ans, Jupiter, qui, malgré sa vigueur peu commune, pourrait bien être mon aïeul ; à peine arrivée au lit nuptial, le père des dieux me boude, me traite comme une de ces petites vierges qui sortent du couvent de Vesta, et m'envoie coucher chez Hébé... que va-t-on dire de moi dans l'Olympe ? Hier au soir, tout était à mes genoux ; les Grâces me couronnaient de fleurs, Vénus me prêtait sa ceinture ; et ce triomphe aboutit à coucher seule la nuit de mes noces, et, ce qui est bien pénible, à me laisser encore vierge... Mais je me surprends à causer

---

[149] « Hébé, fille de Junon, et déesse de la jeunesse, Jupiter lui donna le soin de lui verser à boire. Un jour étant malheureusement tombée en présence des dieux, elle en eut tant de honte, qu'elle n'osa plus paraître depuis, et Jupiter mit Ganymède en sa place » (Chompré, *Dictionnaire*, p. 197). Voir aussi 'Hébé', *Encyclopédie*, VIII, p. 76.

avec moi-même... Oh ! si dans cette solitude dans le sein de qui je pusse épancher mon cœur tout plein de son infortune... Mais Hébé a disparu, l'Écho même refuse de me répondre... je vois un portrait, c'est celui de Ganymède, le compagnon de jeux de mon enfance et le favori de Jupiter... causons avec lui, je croirai qu'il va me répondre et cette illusion me consolera... Ganymède, c'est toi qui m'as appris la valeur inestimable d'un baiser donné par le sentiment : tu étais timide, je ne savais rien, et nous n'allâmes pas plus loin... Oh ! combien de fois j'ai rêvé à ce charmant baiser !... il me poursuivait encore, lorsque Jupiter était hier à mes genoux... Dis-moi, mon cher Ganymède...

On entend un bruit léger du côté de la porte d'un cabinet entrouvert.

Je crois dans ma douce erreur, que tu t'agites dans cette toile animée... Oh ! non, il est écrit dans le livre du destin, que tout ce qui me fut cher m'abandonne...

Scène II

Junon

Ganymède, à demi caché

JUNON. Ganymède... oh ! oui, c'est bien toi...tu respires sur cette toile... charmant Ganymède, réponds à la voix de celle à qui tu fus cher...

GANYMÈDE, *à demi-voix.* Charmante Junon...

JUNON. Qu'entends-je ? la toile s'anime... le ciel fait un prodige pour moi.

GANYMÈDE, *se mettant par derrière aux genoux de Junon.* Il le fait aussi pour le tendre Ganymède.

JUNON, *se retournant.* Que vois-je ? C'est Ganymède lui-même ! *(Ganymède baise la main de Junon à plusieurs reprises. Junon d'abord très émue, reprend un peu ses esprits.)* Ce n'est pas bien, monsieur Ganymède, de venir surprendre ici une femme qui cause innocemment avec un portrait.

GANYMÈDE. Oh ! combien ce portrait était heureux ! vous lui disiez de choses si tendres !

JUNON. Quoi ! vous m'avez entendu !

GANYMÈDE. Je n'en ai pas perdu un seul mot… j'étais enivré… et mon cœur…

JUNON. Je vous prie bien de croire, que ces choses sont sans conséquences, quand on ne les dit qu'à un portrait… pour vous, monsieur le libertin… Mais, en vérité, dites-moi d'où vous venez, et où vous allez à une heure aussi indue.

GANYMÈDE. Je n'ai point de secret pour l'immortelle dont je viens de surprendre un commencement de tendresse pour moi… je m'étais glissé par l'ordre d'Hébé dans son boudoir, pour passer la nuit avec elle : la déesse est venue me trouver un moment, elle m'a dit que Jupiter, mécontent de vous, la demandait, et je soupçonne que votre nouvel époux ainsi qu'Hébé, nous font une double infidélité.

JUNON. Cette Hébé, monsieur le volage, vous a appris bien des choses que vous ne saviez pas, il y a un an… et que, pour moi, je ne sais pas encore… *(Elle rougit.)*

GANYMÈDE. Oh, si vous vouliez, céleste amie, je vous dirais sur ce sujet, très piquant en lui-même, des choses qui vous intéresseraient peut-être… qui vous amuseraient du moins; nous sommes seuls ici, jusqu'à la pointe du jour, hasardons-nous, croyez-moi, à nous consoler mutuellement ; il y aurait un peu de justice à notre vengeance.

Junon sourit ; Ganymède interprète ce mouvement et lui lance un regard plein de feu, qui embrase la déesse.

JUNON. J'avoue que la curiosité est un peu mon faible… asseyons-nous sur ce lit de repos…

Ganymède lui baise une main qu'elle oublie de retirer et la port sur son cœur.

GANYMÈDE. Sentez-vous charmante immortelle, comme ce cœur palpite avec force.

JUNON. Je ne le sens que trop, puisque ma main involontairement y reste attachée.

GANYMÈDE. Maintenant, indulgente amie, changeons de rôle.

JUNON. J'y consens… le tout par un mouvement de curiosité…

Elle conduit la main de Ganymède sur la partie de sa robe transparente qui dessine son cœur.

56

GANYMÈDE. Je n'en sens pas les battements…si vous consentiez qu'écartant ce voile…

Il veut glisser sa main ardente sur la gorge de Junon, la déesse s'y oppose avec une force qui n'a rien de simulé.

JUNON. Voilà bien les hommes ! à la première faveur qu'on leur accorde, ils les demandent toutes… restez, petit espiègle, à cette extrémité du lit de repos, et écoutez-moi : Jupiter, hier au soir au sortir du festin des noces, était ivre du nectar : ses genoux chancelants se dérobaient sous lui : à peine arrivé avec nous dans le salon nuptial, quoi ! dit-il, avec courroux, on hésite encore ! on n'est pas toute nue ? Je tremblais de tout mon corps ; je détachai d'une main timide et avec maladresse un fichu qui dessinait plus qu'il ne couvrait mon sein ; allons, petite bégueule, ajouta-t-il, mettez-vous à genoux devant moi… Mais vous êtes bien froid à mon récit, monsieur Ganymède !

GANYMÈDE. Je vous ai fait toucher mon cœur et vous n'avez pas voulu me faire toucher le vôtre, est-ce que vous n'en avez point ? Cette méfiance me chagrine et je boude.

JUNON, *avec un soupir.* Ganymède, vous êtes bien injuste… eh bien, je vais bouder aussi.

Elle va dans un angle de l'appartement et lui tourne le dos.

GANYMÈDE. Eh bien, céleste amie, j'ai tort et je demande pardon.

JUNON, *détachant son fichu.* Ganymède, je vous connais, si je cédais, vous exigeriez d'autres sacrifices.

GANYMÈDE. Ah ! tournez sur moi vos beaux yeux, et je n'exigerai plus rien, si ce n'est ce que vous voudrez bien m'accorder.

Junon se retourne et va au canapé – son fichu tombe sans affectation : douce émotion de Ganymède.

JUNON. Ganymède apportez-moi mon fichu, et placez… très respectueusement. *(Au moment où Ganymède va poser timidement ce fichu sur un sein que son œil dévore, Junon enhardie par la décence même de son amant lui prend la main et la place entre ses deux globes.)* Eh bien, Ganymède, tu ne vas pas chercher mon cœur ?

GANYMÈDE. Oh ! je l'entends palpiter avec force : il me suffit… ma main est bien où elle est : ma bouche ardente peut seule la remplacer. *(Il baise tour à tour les deux roses.)*

JUNON. Maintenant, écoute Ganymède, le reste de ma pénible aventure.

GANYMÈDE. Ma douce et tendre amie serait bien mieux sur mes genoux ; alors je ne perdrais pas un mot de son intéressant entretien.

JUNON. C'est de cette manière, sans doute que tu causes avec Hébé.

GANYMÈDE. Oh ! Oui ; elle est toujours sur moi... quand je ne lui fais pas prendre l'attitude contraire...[150] bien plus douce encore.

JUNON. Allons, je le veux bien, mais à condition que tu seras sage ; à la moindre témérité, je vais me renfermer dans mon appartement.

À peine étais-je aux genoux de Jupiter, allons petite innocente, me dit-il, d'une [...][151] tonnante, vous avez offensé votre souverain et je vais vous en punir, dévoilez-vous, jusqu'au-dessus de la ceinture ; il avait un bouquet de roses à la main, et je croyais qu'il ne voulait que me caresser à la façon de ces novices du couvent de Vesta qui cherchent, en se frappant avec volupté, de timides jouissances, – je me hâte de relever un dernier voile qui importunait ses regards : mais, ô ciel, ce bouquet avait toutes ses épines : il me frappe avec vigueur, jusqu'à ce qu'un sang vermeil s'échappe de mes blessures, et m'envoie passer la nuit ici ; c'est le comble de la cruauté comme de l'ignominie.

GANYMÈDE. Oh ! j'ai un secret infaillible, pour guérir de pareilles blessures ; je le tiens d'Hébé. Je dirai même à la charmante Junon, que je l'ai essayé sur elle-même : après l'avoir fouettée avec quelque force, de son aveu, lorsque, extasiée à la vue d'un de ses charmes secrets, elle eut la vanité de m'en peindre l'étonnante fermeté.

JUNON, *avec finesse*. Et l'épreuve réussit ?

GANYMÈDE. Complètement : et elle me remercia avec feu de l'avoir si bien guérie... la blessure est la charmante amie... *(Il tâte avec discrétion.)* Là, n'est-ce pas ?... si la divinité de mon cœur me permettait de la voir...

---

[150] Rayé : fais lui pas le contraire

[151] Il manque un mot ici, sans doute « voix ».

Il tente de glisser sa main, on la repousse mais faiblement.

JUNON. Monsieur Ganymède, nous allons nous brouiller, donnez-moi vos deux mains, fort bien, – maintenant, dites-moi quel est ce secret.

GANYMÈDE. C'est un bouquet sans épines, qui, je crois, est encore derrière le chevet du lit d'Hébé : sa vertu tient de l'enchantement.

JUNON, *donnant la liberté à ses mains.* Ganymède... je ne sais pourquoi je brûle d'être tout à fait instruite, voyons cette guirlande merveilleuse.

GANYMÈDE. Oh ! ce n'est pas l'amante blessée qui peut faire usage d'un bouquet magique... Junon, tu me regardes avec des yeux qui me rappellent notre premier baiser... souffre que je te rende cette caresse qui m'a fait tant de mal, après m'avoir causé tant de bien.

Il la retourne à demi, et lui donne le baiser. Junon remise un peu de son émotion s'aperçoit qu'elle est nue depuis la hauteur de son sein, se lève avec une sorte de courroux et s'enfuit dans le boudoir, qu'elle a cependant l'attention de laisser entrouvert.

Scène III

GANYMÈDE. Ô ma Junon, est-ce que je t'aurais offensée ? j'en mourrais de douleur... pardonne, vois ma réserve : ta porte est entrouverte, et je n'entre point... vois comme je sais respecter l'asile de ce que j'adore... Mais à ciel, tu ne parais point.... Ah, je te rends l'arbitre suprême de ma destinée... punis un téméraire que la vue de tes charmes a malheureusement embrasé : il subira sa peine, en embrassant tes genoux et son dernier soupir sera encore pour toi.

Scène IV

Junon, Ganymède

JUNON. Junon qui t'aime est loin de vouloir ta mort ; mais elle désire réprimer ton audace, vois ce faisceau de bois épineux que j'ai trouvé à côté du bouquet de roses sans épines – mets-toi à genoux, – j'ai éteint toutes les lumières de ce boudoir :

l'entrée en est aussi ténébreuse que celle du Chaos, – place-toi de manière à ne te soustraire en rien à la peine que je veux t'infliger ; tu vas être un moment Junon, et moi, je remplirai envers toi le rôle terrible de Jupiter. *(Ganymède se met à genoux et délie lentement sa ceinture.)* Le dernier voile est-il enlevé ? aucun des coups ne portera-t-il à faux ? *(Ganymède ne répond qu'en portant à sa bouche la main armée du bois épineux.)* Cherchons par moi-même au milieu de cette obscurité profonde l'endroit sensible où je dois frapper. *(La main de Junon s'égare en parcourant les charmes secrets de l'adolescent et elle désarmée.)* Il me suffit, ta docilité me charme, relève-toi et reviens au lit de repos.

Après avoir jeté le faisceau de bois épineux, elle montre en souriant à Ganymède le bouquet de roses qu'elle tenait sous sa robe : pendant qu'il s'en saisit, elle lui donne un baiser plein d'âme et se laisse couler avec grâce à demi nue entre ses deux genoux.

GANYMÈDE. Ô ciel ! avec quel charme elle m'invite à profiter du moment.

Il soulève timidement et par gradation son dernier voile, s'extasie à la vue du charme secret, et la fouette avec un art entremêlé de volupté.

JUNON. Il a raison … j'éprouve un ravissement inconnu… oh ! Jupiter ! que tu es petit devant Ganymède ! *(Ganymède après avoir fouetté son amante un peu plus fort, promène ses mains sur les deux globes d'albâtre, et les baise avec la plus vive émotion et les entrouvre légèrement.)* Mon ami, que fais-tu là ?... tu embrases mes sens…

GANYMÈDE. C'est que mon imagination est elle-même embrasée à un point… Sais-tu que quelquefois Hébé me permet… je n'ose te le dire… Oh ! c'est un grand bonheur… du moins pour moi…

JUNON. Quoi ! un bonheur que l'amante ne partage pas !

GANYMÈDE. Oh !... avec un peu d'expérience elle en est enivrée aussi.

JUNON. Ganymède… jamais je ne t'ai vu aussi beau de jeunesse et d'amour.

GANYMÈDE. Pardonne… c'est que tous ces jeux charmants me

rappellent ma première jouissance avec Jupiter.

JUNON. Que parles-tu ici de Jupiter ?

GANYMÈDE. Je ne dois te le dissimuler, il t'a fait hier matin une infidélité avec moi ; et en ce moment de concert avec Hébé, il t'en fait une autre.

JUNON. Il m'est impossible de t'entendre, mais ma curiosité est à son comble, je veux que tu me dises, tout de suite, de ta bouche ingénue, de quoi il s'agit dans cette jouissance... ou je ne crois jamais plus ni Hébé ni toi.

GANYMÈDE. Chère Junon, cela s'imite, mais cela ne se dit pas...il s'agit d'une seconde virginité.

JUNON. J'en ai donc deux ? j'en suis bien aise : il y en aura une pour mon mari et une autre pour mon amant.

GANYMÈDE. Oh ! si j'osais ici être l'amant !

JUNON. Tu m'as tellement émue, mon ami, que je ne sais plus où j'en suis... une fatalité irrésistible m'entraîne... je sens que je ne puis rien te refuser... que je ne respire que pour toi... mais écoute... Avant que le délire de mes sens soit à son comble, faisons une convention ; je fermerai les yeux quand tu feras l'amant ; mais, si, sans mon aveu formel, tu t'avisais de jouer le rôle d'époux, je veux avoir la liberté d'user sur ton corps délicat tout mon faisceau de bois épineux, y consens-tu ?

GANYMÈDE. Oh, d'excellent cœur, – je serai peut-être doublement heureux de mon triomphe et de mon supplice. *(Ganymède dispose Junon suivant le mode du sacrifice : il place son dard à l'entrée, et commence avec ménagement son expérience : vaines tentatives ! toujours les voiles tombent, et la main la plus industrieuse ne peut les assujettir – il la fait asseoir à demi sur ses genoux.)* Céleste Junon, je ne puis répéter l'expérience d'Hébé et de Jupiter si tu n'es pas comme eux dans cette nudité absolue de Vénus lorsqu'elle sortait de l'onde...

Il darde sa langue embrasée dans la bouche de son amante pour l'empêcher de répondre ; en attendant il délie la ceinture des Grâces, et la robe entière tombe à ses pieds – belle défense de Junon...

JUNON. Où suis-je ? *(L'amante est la plus faible sans doute parce que son cœur conspire contre elle. La déesse confuse voile ses yeux avec sa main. Ganymède oint son dard d'une liqueur céleste et frappe à la porte avec une tendre audace.)* Cela commence mal.

GANYMÈDE. Cela finira bien. *(Nouvelle tentative du dard [qui] entre à demi dans la brèche. Cris inarticulés de la déesse : quand il a atteint le fond, Ganymède, voyant son amante souffrir plus que jamais, se retire.)* Je n'achèverai pas, tendre amie, cette carrière brûlante où seul je suis heureux – il te manque une longue expérience, et j'ai trop de délicatesse pour jouir sans toi. Il n'y a que la première virginité qui ferait ton bonheur... tous les essais que j'ai faits à cet égard avec Hébé ont complètement réussi... si j'osais... *(Il la met sur ses genoux, les cuisses écartées, sonde le terrain avec son doigt humecté de la liqueur céleste et applique un moment la pointe du dard embrasé.)*

JUNON. Ganymède, tu violes ton serment... apporte-moi à l'instant le faisceau terrible. *(Ganymède le lui apporte avec docilité et l'œil toujours en feu, se dispose à recevoir son supplice.)* Mon ami, ce n'est plus du sang – c'est de la flamme qui coule dans mes veines... je vais à la fois te punir et te récompenser... couche-toi sur le côté avec ton amante, le long de cette espèce du lit nuptial... fais la conquête de ma première virginité ; et pendant ce temps-là, j'imprimerai sur ton corps ardent de désirs la juste punition de la témérité. *(L'épreuve se fait avec succès : quand le dard est parfaitement entré dans la grotte de Vénus, Junon pour précipiter les secousses, frappe son amant avec une vigueur graduée.)* Ô dieux ! je suis enivrée de volupté... mon ami unis tes secousses aux miennes... ne me ménage pas plus que je ne te ménage... quelle flamme liquide fais-tu couler dans mon sein ? tu m'inondes des flots de l'amour... ne crains pas d'en épuiser les torrents... encore... encore... Jupiter... pardonne... voici le seul moment où je partage ton immortalité.

Fin de Junon et Ganymède

La Vierge de Babylone
Comédie érotique en un acte

Préface

Je regarde ce sujet, qui ne m'a pas été donné, mais que j'ai choisi moi-même, comme un des plus heureux qu'une plume érotique ait pu rencontrer. L'idée première est dans les historiens de la Grèce, et la philosophie est faite pour l'embellir ; d'ailleurs, le plan primitif une fois rencontré, il en résulterait une intrigue comique avec tous ses développements : Cette *Vierge de Babylone* est la pièce qui m'a le plus réconcilié avec le genre odieux, auquel l'amitié m'a condamné quelques temps à me vouer. Puisse, en sa faveur, l'homme de goût qui n'est pas ennemi de certaines nudités me pardonner tout le cynisme du *Jugement de Pâris* que j'ai pu composer d'après les ordres suprêmes, mais que je ne me permettrai jamais de relire !

Personnages

Otane, Amestris[152]

La scène se passe à Babylone, dans le Temple de Bélus[153]

Scène Première

OTANE. Amestris va donc donner au dieu Bélus cette précieuse

---

[152] Delisle s'inspira peut-être de deux personnages historiques. Selon Hérodote, Amestris fut la fille d'Otanes, commandant militaire perse, et femme de Xerxès. Renommée pour sa cruauté, elle « manda les gardes du Roi, et fit mutiler la femme de Masistès. On lui coupa, par son ordre, les mamelles, qu'on jeta aux chiens ; et après lui avoir fait aussi couper le nez, les oreilles, les lèvres et la langue, elle la renvoya chez elle ainsi mutilé » : voir Hérodote, *Histoire*, trad. M. Larcher, 7 tomes (Paris : Musier, 1786), VI, p. 83. Un personnage appelé Otane apparaît dans *Sémiramis*, tragédie de Voltaire (1748), qui se déroule à Babylone.

[153] Selon l'*Encyclopédie*, Bélus était « la grande divinité des Babyloniens. [...] Les prêtres de Belus [sic] avaient persuadé aux habitants de Babylone, que le dieu honorait de sa présence toute vierge babylonienne, que se rendait dans un lit magnifique qu'on avait dressé dans le lieu du temple le plus élevé ; et toutes les nuits Belus avait une compagne nouvelle » ('Belus', *Encyclopédie*, II, p. 200).

virginité dont j'ai tant désiré faire la conquête ! elle m'aimait cependant ; elle me distinguait du moins de cette foule d'adorateurs qui venaient l'importuner de leurs hommages ; mais que ne peut pas la superstition pour un cœur neuf et qui ne s'ouvre qu'à la voix des prêtres ! heureusement j'ai fait couler l'or dans ce temple impur ; le grand pontife vendu à mes desseins, m'a initié dans tous les mystères, et avec sa robe sainte et sa barbe de patriarche, peut-être aurai-je sa prérogative... déjà j'ai fait instruire cette vierge charmante qu'elle est la maîtresse de demander au dieu qui aura ses faveurs, que sa voix, ainsi que celle de son ministre, soit celle du Babylonien à qui elle a voué la plus tendre amitié... Oh ! si c'était mon nom qui pût échapper de sa bouche de roses !... le cœur me bat... j'entends du bruit dans le péristyle : c'est elle sans doute ; cachons-nous ; – à cette épreuve délicate est attaché ou mon désespoir éternel ou ma suprême félicité.

Scène II

AMESTRIS, *elle n'a qu'une robe légère de gaze attachée avec une ceinture couleur de feu. Ses cheveux à demi ondoyants sont retenus en partie par une couronne de fleurs, et ses pieds nus se terminent par un brodequin en tresses d'argent.* Dieu puissant qui fécondes la nature, reçois l'hommage de ce que j'ai de plus cher, de cette virginité à laquelle tant d'hommes qui ne sauraient être tes rivaux, ont l'orgueil de prétendre ; je sais que le sanctuaire que tu habites est fécond en prodiges, et celui qui m'est le plus cher est de pouvoir reconnaître dans ta voix et dans celle de l'interprète de tes oracles, l'organe enchanteur du Babylonien que je dois le plus aimer après toi. – Oh ! combien cette merveille va ajouter des charmes aux caresses célestes, que tu vas prodiguer ! Dieu tutélaire, dont mon âme est pleine, hâte-toi de me rendre heureuse, et par la plus touchante des illusions, fais-moi entendre la voix d'Otane, qui m'a sacrifié vingt rivales et que ma piété ingrate te sacrifie.[154]

---

[154] Ici nous corrigeons le texte original qui donne : « qui m'a sacrifié vingt rivales et que ma piété ingrate, sacrifie vingt rivales et que ma piété ingrate te sacrifie. »

Scène III

Amestris

Otane vêtu en grand prêtre, avec une fausse barbe.

OTANE. Jeune Babylonienne, Bélus accepte ton hommage et je viens m'assurer, de sa part, si tu as droit à ses faveurs et peut-être à son immortalité.

AMESTRIS. Pontife, pardonnez : je suis dans une émotion... oh ! combien les mystères de Bélus sont incompréhensibles ! il me semble à entendre le son de votre voix, que je suis dans mon boudoir de Babylone : que vous me demandez d'un air troublé, ce que dans la langue profane des amours, on appelle une faveur ; heureusement votre barbe vénérable, les cheveux blancs qui partent de dessous votre tiare, votre présence dans ce sanctuaire où ne pénètrent jamais que le sacrificateur et la victime, m'attestent qu'un miracle seul a pu vous donner cette faible ressemblance avec Otane, – me voilà rendue à moi-même : parlez : qu'exigez-vous de moi ?

OTANE. Amestris, il faut avant que votre corps se dévoile devant Bélus, que votre âme paraisse toute nue devant moi ; – vous n'avez, dit-on que quatorze ans ; c'est l'âge de l'ingénuité – dites avec franchise si depuis que les roses de votre sein ont commencé à éclore, vous n'avez, en amour, aucune faiblesse à vous reprocher.

AMESTRIS. Je sais bien que je ne puis tromper le dieu qui lit dans mon cœur aussi bien que moi-même ; je vais épancher dans votre sein mes secrets amoureux, et vous allez me juger.

OTANE. Songez bien qu'un aveu qui ne serait pas sans réserve, outragerait le dieu dont vous implorez la bienveillance.

AMESTRIS. Le jour même où mon sein atteignit tout son développement (et il y a à peine un mois depuis cette époque), Mégabyse[155] m'apporta un bouquet composé des plus belles

---

[155] Ce nom aussi se trouve chez Hérodote : « Otanes prit avec lui Aspathines et Gobryas, qui étaient les premiers d'entre les Perses, et sur la foi desquels il comptait le plus. [...] Il fut donc résolu entre eux que chacun s'associerait l'un des Perses en qui il aurait le plus de confiance. Otanes attira Intaphernes dans son parti, Gobryas Mégabyse, et Aspathines Hydarnes » (*Histoire*, III, p. 60).

fleurs du printemps : il serra ma main que je tendais vers lui et pour m'épargner l'embarras de le remercier, il me ferma la bouche par un baiser ardent qu'il a prolongea jusqu'à ce que ma mère parut.

OTANE. Un bouquet, un baiser qu'on n'a pas la force de refuser, ne compromettent point[156] l'honneur d'une vierge.

AMESTRIS. Deux jours après, le jeune Phradate[157] voyant dans les jardins suspendus de Sémiramis ma jarretière qui venait de se détacher, me demanda à genoux la permission de la replacer : je ne crus pas devoir lui refuser une faveur, que probablement il aurait prise sans mon aveu ; mais il fit tant durer ce badinage, il y mit une maladresse si suspecte à mes yeux, que j'appelai une dame d'honneur de la Reine-Mère, qui se promenait à quelques pas de nous, et Phradate disparut, emportant ma jarretière.

OTANE. Une jarretière n'est pas un cœur, jeune Babylonienne, continue.

AMESTRIS. Le jour de la fête de la déesse Mylitta,[158] une prêtresse qui avait les plus beaux yeux, un son de voix enchanteur, mais une main musculeuse, apanage de la force, me voyant après les danses les plus animées, succomber de lassitude, me propose de dormir un moment avec elle, sur un lit de verdure, qui [sic] la colonnade du temple. Cette prétendue prêtresse était un fils du roi, qui en voulait non à mon cœur, mais à mes charmes : après avoir dévoilé mon sein, et l'avoir profané par ses baisers, il voulut savoir où était la place de la jarretière enlevée par Phradate : en ce moment une des colonnes du temple se renversa de vétusté : le prince du sang eut peur, suivant l'usage, et se sauva ; pour moi, j'allai continuer, dans mon boudoir, mon sommeil interrompu.

OTANE. Amestris, je crois que, sans la colonne, vous n'auriez plus votre virginité ; mais poursuivez votre récit.

AMESTRIS. Je n'ai plus à vous parler que d'Otane ; il avait été depuis trois ans le confident de ma pensée ; j'avais la douce

---

[156] Rayé : pas

[157] Ce nom aussi apparaît dans *Sémiramis* de Voltaire.

[158] Mylitta est « une des divinités des Assyriens. C'est la même que Vénus. Quelques-uns croient que c'était Lucine » (Chompré, *Dictionnaire*, p. 281).

habitude de ses caresses simples et pures ; il ne me demandait jamais rien et je lui accordais tout ce qui pouvait se concilier avec ma innocence. Un jour il me conjura à genoux de réserver pour lui ma virginité ; je lui répondis, que je le voulais bien, dès que je saurais de ma mère ce que c'était : et pour gage de ma foi, je lui donnai quelques baisers qu'il me rendit avec usure. Ma mère, que je consultai à demi, me déclara que cette virginité appartenait de droit à Bélus, et ne m'en pas dit davantage ; de sorte qu'aujourd'hui que, docile à ses conseils, je viens en faire présent au dieu de Babylone, je ne suis guère plus instruite. C'est à son vénérable pontife à me dire comment je dois m'y prendre pour ne pas conquérir, avec trop de gaucherie, cette virginité.

OTANE. Divine Amestris, tu es précisément dans ce charmant abandon que demande le dieu, pour te conduire au bonheur, et, pour le partager, il ne me faut pas d'autres traits de lumière ; aie confiance en moi, sois bien docile et je vais t'instruire.

AMESTRIS. Je ne sais pas, chaste pontife, comment vous témoigner ma reconnaissance.

OTANE. Ouvre ta bouche de rose ; que ta langue se montre avec grâce à l'entrée des trente-deux jolies dents d'ivoire que tu tiens d'une nature tutélaire... fort bien... lorsque le dieu introduira sa propre langue auprès de la tienne, pour la caresser avec amour, dardant et recevant tour à tour des étincelles... tiens comme cela... tu es un ange, et tu ne tarderas pas à être déesse.

AMESTRIS. Seigneur, il y a une sorte de feu divin dans vos expériences.

OTANE. Ton sein, Amestris, ne doit pas être voilé devant Bélus, il faut qu'il juge si tes deux roses sont bien séparées, si elles ont une certaine fermeté dont il est idolâtre... il n'y a rien à ajouter au plaisir de la vue, voyons si l'organe du tact partagera cette jouissance... Oh ! je sens, au charme secret que j'éprouve, qu'en te possédant, il ne restera plus rien à Dieu à désirer.

AMESTRIS. Je sens aussi un trouble délicieux... Oh ! le charmant Otane n'a jamais connu avec moi de pareils plaisirs.

OTANE. C'est qu'Otane n'était pas un dieu sans doute... Mais achevons le cours de nos saints mystères... Amestris, d'après tes aveux, ta virginité a été trois fois effleurée par de jeunes téméraires : quelques involontaires qu'aient été tes délits, il faut les expier... Amestris y consent-t-elle ?

AMESTRIS. Sans doute, il n'y a point de peine à laquelle je ne me soumette, pour arriver par tant de charmants préliminaires, à la suprême béatitude.

OTANE. Soulève, charmante Amestris, le voile qui est sur l'autel : tu m'apporteras tour à tour les trois instruments de ton supplice amoureux que ce voile dérobe à ta vue. Présente-moi d'abord le bouquet de roses qui doit réconcilier Bélus avec celui de Mégabyse.

AMESTRIS. Le voilà : – à quel usage les destinez-vous ?

OTANE. Tu étais alors un enfant plein d'ingénuité et de grâces, et c'est la punition des enfants qu'il faut t'infliger.

AMESTRIS. Me voilà à tes genoux : je devine votre pensée et je dois épargner à votre pudeur l'embarras de m'y faire souscrire.

OTANE. Tu es incomparable Amestris... là... ne soulève que graduellement le dernier voile qui te couvre... je t'indiquerai par un baiser le moment où il faut découvrir un peu plus le charme secret dont Bélus va jouir.

AMESTRIS. Mes cuisses ne sont que caressées par ces roses sans épines... ce baiser m'annonce sans doute que ma peine commencera plus haut... ah dieux, que ces légères atteintes données à mes deux globes me font éprouver un doux frémissement !... ce second baiser m'enivre, et je soumets à vos coups le reste de mon corps, jusqu'à la ceinture... Quel charme !... pontife, si c'est là un châtiment, inflige-le-moi sans cesse.

OTANE. Oui, Amestris, je continuerai à te faire expier tes fautes mais le dieu, dont je suis le ministre, sera plus sévère pour l'attentat de Phradate que pour celui de Mégabyse... Va chercher le faisceau de myrte vert qui est sous le voile saint ; ensuite tu t'étendras sur mes genoux.

AMESTRIS. J'obéis avec transport.

OTANE. Fort bien... laisse-moi écarter moi-même ces voiles... promenons partout le céleste faisceau... tu vois charmante Amestris, que ceci commence à être une vraie expiation... Mais à chaque instant, la chute de tes vêtements vient prolonger ton supplice... enfin, tes mains qui semblent repousser l'atteinte du myrte, m'annoncent que l'épreuve a été un peu plus douloureuse et qu'elle doit finir... il suffit, lève-toi, et reste assise sur mes genoux.

AMESTRIS. Je n'ai souffert que quelques instants et la langueur pleine de délices que j'éprouve m'annonce combien la peine est voisine du plaisir.

OTANE. Amestris, il ne reste plus que le crime de la fausse prêtresse à expier, celui-ci est le plus grave de tous ; et avant d'infliger la peine, je demande si la victime a assez de force d'âme pour s'y soumettre.

AMESTRIS. Pontife, j'ai besoin de votre estime, et je m'en rendrai digne ; il n'y a point de chemin d'épines qu'on ne parcoure quand on a pour terme la couronne de l'amour.

OTANE. Eh bien ! apporte-moi les dernières épines du sacrifice, tu me dis que tu seras l'héroïne du courage pour mériter d'être l'héroïne de l'amour.

AMESTRIS. Les voilà ; et je baise moi-même l'instrument de mon supplice.

OTANE. Ta docilité m'enchante : il faut la soumettre à une dernière épreuve ; ange de Babylone, tu as dû t'apercevoir combien tes mains errantes et la chute de ta robe gênaient le succès de nos expériences : ici pour être digne du dieu auquel tu vas appartenir, rien ne doit troubler ni ton zèle, ni les cérémonies de ton sacrifice et j'ai, non deux ordres à te faire exécuter, mais deux grâces à te demander :

La première, c'est de permettre que tes mains soient attachées avec des saintes bandelettes, pendant le dernier mystère ; le second c'est de laisser tomber au pied de l'autel les vêtements importuns qui empêcheraient l'expiation d'être parfaite ; il est dans les décrets célestes, que je vois ton corps est sans tache, et de ne te livrer à Bélus que couverte de ton innocence et de ta virginité.

AMESTRIS. Pontife, la dernière de ces invitations pèse un peu à ma pudeur ; car vous n'êtes point le modeste Otane qui n'a jamais soupçonné que je pusse lui accorder une pareille faveur, ni le dieux aux caresses de qui je vais me livrer. – Mais ce temple, cette barbe vénérable, me persuadent que vous êtes l'interprète de Bélus, et la voix enchanteresse qu'un prodige vous a donnée semble me persuader qu'Otane ne vous désavouerait pas ; le ciel et l'ami de mon cœur parlent à la fois et j'obéirai.

Amestris se dépouille mais lentement et avec une pudeur enchanteresse de tous se vêtements, et quand elle est parfaitement nue, elle vient une main sur ses yeux et une autre devant son charme secret, se mettre à genoux devant le pontife.

OTANE. Tu le vois intéressante Babylonienne, je me fie à ton courage : car je ne te lie qu'avec des rubans sans consistance, que le moindre effort pourrait déchirer... lève-toi... que mes regards parcourent ces charmes dont ta piété va faire l'abandon à Bélus... Oui, tu es sans tache et le dieu de Babylone s'applaudira de la jouissance du chef-d'œuvre de la nature, – Souffre que je juge par le toucher, si ton sein et d'autres charmes secrets possèdent l'attribut le plus caractéristique de la jeunesse, c'est-à-dire la fermeté... Oui c'est du marbre que je touche : à peine il palpitera sous les coups rigoureux qu'un devoir pénible m'oblige à lui porter... Amestris tu es en tout un modèle de perfection... et si j'étais Orante, j'aurais l'audace sacrilège de porter envie au dieu qui va te ravir ta virginité.

Maintenant, Amestris, l'initiation va commencer ; étends-toi sur ce lit sacré, qui doit être témoin et de tes douleurs et de ta jouissance, et arme-toi de tout ton courage – je te préviens que Bélus n'exige pas de toi une immobilité qui n'est pas dans la nature, pour un sexe faible et délicat : tu peux te livrer à de légers mouvements, t'agiter sous des coups qui vont t'atteindre, te retourner d'un autre côté, quand tu craindras, sur tes deux charmants demi-globes les blessures du myrte épineux qui vont les parcourir ; j'ai besoin de tous ces mouvements pour éclairer ma sensibilité et fixer l'instant où cessera le sacrifice.

Otane prolonge le plus qu'il peut l'expiation, en graduant la force des coups qu'il porte : lorsque la douleur est un peu trop forte, Amestris se retourne ; elle est frappée sur son charme secret, jusqu'à ce que s'élançant du lit, elle tombe à genoux.

Divine Amestris, l'expiation est terminée : ton âme est sans tache ; tu mérites que je délie tes belles mains ; replace-toi maintenant sur le lit où Bélus va se rendre et daigne un moment m'écouter : – c'est la religion, jeune et intéressante Babylonienne, qui t'a amenée sur ce lit nuptial : c'est elle qui, éloignant la nature et l'amour, t'a commandé, pour être prieuse, de te montrer infidèle.

AMESTRIS. Moi, infidèle ! Ah ! je ne le fus jamais, – Orante m'est toujours cher, et il ne peut exiger de son amante qu'elle préfère ses caresses, tout chères qu'elles sont à son cœur, à celles du dieu qui protège Babylone et vivifie l'univers.

OTANE. Ainsi tu crois que l'ordonnateur des mondes qui remplit tout de sa puissance s'abaisse à se faire homme, pour caresser une femme !

AMESTRIS. À mon âge, on croit tout ce qui flatte la vanité et l'amour, mais, dites-moi, homme généreux, qui prenez tant d'intérêt à ma destinée, est-ce que, quand Bélus m'aura fait l'honneur de m'ôter ma virginité, il m'abandonnera ?

OTANE. N'en doutez pas… ce dieu n'aime que les virginités ; quand tu n'auras plus la tienne, il ne pensera plus à toi. Il y a une foule d'autres beautés crédules et ingénues qui attendent, sous le péristyle du temple, que le tour vienne d'être initiées dans nos saints mystères ; elles partageront tes caresses et ton abandon : telle est même, à cet égard, l'affluence des prosélytes que Bélus, qui, tout immortel qu'il est, ne peut suffire à tout, s'amuse souvent à laisser prendre son nom et remplir son rôle aux prêtres chargés de faire subir aux vierges l'expiation de leurs fautes.

AMESTRIS. Quoi ! j'aurais pu, victime de ma crédulité, donner à un prêtre, qui n'est qu'un homme, une virginité que mon cœur me disait de donner à mon amant !

OTANE. Tous les jours il arrive de ces pieuses supercheries ; comment veux-tu, en effet, que celui qui voit la beauté toute nue, qui la fait passer par les épreuves les plus faites pour embraser ses sens, puisse tenir à une pareille situation ? un prêtre a un cœur comme Otane, et malgré la crainte du sacrilège, ce cœur ne parle pas toujours en vain.

AMESTRIS. Pontife, vous m'effrayez, – Otane, s'il avait eu la centième partie des faveurs que je vous ai prodiguées, serait mort de plaisir dans mes bras ; heureusement qu'avec les rides de la vieillesse qu'annoncent votre barbe et vos cheveux blancs, il n'y a point à craindre ici de pieuses supercheries.

OTANE. Charmante Amestris, tu es an ange en ingénuité, comme en fraîcheur. – Je ne puis te cacher plus longtemps un secret d'un grand intérêt pour toi, un secret qui te donnera à Bélus, sans l'enlever à Otane.

AMESTRIS. Ah ! parlez, sage pontife, réconciliez-moi en ce moment avec moi-même : que je puisse par vos soins n'être pas infidèle à mon amant digne de moi, et récompensez-vous par les caresses les plus touchantes d'un si grand bienfait.

OTANE, *en lui baisant la main.* Être céleste ! je sens que je dois à la voix enchanteresse d'Otane tout ce qu'il y a de flatteur dans cet abandon ; tu pourrais faire de moi une plus heureuse métamorphose ; mais, auparavant, je veux te prouver que, quelque soit l'âge qui nous sépare, nos cœurs sont faits pour s'entendre, – Il y a bientôt vingt ans que je lis dans la pensée d'Otane, aussi bien que lui-même ; j'ai partagé ses goûts, ses amours pour toi, et, j'ose le dire, jusqu'aux caresses qu'il tient de ta reconnaissance.

AMESTRIS. Vous m'étonnez, pontife, je vois plus que jamais, que nous marchons ici au milieu des merveilles.

OTANE. Je vais te surprendre bien davantage ; te rappelles-tu d'une soirée délicieuse, passée avec lui dans l'île de l'Euphrate ?

AMESTRIS. Si je m'en souviens, grand Dieu ! la caresse singulière, mais charmante qu'il me fit, lorsque je reposais à demi endormie dans ses bras, est encore empreinte en traits de feu dans mon cœur.

OTANE. Cela devrait être, car, cette caresse était à quelques égards, une première virginité ; pour te convaincre qu'avec le nom d'Otane, je puis avoir son secret, et quelque chose de son cœur, permets-moi de répéter cette demi-jouissance.

Il introduit son doigt dans le charme secret d'Amestris et l'y fait mouvoir.

AMESTRIS. Ah la volupté que j'éprouve… je sens qu'Otane n'est pas tout à fait mort pour moi… que feriez-vous donc, grand dieu ! si vous aviez les grâces de son adolescence ?

OTANE. Ce souhait, Amestris, annonce que tu es mûre pour la métamorphose, prosterne-toi toute nue sur les marches de l'autel, et demande au dieu, avec une sainte ferveur,[159] de me rendre en tout semblable à Otane pour te rendre chère la

---

[159] Rayé : faveur

conquête de ta virginité ; ta prière terminée, tu t'approcheras sans bruit de ce lit nuptial, tu entrouvriras un coin du rideau et tu connaîtras à un dard de feu qui sera remis dans ta main, si tu es exaucée.

Le rideau se ferme et Amestris s'incline sur les marches de l'autel.

AMESTRIS. Dieu puissant, qui as reçu mon premier vœu, couronne ton ouvrage ; tu as donné au saint pontife qui m'a fait expier mes fautes, la voix de l'être qui m'est cher ; si quelque Babylonienne plus belle, plus sensible, plus heureusement organisée que moi se trouve en ce moment dans tes bras, achève de rendre ton ministre tout à fait semblable à Otane, afin que j'accorde la religion et la nature, et qu'aucun de nous trois n'ait à rougir de la perte de ma virginité. *(Elle s'approche du lit et entrouvre le rideau.)* Dieu ! quel est ce dard que le ciel me remet... Comme il s'accroit... comme il s'embrase dans mes mains !

OTANE. Otane, à vingt ans, t'invite à en faire usage. *(Le rideau s'ouvre et Otane sans barbe et à demi nu se montre, dans la fleur de l'adolescence.)* Amestris est-elle satisfaite ?

AMESTRIS. Je n'ai plus de scrupule, et c'est à mon charmant Otane que je vais livrer ma virginité.

OTANE. Ô moitié de ma vie... jette-toi dans mes bras... place ce dard, sans crainte dans le charme secret qu'il doit déchirer pour ton bonheur... la nature et l'amour te diront le reste...

AMESTRIS. Comme je souffle de l'entrée de ce dard !... le plaisir vient... il s'accroît sans cesse... homme-dieu arrête... non, non, poursuis ta brûlante carrière... tu m'inondes de nectar... encore une secousse... Oh ! qu'il est doux de perdre en tes bras sa virginité.

Fin de la Vierge de Babylone

César et les deux Vestales
Pièce érotique en un acte

Préface

Cette pièce érotique n'a pas le mérite de la *Vierge de Babylone* pour le développement heureux de l'intrigue ; d'ailleurs César s'y montre trop à découvert ce qu'il est, c'est-à-dire l'ennemi de la morale publique et le corrupteur par principe des décences sociales : je me contenterai d'observer, si un pareil sujet pouvait être justifié, que je ne suis ici que l'interprète de tous les savants qui ont écrit l'histoire des Vestales ; — le manuscrit d'Eléphantis est véritablement ici à sa place ; et la[160] destruction des couvents, lors de l'infernale révolution française, on a trouvé dans des armoires secrètes des livres non moins obscènes avec lesquels nos Vestales se consolaient de la garde de leur simulacre de virginité.

J'ajouterai ici un autre mode d'apologie pour le délire amoureux de César, entre ses deux Vestales ; le dénouement tiré du fond du sujet est assez heureux et l'aspersion avec l'eau lustrale en faisant rire, absout un moment de l'indécence d'un pareil tableau.

Personnages

César, Grand pontife

Marcia,[161] *Virginie,* Vestales

La scène est à Rome, dans le temple de Vesta.

Scène première

CÉSAR. J'arrive de ma campagne des Gaules,[162] couvert de gloire et ivre de jouissances ; — heureusement me voici dans le temple de Vesta et en qualité de pontife de Jupiter, j'y trouverai

---

[160] On voudrait corriger le texte en : « et après la destruction ».

[161] Une Vestale nommée Marcia fut dénoncée et exécutée pour corruption de mœurs ; voir Plutarque, *Questions romaines*, dans *Œuvres morales*, trad. Dominique Ricard, 17 tomes (Paris : Veuve Desaint, 1783-95), III, p. 453.

[162] La guerre des Gaules s'achève en 51-50 av. J.-C.

quelques palmes amoureuses à cueillir ; il y a surtout parmi les gardiennes du feu sacré de Vesta deux jolis enfants de près de quatorze ans élevés autrefois sur mes genoux, qui m'aiment avec franchise... mais pas autant que je sais aimer... si sans leur ôter leur virginité, ce qui est ici un crime de lèse-majesté divine et humaine, je pouvais jouir avec elles !... Cette idée est heureuse, je ne sais. Mais le fruit défendu a un certain charme pour moi ; ce n'est pas sans raison qu'on m'appelle dans Rome « le mari de toutes les femmes, et la femme de tous les maris »...[163] essayons du moins... si, entouré d'ennemis, la politique me dit d'être prudent, la nature qui m'a donné des sens pleins d'activité, m'ordonne d'être heureux.

Scène II

César, Marcia, Virginie

CÉSAR. Approchez Marcia, Virginie, voilà vos vœux accomplis : vous aviez désiré contre toutes les lois reçues dans ce temple de Vesta, de subir ensemble l'examen du grand pontife, parce que votre âge est précisément le même et grâce à la tendre[164] amitié qui vous unit, vos âmes sont communes ; j'ai bien voulu, en faveur des grâces avec lesquelles vous m'avez sollicité, violer, à cet égard, nos saints usages : mais, je ne veux pas que mon indulgence me compromette : jurez, en étendant vos mains pures sur l'autel de la déesse, que vous garderez un éternel silence sur tout ce qui passera dans la séance religieuse de ce jour.

Les deux Vestales se mettent à genoux, et étendent la main sur l'autel.

Fort bien ; maintenant, nos âmes peuvent s'épancher en liberté, puisque le ciel a reçu votre serment !...

Silence religieux des Vestales.

---

[163] « Curion le père, dans une de ses harangues, a donné le dernier coup de pinceau au tableau infâme du libertinage de César, en l'appelant le mari de toutes les femmes, et la femme de tous les maris » (Delisle de Sales, *Histoire des douze Césars de Suétone*, I, p. 108).

[164] Rayé : grande

Marcia, Virginie, vous savez le motif qui m'amène, tous les ans, à pareil jour, le grand pontife vient faire un examen scrupuleux, de la personne, du caractère et des mœurs des Vestales. Vous savez quels sont les droits que la religion romaine me donne : si quelque délit est échappé à votre grande jeunesse, je puis vous infliger des peines, même vous dépouiller et vous frapper de verges ;[165] tout murmure vous est défendu, et la docilité seule peut rendre votre expiation parfaite – Marcia, Virginie, serez-vous franches dans le traitement saint auquel je pourrai vous condamner ?

MARCIA. César vous m'avez introduite parmi les Vestales et j'ai pour vous un dévouement religieux.

VIRGINIE. César, vous m'avez vu naître, vous m'aimez et ma raison, comme mon cœur sont à vous.

CÉSAR. Approchez, jeunes novices, – mais par qui vais-je commencer ? Vous avez toutes deux au moins treize ans, l'une est blonde, l'autre est brune ; mais, votre taille est également svelte, vos yeux ont une aussi touchante expression, vos grâces sont les mêmes ; cherchons dans ceux de vos charmes qu'un voile environne, un motif de supériorité, qui justifie ma préférence.

Déployez en même temps la frange de votre robe, de manière que mes regards atteignent de l'extrémité du pied jusqu'au genou...[166] le rapport de perfection est d'une singularité qui m'étonne... découvrez ce sein naissant que votre voile ne m'a encore permis que de pressentir... je vois la même coupe heureuse, et tout m'annonce qu'ils ont la même fermeté...

---

[165] Plutarque observe à propos des Vestales que « lorsqu'elles ont fait quelque faute, le grand pontife les frappe avec des verges ; quelquefois, couvertes d'un simple voile, elles sont châtiées par lui dans un lieu obscur et retiré » (*Vie de Numa*, dans *Les Vies des hommes illustres*, II, p. 167).

[166] Delisle décrit le charme érotique de l'habit des Vestales dans sa traduction de Suétone : « Leur habillement suffisait pour faire naître des désirs ; il laissait entrevoir l'élégance de la taille, et ne voilait les beautés que pour les rendre plus piquantes à l'imagination ; une espèce de turban formé de plusieurs bandelettes qui se nouaient avec art autour de leur tête, laissait voir dans les intervalles des cheveux tressés avec la plus adroite coquetterie ; elles avaient une robe d'une blancheur éclatante, et par-dessus un manteau de pourpre qui ne portant que sur une épaule, laissait toujours un bras à demi nu » (*Histoire des douze Césars de Suétone*, I, pp. 382-83).

Eh bien ! puisque Jupiter même, serait embarrassé de prononcer, ce sera celle de vous deux qui mettra le plus de grâces dans ses caresses, à qui j'accorderai la priorité de l'examen.

Marcia se met à ses genoux et baise sa main avec une sorte de tendresse respectueuse ; Virginie s'élance sur ses genoux, passa sa main autour de son cou et l'embrasse.

Virginie, c'est toi qui l'emportes : reste sur mes genoux, c'est là que je veux t'interroger.

Je ne te parlerai pas de la garde du feu sacré de Vesta ; tous les ministres du temple attestent avec quel zèle, ta compagne et toi, vous êtes occupées à l'entretenir ; il s'agit ici du feu secret qui commence à circuler dans tes veines, ou pour parler sans mystère, du soin que tu prends pour conserver sans tache le dépôt de ta virginité.

Parle-moi avec franchise : tes fautes, je le sais, ne peuvent être très graves, parce que la nature s'y oppose : mais il est de mon devoir de les connaître, comme du tien de les dévoiler.

VIRGINIE. Je n'avais aucune idée d'une virginité : Césonia, la plus âgée de nos Vestales que nous venons de perdre, m'en donna il y a quelques mois une légère notion ; il faisait une chaleur brûlante et nous étions toutes deux à demi nues dans son appartement ; l'entretien tomba sur le supplice de Rabiria,[167] une de nos compagnes, enterrée vive,[168] pour avoir fait naître

---

[167] Ce nom évoque celui de Rubria, une Vestale que viola Néron (Delisle de Sales, *Histoire des douze Césars de Suétone*, III, p. 376). Ce viol est illustré dans Pierre-François Hugues, dit D'Hancarville, *Monuments de la vie privée des douze Césars, d'après une suite de pierres gravées sous leur règne* (Rome : de l'imprimerie du Vatican, 1786), pp. 147-48.

[168] « Une Vestale qui a violé son vœu de virginité, est enterrée vivante près de la porte Colline. Il y a dans cet endroit, en dedans de la ville, un tertre d'une assez longue étendue, que les Latins appellent en leur langue une levée. On y prépare un petit caveau, dans lequel on descend par une ouverture pratiquée à la surface du terrain, et où l'on dresse un lit, on y met une lampe allumée et une petite provision des choses les plus nécessaires à la vie ; du pain, de l'eau, un pot de lait et un peu d'huile ; car ils croiraient offenser la religion que de forcer à mourir de faim une personne qu'ils ont consacrée par les cérémonies les plus augustes. Celle qui a été condamnée à ce supplice, est mise dans une litière qu'on ferme exactement, et qu'on serre avec des courroies de manière qu'on ne puisse pas même entendre sa voix ; et on la porte ainsi à travers la place publique. À l'approche de la litière, tout le monde se range, et la suit d'un air morne et dans un profond silence. Il

un enfant, aussi beau que l'amour, alors elle me découvrit sur elle-même le siège de la virginité, m'indiqua le mode pour la perdre, et les moyens de la conserver : elle ajoute que, quand la nature aurait parlé en moi, elle m'apprendrait comment, éludant une loi sanguinaire je pourrais me livrer à toutes les jouissances de l'amante, sans cesser d'être vierge.

CÉSAR. Ton ingénuité t'absout en partie de délit involontaire – et toi Marcia…

MARCIA. Césonia a été encore plus loin avec moi.

CÉSAR. Viens t'asseoir sur mon autre genou, pour que je sois plus à portée de t'entendre.

MARCIA. Peu de jours après la confidence faite à Virginie, dont elle se doutait bien que j'étais instruite, Césonia m'étendit à demi nue sur son lit, et essaya de jouer avec moi le rôle du jeune Romain qui avait abusé de Rabiria : je n'éprouvai aucun plaisir, et croyant que Césonia n'avait voulu qu'éprouver ma vertu, je la boudai pendant plus de quinze jours.

CÉSAR. Mes enfants, vous êtes coupables, sinon d'un délit, du moins d'une imprudence : je dois vous punir, mais ne vous alarmez pas : c'est le père et non le pontife qui infligera la peine – Virginie, va chercher sur l'autel le paquet de myrte qui j'ai couvert d'un voile rose : et vous Marcia qui êtes la plus criminelle mettez-vous à genoux, découvrez-vous jusqu'au haut de la ceinture : et qu'il ne vous échappe aucun murmure, qui retienne le courroux de Vesta prêt à disparaître.

Il la frappe avec ménagement ; cependant Marcia ayant tendu une de ses mains, pour parer les coups, il fait signe à Virginie de la captiver : la peine dure une minute encore, avec un peu plus de rigueur ; ensuite il l'a fait relever et l'embrasse.

Virginie, voici ton tour : tu es à peine coupable et à peine seras-tu punie : tu ne seras frappée qu'avec des roses sans épines.

Marcia va remettre le faisceau de myrte et apporte un bouquet de rose ; Virginie, à genoux, baise la main de César, et d'elle-même, se découvre le plus haut qu'il lui est possible : elle est frappée avec volupté.

---

n'est point de spectacle plus effrayant, ni de jour plus lugubre pour Rome » (Plutarque, *Vie de Numa*, dans *Les Vies des hommes illustres*, II, pp. 167-68).

VIRGINIE. Ô mon père, la peine que tu m'infliges est pour moi une récompense.

CÉSAR. Mes enfants, le ciel est satisfait. Continuons notre interrogatoire : il est impossible d'après les conseils de Césonia et ses expériences criminelles que vous n'ayez cédé à quelque mouvement de curiosité ; continuez à ouvrir vos cœurs devant moi.

VIRGINIE, *s'asseyant sur ses genoux*. Eh bien ! César, tu m'a appris à être franche et je n'aurai point de secrets pour toi.

Césonia, en mourant, nous avait laissé à Marcia et à moi, une armoire de bois de cèdre où elle renfermait ce qu'elle avait de plus précieux. Cette armoire avait un secret[169] et nous y trouvâmes un manuscrit avec des dessins très libres qui avait pour titre : *Les amours d'Eléphantis* :[170] quelques pages que nous lûmes et encore plus les dessins, nous firent rougir : nous remplaçâmes, de concert, le manuscrit dans le tiroir à secret et, depuis, je crois l'avoir parfaitement oublié.

CÉSAR. Et toi, Marcia, n'as tu rien à ajouter au récit de Virginie ?

MARCIA. L'armoire avait été transporté dans ma chambre, et j'avouerai qu'hier rêvant à l'expérience de Césonia et tourmentée de mes quatorze ans, qui s'approchent, je tirai de son réduit le manuscrit fatal, pour voir comment Rabiria avait perdu sa virginité : ma curiosité fut satisfaite et je me promis bien de mourir vierge.

CÉSAR. Mes enfants, ce délit est d'une nature infiniment plus grave que le premier et il faut que l'expiation lui soit proportionnée. Vous allez être frappées de verges toutes deux, avec un peu plus de vigueur qu'auparavant. Armez-vous de courage, pour que le ciel vous pardonne, ainsi que moi ; au reste comme à votre âge on ne peut étouffer le cri de la nature, les murmures secrets, les sanglots, les mouvements qui caractérisent la douleur, ne vous sont point interdits ; vos mains seules seront captivées de façon à ne point modérer l'impétuosité des coups ; encore une fois, mes enfants, déployez votre

---

[169] Selon le *Dictionnaire de l'Académie française*, « On appelle dans quelques arts mécaniques, *Secrets*, certains ressorts particuliers qui servent à divers usages ».

[170] « Ces vierges augustes (qui le croirait ?) charmaient aussi quelquefois l'ennui de leur célibat en composant des vers tendres inspirés par la lecture de Sapho et d'Anacréon » (Delisle de Sales, *Histoire des douze Césars de Suétone*, I, p. 383).

constance, elle seule peut mettre un terme à votre supplice.

Marcia, Virginie, tombez toutes deux à genoux et découvrez-vous ensemble... fort bien... encore plus haut... je suis content... embrassez-moi d'abord, car je vous que vous sachiez bien, qu'avant que le pontife vous punisse, le père vous a déjà pardonné...

Attendez... il me vient une idée qui me guidera dans l'expiation ; Marcia, vous avez le manuscrit d'Eléphantis : allez le chercher à l'instant pour me le remettre dans mes mains ; je ne punirai votre compagne qu'à votre retour.

Scène III

César, Virginie

CÉSAR. Virginie, viens t'asseoir à demi nue et telle que tu es sur mes genoux... je t'aime, et je voudrais bien ne pas te trouver si coupable que Marcia, pour avoir moins à te punir.

VIRGINIE. Oh ! je sais bien que César m'aime, et assurément il n'est pas payé d'ingratitude – mais Marcia n'est pas plus coupable que moi, je lui disputerai en courage, et, tout en me punissant, mon père pourra m'estimer.

CÉSAR. Charmante enfant, que je t'embrasse encore... mais songe que ce n'est plus avec un bouquet de roses que je te ferai subir ton expiation, un faisceau de myrte vert moins indulgent parcourra ton corps presque entier : je te frapperai avec vigueur non seulement sur ces deux demi-globes, au-dessous de ta ceinture, mais encore sur tes cuisses d'albâtre et jusque sur le siège de ta virginité... Virginie, j'y suis contraint parce que tu n'as pas voulu être seule avec moi... me le pardonneras-tu ?

VIRGINIE. Sûre de votre cœur, je guiderai moi-même votre main, pour me frapper.

CÉSAR. Eh bien ! céleste enfant, je remets entre tes mains ta destinée : je ne veux point que tu sois victime de ton obéissance, je te punirai à l'égal de Marcia, puisque tu le désires : mais quand la douleur sera au-dessus de tes forces, tu me l'annonceras en te laissant tomber à terre ; alors ta peine cessera, c'est le seul moyen de concilier ma tendresse pour toi avec mon devoir.

VIRGINIE. César, mon cœur est plein de tes bienfaits : ajoute-en encore un autre… ta main repose avec une sorte d'émotion sur le siège de ma virginité – satisfais en entier ma curiosité que le livre d'Eléphantis n'a remplie qu'à demi : montre-moi, toi-même, comment ce dépôt sacré se perd, afin que je sois mieux instruite à le conserver

CÉSAR. Jeune indiscrète, que me demandes-tu ?

VIRGINIE. Je suis ta fille, César, et je voudrais tout tenir de mon père, jusqu'à l'éloignement d'une ignorance qui mettrait en danger ma vertu.

CÉSAR. Si tu savais, céleste Virginie, combien ce mot charmant embrase mes sens… écoute… je m'oublierai peut-être assez pour te dévoiler… pour te mettre en main la lance de Jupiter… Ô ma fille, voilà ta compagne et remets-toi à genoux et embrasse-moi.

Scène IV

César, Marcia, Virginie

MARCIA. Voici, César, le livre d'Eléphantis, vois ma rougeur : je voudrais me cacher à tout le monde et à moi-même.

CÉSAR. J'ai connu ce livre dans ma grande jeunesse, mais il manque le plus licencieux des dessins, celui de la dernière jouissance.

MARCIA. César… souverain pontife…

CÉSAR. Marcia, vous vous troublez… qu'est devenu ce moment odieux de la perte d'une virginité ?

MARCIA. Ô dieux ! quels regards vous lancez sur moi !... seigneur…

CÉSAR. Votre silence vous condamne déjà… mais je veux une preuve plus sûre… Virginie, vous connaissez ce livre ; est-ce vous, est-ce Marcia qui avez enlevé l'estampe ?

VIRGINIE. César, je ne sais point dénoncer une amie : si je le faisais, tu me rejetterais de ton cœur.

CÉSAR. Virginie, tu as raison et je t'en estime d'avantage… ce trait de lumière m'apprend qu'elle est la coupable que le ciel m'ordonne de punir.

MARCIA. César, je tombe à tes genoux… punis-moi, dans toute la rigueur : j'aurai toute la constance d'une héroïne romaine : mais laisse-toi attendrir par ma jeunesse et que ta haine ne se prolonge pas au delà de mon supplice.

CÉSAR. J'y consens ; mais j'y mets pour condition la résignation la plus complète et la plus grande docilité.

VIRGINIE. César je me fais la caution de Marcia : voici le faisceau de myrte : fais couler notre sang, s'il le faut, et pardonne-nous en faveur de notre courage.

CÉSAR. Virginie tu es la moins coupable, et c'est par toi que je vais commencer.

Virginie à genoux se place de manière la plus favorable. César frappe, mais malgré la constance de la victime, ses mouvements involontaires font toujours retomber les voiles qu'elle a relevés.

Jeunes Vestales, il me serait impossible avec tous les voiles qui vous environnent de vous faire subir l'expiation au gré de Vesta, d'ailleurs vous savez qu'il est de la nature de mes fonctions de voir s'il n'y a aucune tache dans les corps qu'on a voués au service des autels ; allez Marcia, vous dépouiller derrière l'autel de vos derniers vêtements ; pendant ce temps-là je rendrai le même service à Virginie.

Scène V

César, Virginie

César dépouille en un clin d'œil la Vestale, qui rougit et met sa main devant son charme secret, comme la Vénus de Médicis.

CÉSAR. Comme tu es bien faite, charmante Virginie… laisse-moi te contempler… te dévorer partout de mes baisers… tiens, tu en auras un jusque sur le sanctuaire de ta virginité… tu me repousse faiblement…ah ! pardonne…

VIRGINIE. Je pardonne tout à César, pourvu qu'il tienne sa parole et qu'il m'apprenne, sinon par les yeux, du moins par le toucher, à ne pas compromettre ma virginité.

Scène VI

César, Marcia, Virginie

CÉSAR. Mes enfants. J'avais dessein de vous lier les mains, tout le temps de votre douloureux sacrifice ; mais, j'ai réfléchi que ce mode ignominieux de punir vous ôterait le mérite de votre constance ; il y a dans le manuscrit d'Eléphantis un dessin qui convient parfaitement à la position que je désire vous voir prendre... la voici : placez-vous, l'une à la suite de l'autre, et que vos mains posées par terre soutiennent le poids de votre corps... fort bien... cette docilité est le garant de vos remords...

Il s'assied sur le corps de Marcia, pour frapper Virginie : ses coups tombent sur elle par gradation : constance de la Vestale ; à la fois ses forces s'épuisent et elle tombe le visage contre terre.

Les dieux sont satisfaits : cette peine, Virginie, vous a rendu toute votre pureté.

Maintenant, c'est sur Marcia que mon saint courroux va s'exercer : je l'invite, ayant un délit plus grave à expier, à déployer encore plus de courage.

Il se place sur le corps de Virginie et frappe Marcia avec plus de force, jusqu'à ce qu'une rougeur plus forte désigne la trace des coups qu'elle reçoit.

VIRGINIE. Ô César, entends les sanglots étouffés de ma compagne, et laisse-toi désarmer.

CÉSAR. Il est une autre partie du corps de Marcia, qui doit être purifiée, et elle va changer d'attitude ; quant à ta prière, Virginie, c'est à Vesta seule à l'exaucer ; je te préviens que la peine de ta compagne ne finira, que quand la déesse aura jeté de l'eau lustrale sur le siège de sa virginité.

Mais de tels mystères ne doivent point exposés à vos regards : donnez-moi chacune votre voile, pour que je bande vos yeux... mais l'amour qui se glisse à l'autel de Vesta doit être puni.

César étend Marcia sur le dos, le long d'une espèce de lit de repos, et s'assied devant elle, ayant Virginie sur un de ses genoux ; la première des Vestales est frappée, depuis les genoux jusqu'à la naissance du sein : ce spectacle achève d'enflammer les sens du pontife : son dard enflammé s'élève hors de lui-même, il le met dans la main de Virginie : pendant que celle-ci l'agite légèrement, Marcia est frappée avec plus de violence : enfin, l'eau lustrale s'échappe, inonde le charme secret de la Vestale et amène le dénouement.

CESAR, *après avoir fait tomber le bandeau des deux Vestales et les avoir replacés toutes nues sur ses genoux.* Marcia, Virginie, vous voilà parfaitement pures aux yeux du ciel, et vous êtes aux miens les chefs-d'œuvre de la nature ; embrassez-moi toutes deux, et surtout gardez votre serment redoutable : songez que le voile que j'ai fait tomber de votre tête, doit couvrir à jamais le mystère auguste de votre expiation.

Fin de César et les deux Vestales

Anacréon

Pièce érotique en une scène

Préface

Cette pièce, tout à fait de mon choix, est celle que j'offre à l'homme d'une belle imagination, pour m'absoudre (s'il est possible) du délit d'avoir montré sur la scène *Ganymède, Pâris* et *Minette et Finette*, il n'y a rien dans mon *Anacréon* qui puisse alarmer la pudeur, même d'une Vestale ; je me suis pénétré des odes charmantes auxquelles le poète grec doit son immortalité et j'ai laissé courir ma plume au gré de ma verve ; mes vers ne valent pas les siens, car sa grâce est telle, qu'elle ne saurait être rendue dans aucune langue moderne ; mais j'ai tâché de me transporter en idée dans un de ses banquets entre sa Zulmé et sa Glycère,[171] et, dans cette position voluptueuse, j'ai saisi en courant quelques unes de ses idées fugitives : je relis cette pièce au bout de cinq ans, en écrivant cette préface, et je déclare avec une sorte d'orgueil, que je n'y a pas trouvé une seule ligne à changer.

Personnages

Anacréon, Zulmé

Scène unique

ANACRÉON. Je te trouve bien triste ma charmante Zulmé ; tu ne viens plus, comme autrefois, déployer à mes yeux ta folâtre gaité et vivifier mes sens qui tendent à s'éteindre.

ZULMÉ. Mon frère, car vous l'êtes par votre tendresse et par l'intérêt que vous prenez à mes malheurs... mon frère...

ANACRÉON. Charmante enfant, ce n'est pas ainsi que tu m'appelais, il y a un mois : j'étais, alors, dans tes caresses innocentes, ton petit papa : je me croyais heureux alors, et

---

[171] Le nom de Glycère était souvent donné à des courtisanes grecques ; voir, par exemple, le premier des Dialogues des courtisanes, dans Lucien, *Œuvres, traduites du grec, avec des remarques historiques et critiques sur le texte de cet auteur, et la collation de six manuscrits de la bibliothèque du Roi*, 6 tomes (Paris : Jean-François Bastien, 1789), IV, pp. 371-33.

depuis que je te vois froide, mon cœur sent un vide qui anéantit ma félicité.

ZULMÉ. Vous régnez cependant toujours sur le mien... toujours !

ANACRÉON. Tu me trompes, aimable Zulmé, ou plutôt tu te trompes toi-même ; tu touches à tes quatorze ans : ces quatorze ans te travaillent, sans que tu t'en doutes ; ils font circuler dans tes sens une flamme inconnue : le spectacle de l'abandon de la tendre Glycère dans mes bras ; les baisers brûlants qu'elle me donne te font rêver.

ZULMÉ. Eh bien ! vous venez, Anacréon, de mettre à nu ma blessure, c'est la conquête que Glycère a faite de votre cœur qui me rend inquiète et rêveuse. Et quoi ! ma naïveté est-elle plus étudiée que celle de ma rivale ? Possédai-je[172] moins l'art de caresser ce que j'aime ? Parlez, si je vous blesse par ignorance, instruisez-moi ; si c'est par faiblesse, punissez-moi : mais que je sois toujours votre Zulmé comme vous êtes toujours mon Anacréon.

ANACRÉON. Ton cœur est toujours le même, ma sensible Zulmé, mais tout ce qui se passe autour de toi[173] change de face : tes quatorze ans sont une espèce de miroir magique qui te donne une nouvelle forme aux yeux de tout ce qui se sent disposé à t'aimer : encore un mois peut-être et tu seras Glycère, sans cesser d'être Zulmé, c'est-à-dire un des chefs-d'œuvre de la nature.

ZULMÉ. Oh mon sensible frère, ce mois va me paraître[174] composé de cent jours au moins ; car il me tarde singulièrement d'être Glycère pour que tu sois tout entier à moi.

ANACRÉON. Tu commences à me parler dans cette ancienne langue de l'amitié que j'aime tant ; – Viens t'asseoir sur mes genoux ; je vais m'instruire par moi-même, si tu as encore beaucoup de temps à attendre pour ressembler en tout à ta rivale... d'abord, baise-moi... avec un peu plus de chaleur... tiens comme cela... fort bien... tu promets d'être Aspasie.[175]

---

[172] Rayé : Parlez, si je vous blesse par ignorance, instruisez-moi ; si

[173] Rayé : moi

[174] Rayé : long

[175] Si Aristophane représente Aspasie comme une espèce de proxénète dans *Les Acharniens*, Lucien la décrit en termes bien plus admiratifs : « Pour modèle de la

ZULMÉ. Mon petit papa, une odeur charmante s'exhalait de ta main, quand tu la passais autour de mon cou pour m'embrasser.

ANACRÉON. Ma belle amie, c'est une rose aussi fraîche que toi que je te destine… à toi toute seule.

ZULMÉ. Hâte-toi de me la donner ; car Glycère peut venir.

ANACRÉON. Attends ; faisons nos conventions ; cette rose doit être sur ton sein, et c'est moi qui dois la placer.

ZULMÉ. Eh, bien ! je vais écarter un peu ce voile, pour répondre à ton attente.

ANACRÉON. Écarter le voile ne suffit pas, charmante Zulmé : je te prie de l'ôter tout à fait : j'ai besoin de comparer à mon aise les deux roses de mon jardin et rien ne doit me gêner dans un si intéressant examen.

ZULMÉ. Anacréon, je ne sais pas pourquoi ma main répugne… si tu ôtais toi-même ce voile.

ANACRÉON. Ce mot m'enchante, c'est l'esprit le plus fin réuni à la plus touchante ingénuité.[176]

Il reste un moment en extase, prend ses tablettes et écrit ces vers sur le sein de Zulmé.

> Boutons que l'amour fit éclore,
> Pour parer le plus joli sein,
> D'un cœur vous annoncez l'aurore,
> Quand le mien touche à son déclin.

> Insensé ! je parle à l'aurore ;

---

pénétration de son esprit, nous ne pouvons mieux choisir que cette Aspasie de Milet, objet des inclinations de l'admirable orateur olympien [Périclès] ; empruntons son habileté dans la conduite des affaires, son coup d'œil pénétrant en politique, la justesse et la vivacité de son intelligence » ('Les Portraits', *Œuvres*, III, p. 468). Plutarque note que Périclès s'attacha à Aspasie « à cause de son savoir et de ses connaissances en politique. Socrate lui-même allait la voir quelquefois avec ses amis ; et ceux qui la fréquentaient le plus y menaient souvent leurs femmes pour l'entendre, quoiqu'elle fît un métier peu honnête, et qu'elle eût dans sa maison plusieurs courtisanes » (*Vie de Périclès*, dans *Les Vies des hommes illustres*, III, pp. 354-55).

[176] Note en marge du manuscrit : ligne de points

Et je laisse voir mon déclin ![177]
La fleur que l'esprit fait éclore
Ne peut que profaner un sein !

Si l'objet qu'amour fit éclore
Ne peut ranimer mon déclin,
Ciel ! unis le soir à l'aurore
Et fais moi mourir sur son sein.

ZULMÉ. Ah ! mon petit papa, je commence à être Glycère ; car je t'ai surpris un jour à écrire un couplet sur son sein.

ANACRÉON. En voici trois : car un jour tu vaudras à toi seule plusieurs Glycères... mais ma voix est affaiblie, – chante-les, ma Zulmé : dans ta bouche, ils auront plus de prix.

ZULMÉ *chante les couplets : ensuite après quelques minutes d'une douce rêverie, elle chante un dernier couplet.*

Anacréon, m'a fait éclore ;
Rien chez lui, n'est à son déclin ;
Sois Tithon, je serai l'Aurore,[178]
Et viens revivre sur mon sein.

ANACRÉON. Ma Zulmé, tu es un prodige de sensibilité et d'intelligence : ah ! ne crains point de Glycère, elle sait peut-être un peu mieux que toi, du moins à présent, parler à mes sens : mais toi, quand la nature commencera à épanouir la rose qui n'est encore qu'en bouton, tu parleras à la fois à mes sens, à mon cœur et à ma raison.

ZULMÉ. Eh bien ! mon bon ami, puisque tu es satisfait des

---

[177] Dans *Sur la vieillesse* (ode 38), Anacréon est beaucoup moins pessimiste ; voir *Odes d'Anacréon*, trad. Pierre Hubert Anson (Paris : Du Pont, 1795), p. 104.

[178] « Tout le monde sait ce que la mythologie a feint de Tithon et de l'Aurore. La déesse l'aima éperdument, l'enleva dans son char, obtint de Jupiter son immortalité, et oublia de demander qu'il fût à l'abri des outrages du temps. Tithon ennuyé des infirmités de la vieillesse, souhaite d'être changé en cigale, et la prière lui fut accordée par les dieux' ('Tithon', *Encyclopédie*, XVI, p. 356). Voir aussi Chompré, *Dictionnaire*, p. 74. Notons que dans le conte *Tige de myrte et bouton de rose* de Delisle, le personnage de la Vieille dit à l'Adolescent, « Je vous trouve assez aimable pour désirer d'être Tithon, si vous étiez l'Aurore » (*Œuvres dramatiques et littéraires*, 6 tomes [Paris : Arthus Bertrand, 1809], IV, p. 120).

prémices de ma reconnaissance, j'exige de toi en retour, que tu ne me parles plus aujourd'hui de cette Glycère, qui depuis quelque temps met mon cœur dans une situation si pénible.

ANACRÉON. Quoi tu veux impérieusement….

ZULMÉ. Je ne veux pas, mais je prie… d'ailleurs tu me connais, je suis vive, – tout en t'aimant bien, je te gronderai.

ANACRÉON. Et moi, je rirai.

ZULMÉ. Je bouderai

ANACRÉON. Ce sera pour te faire embrasser.

ZULMÉ. Que sais-je ? je te battrai peut-être.

ANACRÉON. Et moi je te punirai… mais bien joliment.

ZULMÉ. Anacréon, je ne t'entends pas.

ANACRÉON. Par exemple, quand pour revivifier mes sens, Glycère me fait quelque espièglerie…

ZULMÉ. Glycère ! – voilà mon père en faute et je me venge. *(Elle donne à Anacréon un petit coup avec vivacité sur la main.)*

ANACRÉON. Les espiègleries de la bonté ne restent jamais impunies avec moi : je me venge comme Vénus se vengeait de l'Amour, et c'est encore un profit pour la folâtre Glycère.

ZULMÉ. Ah ! fort bien, encore Glycère ! *(Elle lui donne avec grâce, deux coups sur la joue avec trois doigts.)*

ANACRÉON. La charmante Zulmé me donne la permission que j'osais lui demander, et je vais la punir.

ZULMÉ, *en retenant ses mains captives.* Attends, mon père, dis-moi d'abord, comment l'Amour était puni par la déesse de la beauté.

ANACRÉON. À Vénus endormie en son riant séjour,
         Un soir, le petit dieu d'amour
         Osa dérober sa ceinture.

     - Charmant espiègle, d'un tel tour
     Je te punirai, je te le jure.

     - Quoi! de son fils maman veut se venger ?
     - D'un délit qui l'amuse il faut le corriger ;
         Vite à genoux – Eh ! pourquoi faire ?
     Je ne rends qu'à mon cœur compte de ma colère ;
     - Qu'on m'obéisse ! – Eh bien, je tombe à vos genoux.

Ce dialogue éteignit le courroux ;
Vénus ôte l'épine à son bouquet de roses ;
Et sur ses deux globes de satin
Promène d'un air incertain
Ses fleurs nouvellement écloses,
J'aime, dit Cupidon, les coups que je reçois :
Et suis loin d'éloigner ma riante blessure,
Elle porte en mes sens une volupté pure...
Châtie ainsi ton fils encore une autre fois,
Et je te rendrai ta ceinture.

ZULMÉ. Comme tu exprimes tout avec délicatesse ! ... cependant je ne fais que soupçonner le châtiment de l'Amour.

ANACRÉON. Céleste Zulmé, apporte-moi le bouquet de roses, où j'ai pris celle qui décore ton sein et je m'expliquerai sans allégorie.

ZULMÉ. Le voilà... il est bien sans épines... que fait ta main folâtre ? Elle soulève un voile... non, mon petit papa... comme tu m'attaques avec grâce... ne poursuis pas, car je sens que je me défendrais mal.

Anacréon caresse les deux globes lentement avec le bouquet de roses.

ANACRÉON. Eh bien ! Zulmé, ai-je bien joué le rôle de Vénus ?

ZULMÉ. Je voudrais avoir mis autant de grâce à remplir celui de l'Amour.

ANACRÉON. Tu y as mis Zulmé une perfection rare : il ne te manquait qu'une chose ; c'était d'être tout à fait dans le costume du dieu charmant que tu représentais.

ZULMÉ. Il est vrai que je n'avais pas ses flèches et son bandeau.

ANACRÉON. Céleste enfant, tu n'y es pas : il te manquait d'offrir sans voile toutes les beautés que tu tiens en partage de la nature.

ZULMÉ. Eh ! quel but pouvait avoir Vénus en ôtant à son fils déjà à demi nu son écharpe légère et sa ceinture ?

ANACRÉON. L'Amour alors se proposait d'épouser Psyché,[179] la

---

[179] Cette version du mythe diffère de celle qu'en donne Chompré : « Cupidon l'aima et la fit transporter par Zéphyre dans un lieu de délices, où elle demeura

rivale de Vénus en grâces et en attraits, et la déesse qu'une pareille alliance contrariait voulait voir par elle-même, si son fils pouvait être père ; l'Amour, sûr de son triomphe, obéit et ne refusa rien.

ZULMÉ. Ta Zulmé, Anacréon, est d'un autre sexe que l'Amour.

ANACRÉON. Ma Zulmé, jusqu'à ce que les deux roses de ton sein s'entrouvriront, est du sexe de l'Amour.

ZULMÉ. Je ne sais, mais une voix secrète m'empêche de dénouer cette ceinture.

ANACRÉON.   Sous une importune parure
              Pourquoi dérober la beauté ?
              Lorsque l'enfant de la nature
              N'est beau que dans sa nudité ?

              Voyez Vénus sortant de l'onde,
              Pour féconder le genre humain :
              Ses charmes, les plus beaux du monde,
              Ne sont voilés que par sa main.[180]

              Trois déités sont en querelle,
              Sur le prix de leur grand trésor ;
              Et Pâris seul à la plus belle
              Doit adjuger la pomme d'or.

              Pâris, conduit par son étoile,
              Profite de leur embarras,
              Et fait tomber le dernier voile
              Qui lui dérobait leurs appas.

              Vénus même, à ce qu'on assure

---

longtemps avec lui sans le connaître. Enfin s'étant fait connaître, après avoir été longtemps sollicité pour dire qui il était, il disparut. Vénus jalouse de ce qu'elle avait séduit son fils, la persécuta tant, qu'elle la fit mourir » (*Dictionnaire*, pp. 355-56).

[180] Comparer à *Sur un disque représentant Vénus* (ode 51) où Anacréon écrit : « Ta main téméraire, mais pure, / Rend modestement sa beauté ; / Elle est décente, quoique nue ; / Et l'onde cache à notre vue / Ce que l'artiste a respecté » (*Odes*, p. 123).

> Appelant la témérité,
> Et laissant tomber sa ceinture
> Obtint le prix de la beauté.

ZULMÉ. Ces vers sont charmants, Anacréon : on ne résiste point au goût que les inspire. *(Elle donne un baiser à Anacréon et pendant ce temps-là elle dénoue adroitement sa ceinture.)*

ANACRÉON. Dieux ! qu'est-ce que je vois ? tu me dis d'être heureux... tombez, voiles imposteurs, qui me cachez les charmes que mon cœur désire... Voilà donc ma Zulmé telle que Vénus, quand elle naquit du sein des eaux !... ma félicité est à son comble... tu me rends mon imagination et presque mes sens de quarante ans.

ZULMÉ. Et moi, Anacréon, aurai-je bientôt ce que l'Amour désirait tant rencontrer dans sa Psyché ?

ANACRÉON.
> Il est fermé l'asile des amours,
> À l'ouvrir ton âge s'oppose ;
> Mais ton printemps a commencé son cours,
> Le dieu qui veille sur tes jours
> Doit bientôt entrouvrir ta rose.
>
> De mon été s'éloignent les beaux jours ;
> Qu'avec moi ta pudeur compose :
> De tes treize ans je respecte le cours ;
> Mais dans ton jardin des amours
> Laisse-moi planter une rose.

Il place la rose dans le charme secret.

ZULMÉ.
> Plante plutôt, au jardin des amours,
> Un rosier que ta main arrose,
> Et si le ciel, qui veille sur mes jours,
> De mon printemps hâte le cours,
> Toi seul, tu cueilleras la rose.

Fin d'Anacréon[181]

---

[181] Ms : et de la première partie.

Héloïse et Abailard
Comédie érotique en un acte

Personnages

Héloïse, Abailard

Scène première

ABAILARD. Arrangeons tout pour la leçon d'Héloïse. Qu'elle est belle cette Héloïse ! Comme elle réunit la fraîcheur et les grâces, l'esprit le plus piquant avec la plus charmante ingénuité ! Il n'y a encore qu'un mois que je l'élève et déjà sur certaines matières elle en sait plus que moi, – oh ! oui plus que moi ; la nature est le premier des instituteurs, – cependant elle ne sait pas encore que je l'aime ; elle a un cœur sans qu'elle s'en doute, c'est un bouton de rose, qui est loin de pressentir l'approche de l'amour qui doit l'effeuiller... plus je vis avec elle, plus j'en suis épris ; – ce chanoine Fulbert, qui me confie sa nièce de quinze ans pour l'instruire, n'aurait-t-il pas un peu trop compté sur ma vertu ? l'honneur me commande, je le sais, mais la nature a une voix plus impérieuse encore. Ô Dieu, dont cette toile vivante m'offre l'image, enchaîne mes sens : fais triompher l'honneur, – mais je vois Héloïse... Dieu rejette mes premiers vœux et ne fais triompher que l'amour.

Scène II

Abailard, Héloïse

HÉLOÏSE. Ô mon maître, je vous trouve toujours le premier dans ce cabinet d'études ; peut-être devancez-vous l'aurore.

ABAILARD. Lorsque, dans mes songes, mon cœur est plein d'un objet enchanteur, il n'est pas étonnant que je le cherche encore quand ces douces rêveries ne sont plus : la nuit je me berce d'illusions charmantes et, à l'approche de l'aurore, je cours vers la réalité.

HÉLOÏSE. Abailard, cette nature, dont vous allez m'interpréter les oracles, offre donc bien des charmes au sage qui la contemple ?

ABAILARD. Oh ! Héloïse, vous en êtes le chef-d'œuvre, et je crains bien, à cette séance, de m'occuper plus de l'écolière que de la leçon.

HÉLOÏSE. On m'a dit, plus d'une fois, que j'étais le chef-d'œuvre de la nature, et je suis loin de le croire ; mais, je ne sais, vous le dites avec un accent si enchanteur, d'un air si pénétré, que les mots ont dans votre bouche une toute autre signification que dans celle des autres ; ceux-ci parlent à mon cœur, avec l'accent de la vérité.

ABAILARD. Eh bien ! j'interpelle votre franchise sur un objet d'où dépend peut-être ma destinée, mon zèle a-t-il vraiment pour vous quelques charmes ? prenez-vous quelque goût à la leçon... *(À demi-voix et en rougissant)* Je n'ose dire au maître...

HÉLOÏSE. Je puis, Abailard, vous louer mal : mais soyez sûr que je ne suis point ingrate.

ABAILARD. Une différence de quinze ans, de vingt ans peut-être,[182] n'intimiderait pas les grâces de votre adolescence ?

HÉLOÏSE. Si l'âge nous sépare, un intérêt que je ne saurais définir nous rapproche : qui peut se flatter d'avoir vos yeux, et surtout votre âme dont ils sont l'image ? Vous mettez aux choses les plus indifférentes un charme qui les vivifie, votre raison s'est rendue touchante, pour parler à mon âme et la faire éclore. – Abailard, des instituteurs tels que vous ont toujours l'âge des personnes qu'ils instruisent.

ABAILARD. Ainsi, si né dans Athènes, j'avais pu être Socrate...

HÉLOÏSE. J'aurais tenté, pour vous être plus chère, de devenir Aspasie.

ABAILARD. Héloïse... mes genoux chancellent... mais c'est de plaisir, donnez-moi votre main et asseyons-nous ensemble sur ce canapé.

HÉLOÏSE. Vous allez donc bien me parler de cette nature ?

ABAILARD. Oh ! oui : je vais bien vous parler de vous-même.

HÉLOÏSE, *en montrant deux sphères.* Ces deux globes, dont je brûle d'étudier la structure, ont-ils donc une régularité aussi

---

[182] Abailard naquit en 1079, et Héloïse vers 1100.

parfaite ? Voyez.

ABAILARD, *l'œil fixé sur le sein d' Héloïse.* Oui je les vois : jamais le ciel ne formera une coupe aussi parfaite : ses contours arrondis, ses formes heureuses, défient l'imagination la plus aguerrie.

HÉLOÏSE. Vous ne regardez que moi.

ABAILARD. Ne vous ai-je pas dit que vous étiez le plus bel ouvrage de la nature ? J'aime mieux, quand vous me parlez des belles proportions de deux globes, les étudier dans une nature animée que dans les froides productions de nos artistes.

HÉLOÏSE. Abailard, combien de choses ingénieuses que vous dites à mon esprit parlent à mon cœur !… Mais vous soupirez !…

ABAILARD. Je regrette, je l'avouerai que les beautés les plus parfaites de la nature soient couvertes d'un voile… l'âme d'Héloïse est si belle, quand elle se montre toute nue… pourquoi…

HÉLOÏSE. Abailard, je vous entends, je ne dois donc point, en effet, avoir de secrets pour vous, et ce voile qui vous importune va disparaître. *(Elle jette son fichu.)*

ABAILARD. L'attribut essentiel des deux hémisphères qui servent de base à nos leçons, est leur prodigieuse fermeté : si je les mettais en parallèle avec les vôtres, si pour être juste envers vous, ma main plus propre que[183] mes yeux à apprécier cet attribut… peut-être ce doute est-il de nature à vous offenser…

HÉLOÏSE. Rien ne peut m'offenser de la part d'un père qui m'est cher : ne suis-je pas votre fille d'adoption ? ne pouvez-vous pas toucher et retoucher à votre ouvrage ? *(Abailard touche avec volupté les deux roses, les baise tour à tour, et dans son extase, tombe involontairement à ses genoux.)* Que faites-vous, ô mon maître ? c'est à moi à tomber à vos pieds : je n'ai encore rien fait pour vous témoigner ma reconnaissance, et vous attachez trop de prix à un pareil baiser.

ABAILARD. Oh, il est pour moi au-dessus du trône du monde, accordez-moi céleste Héloïse une seconde faveur, c'est de rester telle que vous êtes, jusqu'à la fin de la leçon, ces deux globes admirables font plus pour mon bonheur que les deux sphères astronomiques ne font pour votre instruction.

---

[183] Rayé : à apprécier cet attribut

HÉLOÏSE. Je ferais pour votre bonheur, Abailard, des plus grands sacrifices.

ABAILARD. Maintenant, Héloïse, que mes sens sont un peu plus rassis, donnez-moi votre main et continuons notre cours d'études... Vous savez que vous me devez me réciter ce matin votre dernière leçon sur le système du monde.

HÉLOÏSE. Ô mon maître, pardonnez : mais hier au soir, en vous quittant, vous me dites des choses si aimables ; vous les accompagnâtes d'un baiser si délicieusement prolongé, que je n'ai pu comme à l'ordinaire, rappeler dans ma mémoire l'ordre de vos zones, de vos cycles, de vos épicycles et de votre équateur ; l'âme toute pleine du bonheur que j'avais goûté, je me suis endormie dans les Champs-Elysées, et j'y étais encore à l'instant de mon réveil.

ABAILARD. Je ne reconnais plus ma céleste Héloïse... voilà la première fois depuis un mois, que je la trouve en faute ; cette négligence couvre d'un léger nuage le plaisir que je viens d'éprouver.

HÉLOÏSE. Vous m'effrayez, Abailard ; je voudrais être parfaite à vos yeux, quelque involontaire que soit mon tort, que faut-il faire pour le réparer ?

ABAILARD. Vous connaissez nos conventions avec votre oncle Fulbert.

HÉLOÏSE, *en rougissant.* Je me rappelle qu'il vous a donné tous ses droits, ceux d'un père à la fois sévère et tendre, – vous pouvez m'infliger une punition que votre tendresse pour moi empêchera d'être cruelle et le mystère de notre tête-à-tête d'être déshonorante – commandez et j'obéirai.

ABAILARD, *en baisant sa main.* Ma charmante élève... si tu étais moins séduisante, je te ferais grâce... Mais un pouvoir invincible m'entraîne... oui il faut que tu sois parfaite à mes yeux et tu ne le seras que quand ton délit sera effacé... chère Héloïse, va chercher dans le cabinet de ton oncle ce petit faisceau de branches toujours vertes, qui doit être l'instrument d'une vengeance paternelle, et tu viendras à mes genoux, la subir sans murmurer... continue à être un ange et fais en sorte que ce soit à moi, après ton châtiment, à te demander pardon de te l'avoir infligé.

Héloïse baise la main d'Abailard et sort en rougissant.

Scène III

ABAILARD. Enfin, je touche au triomphe auquel j'aspirais depuis si longtemps ; je le ferai durer au gré de mon ivresse ce châtiment amoureux... je connaîtrai bien aux palpitations du sein de mon Héloïse, peut-être aux ondulations des deux globes animés que je frapperai avec ménagement, si l'amour entre pour quelque chose dans ses charmants sacrifices... Dieu de mes pères que j'offense, tu ne dois pas voir tous les attentats que je médite, et je vais couvrir ton image avec le voile qui entoure le sein de ma victime... mais elle ne vient point... oh ! que le temps coule lentement, au gré de mon inquiétude amoureuse !... mais il me vient une idée... j'ai cueilli ce matin avant la pointe du jour, dans le jardin [de] Fulbert, un bouquet de roses sans épines – il ne peut être fané, car j'ai écrit autour du ruban qui le lie « pour le sein d'Héloïse »... si au lieu du sein... mais l'enchanteresse vient, la tête baissée... les yeux presque humides de pleurs... dieu d'amour, fais passer ton délire dans mes sens.

Scène IV

Abailard, Héloïse

HÉLOÏSE, *présentant timidement le faisceau.* Voici, ô mon maître, l'instrument terrible et cher, qui doit réparer tous mes torts envers vous, excusez ma maladresse : c'est la première fois que la tendresse paternelle me punit ; mais instruisez-moi de ce que je dois faire, et comptez sur ma docilité.

ABAILARD. Apportez ici, belle Héloïse, le coussin[184] du marchepied de ce prie-Dieu, et mettez-vous à genoux.

HÉLOÏSE. Me voilà dans l'attitude de prier mon père de me pardonner ; il ne sera pas plus inexorable que ce Dieu père des hommes, dont il a voilé l'image.

ABAILARD. Maintenant, ma charmante élève, exposez à mes coups et sans voile cette partie pure de vous-même que je dois frapper... *(Timidité maladroite d'Héloïse : Abailard lui*

---

[184] Rayé : cousin

*conduit la main : c'est lui qui lève mais par une ingénieuse
gradation le dernier voile.)* Héloïse, dites-moi, me croyez-
vous un barbare ?

HÉLOÏSE. Ah votre main que je baise avec émotion vous assure
assez du contraire.

ABAILARD. Ah ! quand j'aurais le cœur assez dur pour abuser de
votre précieuse docilité, la vue de ce sein charmant sur lequel
vous m'avez permis d'imprimer un baiser, ne suffirait-il pas
pour me ramener à la sensibilité ? Allons Héloïse, courbez
votre tête sur mon sein... *(Moment de silence où il est en
extase : il frappe un premier coup.)* Je crains ma sensible
élève, que cet instrument terrible ne me rende odieux... votre
délit involontaire commande moins de sévérité... Voici un
bouquet de roses sans épines, qui fanera moins les lis et les
roses sur lesquels ma main doit s'appesantir...

*Regard d'attendrissement d'Héloïse. Abailard la frappe
graduellement pendant quelques minutes, jusqu'à ce qu'il voie
palpiter les charmes secrets que son œil dévore, quand il s'arrête,
Héloïse laisse retomber ses vêtements mais reste à genoux.*

Intéressante Héloïse,[185] dis-moi maintenant, avec ton ingénuité
ordinaire, si le châtiment que je t'ai infligé, ne m'a pas, par ma
sévérité, aliéné ton cœur.

HÉLOÏSE. Je dirai, avec franchise, que mon père, trop indulgent, n'a
fait que m'effleurer ; j'allais involontairement au-devant de
ses coups, et un tel châtiment me semble bien moins une peine
qu'une récompense.

ABAILARD. Que faut-il donc faire pour apaiser le ciel qui semble
guider ma main ?

HÉLOÏSE. Il faut, ô mon maître, non me caresser, mais me punir,
croyez-moi, reprenez l'instrument de Fulbert que votre main
trop indulgente a regretté, et frappez votre coupable Héloïse,
jusqu'à ce que son délit soit expié.

ABAILARD, *en l'embrassant.* Ô ma tendre élève, j'attendais tes
ordres absolus, pour obéir à une loi rigoureuse ; te déplaire est
un supplice pour moi et il me semble que j'aimerais mieux
encore désobéir à Dieu qu'encourir ta disgrâce.

---

[185] Rayé : Abailard

HÉLOÏSE. Comme vous me rendez chère la peine que j'ai à subir ! je vais rassembler les branches éparses du faisceau de Fulbert.

ABAILARD. Oui, être céleste, et viens arranger ce faisceau assise sur mes genoux.

HÉLOÏSE. Le voilà disposé de manière à ne point trop blesser votre Héloïse, mais comment l'attacher pour qu'il ne se délie pas ? je vais le nouer avec un ruban, qui entoure un de mes genoux.

ABAILARD. Héloïse, permets à ton père de délier lui-même ce ruban ; j'ai besoin de toutes les faveurs, pour m'encourager à te punir.

Il dénoue savamment le ruban, et met à découvert la moitié de la cuisse d'Héloïse : pendant que celle-ci attache le faisceau, la main d'Abailard reste toujours à cette place de faveur.

Maintenant, dis-moi, es-tu bien déterminée à soutenir jusqu'au bout cette épreuve qui te relèvera tant aux yeux du ciel et aux miens ?

HÉLOÏSE. Ô mon maître, tous ces préliminaires charmants m'invitent à me rendre digne d'être estimée de vous : oui mon courage est au-dessus de tout, excepté de votre amitié et de ma reconnaissance.

ABAILARD. Céleste intelligence, passe tes mains autour de moi, pour que je sache jusqu'où va ta constance : leurs mouvements précipités m'indiquent quel doit être le terme de ta peine. *(Il donne trois ou quatre coups avec quelque force, toujours les vêtements qui retombent les font porter à faux.)* Vois, ô moitié de moi-même, combien il m'est difficile de frapper avec quelque vigueur, en captivant tes vêtements : l'ancienne attitude conviendrait peut-être mieux : mais il me semble que tu as quelque plaisir à entrelacer tes beaux bras autour de moi, et je n'ai pas la force de t'en détacher.

HÉLOÏSE. Il est vrai que cette position a un charme que je ne puis définir : liée à mon père, je puis tout endurer ; je ne réponds pas de mon courage si son[186] ordre m'en sépare.

ABAILARD. Je sais bien un autre moyen. *(À demi-voix et en embrassant Héloïse)* et il aurait le plus grand charme pour moi... mais je n'oserai jamais te le proposer.

---

[186] Rayé : mon

HÉLOÏSE. Oh ! mon cœur me dit que j'adopterai tout ce qui en relevant ma constance, pourra me rendre plus estimable aux yeux de mon père.

ABAILARD. Divine Héloïse, nous devons être seuls jusqu'au soir, – un soleil embrasé commence à pénétrer dans cette appartement fermé pour tout le monde... tes vêtements te pèsent.

HÉLOÏSE. Abailard, je vous entends, – sans doute ma reconnaissance, surtout en ce moment, où je suis à demi nue devant vous m'impose la loi de ne point vous affliger par un refus ; mais une voix secrète qui retentit jusqu'au fond de mon cœur, me dit qu'il est une décence innée, dont je ne dois pas franchir les limites : si c'est un préjugé, c'est à l'être qui m'est cher à l'anéantir.

ABAILARD. Adorable enfant, viens t'asseoir sur mes genoux : je t'exposerai mes doutes, et tu me jugeras : à Dieu ne plaise, que je veuille disposer de tes charmes angéliques sans son aveu : si jamais j'atteins au bonheur suprême, je veux y arriver conduit par ta main. *(Il embrasse Héloïse et porte sa main sur sa gorge.)* Héloïse, toi qui connais tous les monuments de la Grèce antique, dis-moi, si ces tableaux vivants, ces statues animées qui ravissent encore nos Raphaël et nos Michel-Ange, n'ont pas été faites d'après des modèles, et si notre innocence doit s'effaroucher de leur parfaite nudité.

HÉLOÏSE. Ma pudeur ne me rend point injuste et je sens, que pour rendre la beauté, il faut la peindre d'après nature.

ABAILARD. D'ailleurs, as-tu jamais eu quelque répugnance à te montrer aux yeux de ceux qui t'ont fait naître dans la parfaite nudité des modèles ?

HÉLOÏSE. Il me souvient, en effet et sans remords, de la complaisance qu'exigeaient de moi les auteurs de ma naissance et surtout à l'âge de dix ans, ils venaient me trouver dans mon lit, me prodiguaient leurs caresses vénérables, et, en me dévoilant toute entière, ils se disaient l'un à l'autre : qu'il sera heureux celui qui un jour sera appelé à délier sa ceinture ! Au reste, qu'avais-je à leur refuser ? N'étais-je pas leur ouvrage ?

ABAILARD. Incomparable enfant, si ta brillante éducation s'achève, ne seras-tu pas un jour le mien ? *(Héloïse pour toute réponse, baise avec émotion la main gauche d'Abailard qui reposait voluptueusement sur ses genoux découverts.)* Je n'ai plus qu'un doute à présenter à ton aimable innocence, – dis-moi, quand parfaitement seule, tu changes le dernier voile qui te couvre, – quand tu le rejettes loin de toi pour entrer dans le bain, es-tu tourmentée de cette inquiétude qui te rend si sévère, mais en même temps si touchante à mes yeux.

HÉLOÏSE. On est sans scrupule, quand on est sans témoins ; lorsque je suis seule, il n'y a que Dieu et moi dans l'univers.

ABAILARD. Hé ! quoi, depuis six mois entiers que nous vivons dans le même asile, voyant avec les mêmes yeux, sentant avec la même âme, est-ce que tu as cessé un seul instant d'être seule ? Ne m'as-tu pas dit cent fois que doués d'inclinations semblables, sympathisant par le caractère, nous étions sortis ensemble du monde de la nature ? Ah ! Héloïse ne désavoue pas ces mots charmants qui ont fait le charme de ma vie : s'il se pouvait que tu eusses quelque secret pour ton maître, que nous fassions deux quand nous sommes ensemble, nous cesserions de nous aimer.

HÉLOÏSE, *embrassant Abailard.* Comme ce que tu dis, mon cher Abailard, résonne agréablement au fond de mon âme !... « ce que tu dis » il m'échappe mais ce manque de respect est justifié par l'épanchement d'une sensibilité trop vive... pardon, ô mon père.

ABAILARD, *en l'embrassant à plusieurs reprises.* Non, enfant de la nature, ne te justifie pas de ce qui fait mon bonheur : continue à tutoyer, quand tu es seule, ton Abailard : c'est le gage le plus précieux de cette heureuse égalité à laquelle j'aspire, et dont nous jouirons, dès que la dernière faveur que je sollicite me sera accordée.

HÉLOÏSE. Quoi! dès que j'aurai paru devant tes yeux sous la forme de la Vénus de Médicis...

ABAILARD. Dès ce moment un nouveau monde s'ouvre devant nous : il n'y a plus instituteur ni élève, ni père, ni fille ; la même âme vivifie nos deux corps, et aucune puissance, si ce n'est la mort, ne peut nous désunir.

HÉLOÏSE. Abailard fait circuler une flamme inconnue dans mes veines !

ABAILARD. Il y a là encore un rideau que ton ingénuité ne peut

lever ; mais il disparaîtra, quand la grande épreuve sera faite…
ma chère Héloïse, songe que tu assistes aux antiques mystères
d'Isis :[187] hâte-toi de te faire initier, et j'en jure par ce baiser
de feu cueilli sur tes lèvres de roses, ta félicité suprême sera le
prix de ton courage et de ton dévouement.

HÉLOÏSE. C'en est fait : tous mes scrupules sont anéantis… je vais
remplir l'attente d'un dieu qui m'éclaire… et obéir à mon
maître… pour la dernière fois.

Scène V

ABAILARD. Le bonheur auquel je touche occupe toutes les
puissances de mon âme ; il m'empêche de respirer… par
quelle gradation voluptueuse j'arrive à la dernière
jouissance !… je tremble de prononcer ce mot ; c'est l'enfant
de la nature qui s'abandonne à moi, et j'abuserais de sa
touchante ingénuité… Ô ciel, écartons cette image sinistre…
je marche sur des charbons ardents… mon âme se déchire…
mais aussi, dévoré, comme je le suis, de désirs toujours
renaissants, est-il en mon pouvoir… invoquons le dieu de
paix… non, non… mon cœur ne profère que des blasphèmes,
et ma prière même l'outrage… mes yeux se portent sur le
voile de mon élève angélique : qu'il me rappelle de souvenirs
touchants, ce voile que j'ai fait tomber du sein de mon
Héloïse… de ce sein d'albâtre, dont j'ai rougi les roses de mes
baisers… bientôt deux autres roses rivales… je ne me connais
plus… une nouvelle immortalité m'appelle… il n'existe point
d'ange dans le ciel qui pût lutter contre une pareille
séduction… Héloïse arrive à pas lents… Dieu de l'univers je
ne te connais plus et une fatalité invincible m'entraine vers le
dernier crime de l'amour.

---

[187] Jaucourt écrit dans l'article 'Isies ou Isiennes' que ces fêtes d'Isis, qui avaient
été introduites « dans Rome avec celles des autres divinités étrangères […]
dégénèrent en de si grands abus, que la république fut obligée de les défendre, et
d'abattre les temples, sous le consulat de Pison et Gabinius. Mais Auguste les fit
rétablir, et les mystères de la déesse devinrent de nouveau ceux de la galanterie, de
l'amour et de la débauche » (*Encyclopédie*, VIII, p. 913).

Scène VI

Héloïse, Abailard

Héloïse paraît enveloppée d'un voile grec qui la couvre depuis le dessus du sein, jusqu'aux genoux : on devine sa nudité absolue : un ruban paraît sortir de sa ceinture.

HÉLOÏSE. Ô mon maître, tes désirs sont remplis… *(Elle jette son voile)* et je me présente sans voile devant toi… je n'ai conservé de Vénus que sa ceinture des Grâces, qui n'empêchera pas ton faisceau de parcourir mon corps jusqu'à ce que tu aies désigné la fin de mon supplice.

ABAILARD. Avant de commencer l'épreuve fatale, permets-moi, être[188] céleste de te couvrir de mes baisers : il faut, comme dans les sacrifices grecs, expier d'avance son délit envers la victime… te voilà donc bien préparée… *(Héloïse pour réponse se met à ses genoux, passe ses bras autour de son corps et penche sa tête sur ses genoux.)* Moitié de moi-même, je ne veux point qu'une expiation, demandée par ton courage, soit au-dessus de tes forces ; tu vois ce fil qui est arrêté à ce canapé : dès que la douleur trop grande fera vibrer, d'une manière cruelle, les cordes de ta sensibilité, tu te détacheras de moi, tu tireras le fil, qui communique à ce tableau religieux, ton voile tombera, l'épreuve sera faite et le délit expié.

HÉLOÏSE. J'espère, ô le plus sensible des pères, que grâce à ma constance le délit de ta fille ne sera pas sitôt expié.

ABAILARD. Et si, transporté par la fougue de mes sens, je ne m'arrêtais pas, lorsque ton voile tombera, je te préviens qu'alors notre précieuse égalité commence, tu deviens Abailard, moi je suis Héloïse, et c'est mon crime qui doit être expié.

Abailard frappe Héloïse par gradation de forces depuis le cou jusqu'aux jambes : elle pose vers la fin, ses mains tremblantes sur ses reins pour écarter un peu les coups ; mais elle se refuse à tirer le fil mystérieux. Abailard la retourne et continue l'expérience. – un bout du faisceau la frappe sur la ceinture de Vénus : Héloïse jette un petit cri et tire le fil ; Abailard dans son délire, continue à

---

[188] Rayé : céleste

frapper son charme secret, jusqu'à ce que la victime se laisse glisser à ses pieds.

Ô ciel ! qu'ai-je fait ? j'ai enfreint avec audace la foi que j'avais promise... j'ai presque violé un ange... le dieu dont j'avais voilé l'image semble s'en irriter. *(Il prend Héloïse dans ses bras, l'étend sur le canapé, se met à ses genoux et lui serre les mains avec émotion.)* Ô ma sensible Héloïse, tu as triomphé par ton courage de ton vainqueur : tu es plus que jamais le chef-d'œuvre de la nature... mais par quelle fatalité cruelle, ai-je continué à te tourmenter, quand la palme du martyre était déjà dans tes mains !... ton âme céleste n'était plus sur la terre, et je te frappais encore !... je te frappais, toi dont les charmes auraient apprivoisé des tigres et désarmé des cannibales... je suis un monstre aux yeux du ciel, d'Héloïse et de moi-même ; rien n'égale mon désespoir, si ce n'est peut-être mes remords.

HÉLOÏSE. Eh ! pourquoi s'appesantir sur un moment de délire, qu'un repentir si pur a déjà effacé ? – J'ai[189] trouvé grâce aux yeux d'Abailard, mon courage a surpassé peut-être son attente : je suis satisfaite et je n'ai plus de blessures.

ABAILARD, *portant la main d'Héloïse sur son cœur.* Ah ! tes blessures ont passé là... vois comme elle font fomenter mon sang... avec quelle violence elle font palpiter ce cœur tout plein de toi ![190]

HÉLOÏSE. Ô mon père, portez votre main sur le mien ; voyez comme il précipite ses battements... ah ! notre émotion est la même, nos âmes s'entendent.

ABAILARD. Non elles ne s'entendent pas, car mon ange me parle avec respect ; il oublie que, depuis son touchant abandon, notre égalité est parfaite, que je suis Héloïse et qu'il est Abailard.

HÉLOÏSE. Oh ! si tu est Héloïse, ta place n'est pas à mes genoux, elle est dans mes bras.

ABAILARD, *se soulevant à demi.* Dieu tutélaire qu'entends-je ?... mais non la seconde Héloïse est loin d'être aussi pure que la

---

[189] Rayé : mon courage a surpassé

[190] Rayé : voyez comme il précipite ses battements... ah ! notre émotion est la même, nos âmes s'entendent.

première : elle profanerait ce sanctuaire de l'innocence et de la paix, si elle y montait, ayant un délit à expier... généreuse immortelle, car malgré ta modestie, tu l'es sans doute, si tu veux m'assimiler à ta substance, qu'attends-tu de me punir, pour me rendre digne de toi ?

HÉLOÏSE. Te punir tendre Abailard ! oh j'ai de la force pour souffrir, je n'en ai point pour frapper.

ABAILARD. Eh ! crois-tu qu'avant ta magnanime épreuve mon cœur ne te disait pas les mots charmants que ta bouche vient de prononcer ? non Héloïse, je t'en conjure, ne m'accable pas de ta prodigieuse supériorité : songe que notre égalité ne sera parfaite que quand ayant expié les torts tu m'auras fait expier les miens.

HÉLOÏSE. Eh bien ! Abailard, je ne veux pas t'effacer en constance, donne-moi le faisceau que j'ai lié avec mon ruban, et va, avant de te remettre à mes genoux, fermer avec soin ces jalousies ; un demi-jour presque semblable à la nuit, me donnera quelque courage ; je sens trop que si je voyais sans voile l'être cher que je dois punir, mon cœur empêcherait ma main de frapper.

ABAILARD, à part. Combien ce mystère ajoutera à mon illusion enchanteresse ! sans lui, je n'aurais osé consommer le sacrifice, mais c'est ma victime ingénue qui m'absout de mon délit, c'est elle-même qui me dit de l'immoler.

Quand le demi-jour est préparé, Abailard s'approche d'Héloïse, tombe à ses genoux, se dévoile, porte une main de l'héroïne sur son sein découvert et indique à l'autre où il faut le frapper ; Héloïse timide et circonspecte ne donne que des coups mal assurés. Abailard en prenant une attitude plus favorable l'encourage ; son immobilité exalte enfin l'amour-propre d'Héloïse et celle-ci frappe avec une sorte de violence ; alors Abailard pare quelques coups avec sa main.

Divine Héloïse me voilà bientôt semblable à toi – faut-il t'imiter en tout ?

HÉLOÏSE. Oh ! ce n'est que si tu me prends pour modèle que je me pardonnerai ma témérité. *(Abailard se retourne ; Héloïse frappe son dard qu'elle ne voit pas ; l'amant se laisse couler par terre, Héloïse jette le faisceau.)* Mon ami, un nuage est sur mes yeux... où es-tu ? As-tu abandonné mes genoux ?

ABAILARD. Ô moitié de ma vie, je suis dans tes bras.

HÉLOÏSE. Dieu comme tu caresses ton Héloïse !... Abailard, quel feu inconnu fais-tu circuler dans mes veines ! un pouvoir nouveau pour moi me subjugue... je suis tenté de te rendre avec usure le plaisir que tu me prodigues... que fais-je ?... j'oublie que tu es mon père.

ABAILARD. Non, je ne suis que ton amant... Qu'ai-je dit ?... j'ai donc déchiré le voile qu'il ne fallait qu'entrouvrir par degrés... incomparable Héloïse, suspends un moment ces caresses enchanteresses et écoute-moi... il ne tiendrait qu'à moi sans doute d'achever de te ravir ton innocence, mais je ne veux point d'un bonheur, qui pèserait à ma délicatesse : j'aime mieux me bannir du ciel qui s'ouvre devant moi, que d'y entrer sans ton aveu. Héloïse, nous nous sommes abusés tous deux sur le sentiment que nous a jetés dans les bras l'un de l'autre ; mes soins n'étaient point un titre que j'achetais à ton estime : ton retour n'était point une froide reconnaissance ; nous avons cédé tous deux à l'impulsion de l'amour... maintenant que nous n'avons plus de bandeaux sur les yeux, pèse ta destinée et la mienne, si tu conçois les moindres alarmes, arrêtons-nous sur le bord de l'abîme, il en est encore temps, – laisse-moi retomber à tes genoux, te demander pardon de mes témérités, et par intérêt pour toi te fuir à jamais ; es-tu aguerrie sur le sentiment pur et sacré qui m'anime, – crois-tu, qu'Abailard puisse être à la fois ton père, ton instituteur et ton amant ?... commande-moi de te rendre heureuse, et je vais mourir de volupté dans tes bras.

HÉLOÏSE. Mon ami, ce dernier mouvement de ton âme délicate achève de m'éclairer ; loin d'avoir à me plaindre de toi, tu me deviens plus cher que jamais. Achève cette charmante instruction que je te dois, et puisque tu as commencé cette leçon en m'initiant à tous les secrets de la nature, achève-la en me dévoilant tous les mystères de l'amour.

ABAILARD. Ange céleste, ton cœur sans le savoir, t'a montré la moitié de la route. Pour le reste, qui n'est pas le moins précieux, grâce à ton heureuse ignorance, il te serait difficile de le deviner.

HÉLOÏSE. Il me semble que j'aimerais mieux, dans le reste de la route, être guidée par toi que de perdre mon temps à la deviner.

ABAILARD. Par exemple au milieu de tant d'embrassements, pleins de charmes, qui ont porté l'ivresse dans nos sens, il est un baiser de feu, que nous avons oublié.

HÉLOÏSE. Abailard, l'aurais-tu appris de quelque autre Héloïse, plus belle sans doute, mais moins sensible que moi ?

ABAILARD. Non, c'est d'une colombe de Vénus[191] dont tu as la blancheur, le roucoulement voluptueux et la légèreté... tiens Héloïse, je vais être le bien-aimé de cette colombe de Vénus... Ouvre cette bouche d'où s'exhale un parfum d'ambroisie... tire à demi ta langue de feu, et qu'elle imite le mouvement de la mienne. *(Il lui donne le baiser d'amour.)*

HÉLOÏSE. Mon ami, toute mon âme a été concentrée dans ma bouche, non, il n'est rien au delà d'une pareille jouissance.

ABAILARD. Héloïse, cette volupté n'est qu'une faible image de la plus grande de toutes.

HÉLOÏSE. Mon bien-aimé... aux palpitations précipitées de mon sein, ou plutôt à la rougeur de mon front, tu ne devines pas les désirs de ta colombe !

ABAILARD. Voici ma tendre Héloïse, la seule jouissance de l'amour, qui, si je ne me montre pas sage, lorsque tout me dit de cesser de l'être, puisse avoir quelque danger pour toi, et je dois à ton innocence de t'en prévenir... *(Elle lui donne un second baiser de l'amour.)* Ce baiser de feu est déjà une réponse : mais mon cœur alarmé en désire une autre plus expressive. Ange du ciel, entrouvre un peu cette ceinture des Grâces, de manière que ma main embrassée puisse atteindre le plus secret et le plus beau de tes charmes... fort bien... maintenant devine le sens de cette allégorie... tu connais les antiques amours de Didon et d'Enée.

HÉLOÏSE. Sans doute, et Didon seule se montra fidèle.

ABAILARD. Un jour d'orage, (il ne ressemble en rien à celui-ci) ces amants prenaient le plaisir de la chasse ; tous deux voulaient être heureux et n'osaient se le dire : Enée entre le premier dans un taillis qui ne venait que de naître.[192] *(Sa main prend*

---

[191] Vénus « voulut que la colombe lui fût consacrée, à cause de la nymphe Péristere, qui l'aida à cueillir des fleurs, à l'occasion de sa gageure avec Cupidon » (Chompré, *Dictionnaire*, p. 420).

[192] Le quatrième chant de l'*Enéide* décrit cet épisode : « Dans un antre écarté, la reine de Carthage / Seule avec son amant se sauve de l'orage : / Junon de cet

quelques libertés.)

HÉLOÏSE. Cher amant, que fais-tu ?

ABAILARD. Oh ! j'y suis, – écoute-moi avec quelque attention... ce taillis était voisin de la grotte d'amour.

HÉLOÏSE. Tu embrases mes sens... arrête... non, achève.

ABAILARD. Tu interromps toujours le fil de mon allégorie : cette grotte se trouve fermée, et on avait besoin d'un asile. Didon seule avait le secret, – Chère amante, lui dit le héros troyen, ma destinée est dans ta main ; cette porte s'ouvrira, si tu délies ta ceinture... ce geste éloquent me dira que ton cœur est d'intelligence avec le mien, et te sauvera l'embarras d'une réponse... *(Héloïse délie la ceinture des Grâces.)* Héloïse, tu m'as entendu, et j'ai ton aveu... vois maintenant comment se termine l'aventure céleste de la grotte... prends ce dard ; ce n'est pas celui dont Didon se perça sur son bûcher... fais-le pénétrer, mais par degré jusqu'au fond du sanctuaire des amours... fort bien... maintenant serre-moi dans tes bras, et laisse-moi travailler seul à ton apothéose.

HÉLOÏSE. Mon ami... tous les feux du ciel circulent dans mes veines... je n'existe plus que pour ce dard embrasé...arrête... laisse-moi jouir de mon extase... non... précipite la victoire... un nectar inconnu vient humecter la grotte des amours... C'en est fait... j'expire de plaisir... et je touche à l'immortalité.

Fin d'Héloïse et d'Abailard.

---

hymen serra le nœud fatal ; / La terre la première en donna le signal ; / Les cieux d'astres nouveaux, et d'éclairs resplendirent ; / Des nymphes sur les monts les longs cris retentirent » ; voir Virgile, *L'Enéide*, trad. Jean Regnault de Segrais, 2 tomes (Paris : Denys Thierry, 1668), I, pp. 137-38.

Ninon et La Châtre

Pièce érotique en une scène

Préface

Cette scène unique a été faite d'après le caractère de deux personnages bien dessinés dans l'histoire ; on y reconnait la loyauté chevaleresque de La Châtre et les mœurs de Ninon[193] dans son immoralité attachante.[194]

L'ami du théâtre trouvera dans la passion de Ninon une gradation bien nuancée qui[195] la mène, de la curiosité à la perte de son innocence ; la curiosité mène à tout suivant le roman d'Eve, la fable de Pandore,[196] et l'histoire authentique de Ninon de L'Enclos.

Il ne faudrait pas trop prendre au pied de la lettre l'épisode du vieux duc qu'un enfant fait cocu la nuit qui précède son mariage ; mais le fond de l'histoire d'Olympe est très authentique.[197] Cette Olympe a été ma première passion et elle la serait encore, si elle n'était pas morte d'amour à vingt ans ; je serais encore heureux, de mon ignorance, en espiègleries immorales et je n'aurais jamais composé un *Théâtre d'amour*.

Mes amis, si vous voulez être heureux, ne connaissez que le délire des sens qu'inspire la nature, mourez sur le sein de votre amante, avant que la curiosité la rende infidèle : surtout ne lisez jamais et ne faites point un *Théâtre d'amour*.

---

[193] Ninon de L'Enclos (ou Lenclos) (1620-1705), salonnière, courtisane et femme de lettres.

[194] Sur l'infidélité que Ninon commit envers La Châtre, voir Antoine Bret, *Mémoires sur la vie de mademoiselle de Lenclos* (Amsterdam : François Joly, 1758), pp. 66-69.

[195] Rayé : de la curiosité

[196] « Pandore ayant levé le couvercle du vase où étaient renfermés les présents des dieux, tous les maux en sortirent en foule, et se répandirent sur la face de la terre. A la vue de ce terrible spectacle, elle se hâta de refermer le vase ; mais il était trop tard, et elle ne put y retenir que la seule espérance, qui était elle-même prête à s'envoler, et qui demeura sur les bords » ('Pandore', *Encyclopédie*, XI, p. 815).

[197] Ce personnage figure dans *Les Trois Jouissances* (voir pp. 193-208)

Personnages

Ninon de l'Enclos, Le chevalier de La Châtre

La scène est à Paris dans le boudoir de Ninon.

Scène unique

LA CHÂTRE. On dit charmante Ninon, que tu as encore ta virginité ; c'est une belle chose qu'une virginité à dix-huit ans, quand elle est réunie à une imagination de trente ! Je voudrais bien que tu me confiasses un moment ce premier de tes bijoux.

NINON. Pour toi, mon La Châtre, il y a bien longtemps que tu as perdu ta virginité, je ne sais même si tu en as jamais eu une.

LA CHÂTRE. Il y a un environ vingt ans que je troquai cette bagatelle, contre celle d'une jeune duchesse qui se mariait le lendemain. C'était la première beauté de la cour, et, en vérité, elle ne te valait pas mon ange. Nous sommes seuls toute la matinée : tu devrais me permettre la comparaison de ces deux virginités : entre nous, je crois que la tienne est une meilleure jouissance.

NINON. Je sais que je t'ai promis de te donner un jour, en échange de ton cœur, ce bijou qui à la vérité, commence à me peser, mais il faut t'éprouver encore quelque temps, et tu m'as donné ta parole d'honneur de ne point conquérir, l'épée à la main, ce qui doit être le pur don de ma générosité : je crois[198] plus encore à ta parole d'honneur qu'à tes sentiments d'amour.

LA CHÂTRE. Tu as raison, j'ai toujours eu la loyauté de la chevalerie française, même avec mes maîtresses, aussi m'ont-elles trahi quelques fois, mais elles m'ont toujours regretté.

NINON. Je me fie si bien à toi, que je veux savoir de ta bouche, comment tu t'y es pris, pour avoir la virginité de ta jeune duchesse.

LA CHÂTRE. Elle n'était pas comme la tienne, car elle ne tenait qu'à un fil, – la jeune duchesse m'aimait un peu, comme on aime à quinze ans, quand on a un cœur dont on ignore l'usage ; le soir du jour qui précéda son mariage ;... mais je

---

[198] Rayé : encore

suis bien bon de te conter des choses qui enflammeraient mes sens en pure perte ; de te dire comment j'ai fait une heureuse, sans pouvoir l'être aujourd'hui moi-même ; assurément, il y a peu de dureté à partager ainsi entre nous un rôle des saints de la légende, à rester vierge et à me laisser seul martyr.

NINON. Je puis adoucir la peine du martyr, en lui abandonnant une foule de petites faveurs qui ne compromettent point la virginité.

LA CHÂTRE. Eh, bien ! faisons un marché : à mesure que je ferai mon récit, je répéterai sur la charmante Ninon tous les jolis préliminaires, qui ont [sic] la petite duchesse, sans qu'elle s'en doutât, à la dernière jouissance ; ces entractes voluptueux donneront de l'intérêt à des scènes qui ne sont que de vains monologues, et je jure, sur ma foi de chevalier, de m'arrêter tout court à l'approche du dénouement ; ainsi ce ne sera que de ton aveu ma Ninon que cessera mon martyre, ainsi que ta virginité.

NINON. Mais, si ces préliminaires étaient d'une certaine conséquence...

LA CHÂTRE. Je sens bien, belle Ninon, qu'il faut te fermer la bouche par un baiser.

NINON. Fripon de chevalier, quel talent tu as pour me faire faire précisément tout ce que je ne veux pas ! allons, la curiosité l'emporte et je tiens le traité, quoi qu'il puisse être très désavantageux pour moi ; quand on capitule, comme je le fais, sur la brèche, il faut bien abandonner les dehors à l'ennemi pour conserver la place.

LA CHÂTRE. D'abord, ma Ninon, il faut te mettre sur mes genoux, pour ne rien perdre de mon récit ; la duchesse y était, quand je fis sa conquête.

NINON. Volontiers : tu m'y as déjà mise quelquefois, et cette faveur jusqu'ici ne m'a engagé à rien.

LA CHÂTRE. Le duchesse comme je te l'ai dit, était un enfant, dans toute la force du terme ; mais on voyait à regards pleins de feu, à ses ingénieuses agaceries, qu'elle désirait prodigieusement de s'instruire, et surtout de s'instruire avec un adolescent de son âge ; plutôt qu'avec son sexagénaire de duc, que j'ai eu l'honneur de faire cocu, avant son mariage.

L'embarras était de tirer parti de sa précieuse ignorance, de manière que ses yeux ne se désilassent que quand je le voulais, et de la conduire en filant l'intrigue de scène en scène, jusqu'à ce qu'elle arrivât au dénouement.

Olympe, lui dis-je, c'est sous ce nom que je lui ravis son bijou, Olympe, je parie que ce benêt de duc que tu vas épouser, ne sait pas si bien te donner un baiser que moi : bon ! répondit-elle, il m'en a donné cent ce matin : ma main, mes yeux, mes joues et mon cou même en étaient tout rouges : mais ajoutai-je, il a justement oublié celui qui donne du prix à tous les autres : il a oublié le baiser de l'amour ; – Olympe toute étonnée me demanda avec naïveté ce que c'était : je fis mieux que de répondre ; je lui donnai : et je vis à une teinte de volupté répandue dans ses yeux que le noviciat de ma charmante néophyte pouvait être abrégé.

A propos, ma Ninon, je me rappelle que tu ne connais pas encore ce baiser de l'amour, – entrouvre ta bouche de roses : tire à demi ta langue de feu, et voyons, à ton tour, si tu es dure à l'instruction.

NINON. Chevalier, tu triches : ce préliminaire est trop voluptueux, et je soupçonne qu'il tient à une première virginité.

LA CHÂTRE. Va ! ma Ninon : la conquête d'une pareille virginité n'est qu'une espièglerie ; un mari même, sur ce sujet, entend la raillerie et il n'y a ni délit pour le pontife, ni danger pour la victime.

Après cette première épreuve, j'en tentai une autre. Monsieur le duc, dis-je à Olympe, était il y a quarante ans, une espèce d'Alcibiade : il faisait de fort près sa cour à ma grand-mère, et j'ai une petite miniature de famille où il est représenté à genoux et en extase devant la gorge de cette beauté, morte précisément il y a aujourd'hui trente ans ; car, il aimait beaucoup les belles gorges, et il disait que Vénus même, sans cet attrait, serait malheureuse avec lui ; Voilà pourquoi, ajouta Olympe, je l'ai quelquefois aperçu les lunettes sur le nez, cherchant à pressentir, sous mon fichu, la forme de mon sein : mais je l'ai bien attrapé jusqu'ici : car toutes les fois que je sais l'instant de sa visite, je mets en double cette gaze transparente pour [qu'il] ne voie rien : – ainsi, charmante espiègle, répondis-je, c'est à l'absence de ce vieillard amoureux que je dois qu'il n'y ait qu'un brouillard entre mes yeux et les deux roses prêtes à s'ouvrir ; cependant il t'importe infiniment que je juge par moi-même, si tu seras heureuse avec ton patriarche, qui n'aime presque des femmes que leur belle gorge ; et je ne sais point juger au travers d'un brouillard.

Tu te doutes aisément, ma Ninon, que le voile fut bientôt entrouvert et je vis que mon Nestor[199] serait du moins par les yeux aussi fortuné qu'un Alcibiade.

Pour toi, chère amante, j'ai plus d'une fois admiré les contours voluptueux de ton sein : mais il faut que mon plaisir soit en permanence, et ton fichu va disparaître.

NINON. J'ai fait là, chevalier, un marché très étrange : il est de mon côté tout en sacrifices ; mais je ne m'oppose pas à cette dernière faveur, parce que ce spectacle tenant toujours tes sens en haleine t'empêchera d'exiger davantage.

LE CHEVALIER.[200] C'est précisément ce que disait ma jeune duchesse et c'est aussi très précisément que je lui déclarai combien elle était loin de son compte ; il faut cher ange, lui dis-je, rendre justice à ton Adonis sexagénaire : s'il aime tant les belles gorges, c'est que toute sa vie il a été un peu connaisseur ; il croit que ce premier des attributs de la beauté ne se compose pas seulement d'une coupe heureuse et d'une juste proportion dans le volume, mais encore d'une fermeté qui maintienne les deux globes à une juste distance : il citait à cet égard la célèbre Vénus de Médicis, qui serait encore le chef-d'œuvre de la nature, si depuis, ô ma Ninon, elle n'avait pas créé les roses de ton sein... oh, oui ; c'est bien du marbre, et du marbre qui donnerait des sens à une statue.

NINON. Chevalier qui vous a permis de toucher ce marbre, d'y imprimer le plus ardent des baisers ?

LE CHEVALIER. Qui me l'a permis ? toi-même. N'est-il pas convenu entre nous que tu serais Olympe pour moi, mais Olympe toujours vierge ?

NINON. Oui mais en allant ainsi par gradation, si je permets encore une ou deux faveurs, je cesse de l'être.

LE CHEVALIER. Vois, combien je suis sage ; je reviens tout de suite

---

[199] Roi de Pylos et personnage dans *L'Iliade* et *L'Odyssée*, Nestor représente le vieillard sage.

[200] La raison pour laquelle le nom du personnage change ici n'est pas claire.

à mon récit : tu te doutes bien que je n'attendis pas la permission de ma vierge, pour parcourir sa gorge de ma main embrasée, pour en rougir l'albâtre de mes baisers ; elle se prêta à tout avec une docilité qui attestait sa précieuse ignorance ; elle ne savait comment me remercier de ce que je lui avais appris qu'elle avait un sein destiné à captiver un époux ; mes espérances dès lors, s'accrurent avec mes désirs et je sentis que je pouvais achever le rôle de Jupiter avec la femme d'Amphitryon.[201]

Ma charmante Olympe, lui dis-je tu sèmes de tant de roses le champ avide de l'instruction, que je veux te faire connaître encore un charme secret, dont la perfection fut, il y a quarante ans, l'objet des extases de ton futur époux !

NINON. Halte là ! Chevalier, nous voilà au chapitre de la virginité : il faut terminer ici ton récit ; et je cesse d'être Olympe pour toi.

LE CHEVALIER. Eh bien! ma Ninon se trompe ; j'ai encore deux petites scènes assez piquantes à lui raconter avant d'atteindre au dénouement.

Olympe, ces deux globes, dont le marbre élastique repousse ma main ne sont pas les seuls que tu tiennes d'un dieu bienfaisant : il en est d'autres dont je soupçonne l'étonnante perfection, en te pressant avec volupté sur mes genoux. – Je ne croyais pas, reprend la belle ingénue, que ces deux globes puissent servir à autre usage qu'à perpétuer la punition ignominieuse qu'on inflige à l'enfance ; cela est si vrai, qu'avant hier monsieur le duc s'entretenant avec ma mère de mes quinze ans, cet âge heureux, dit-il, me donne plus d'un droit sur elle : je serai à la fois son père et son mari ; quand l'épouse sera indocile, la fille subira le châtiment qu'Héloïse recevait d'Abailard et tout sera pardonné : je fis semblant d'être incrédule, pour arracher à Olympe de nouveaux aveux ; enfin, elle ne dissimula pas que sa mère elle-même était du complot, et qu'elle avait cédé à son gendre, deux faisceaux de cordelettes nouées avec un ruban rose, pour qu'il sauvât par la

---

[201] Alcmène « épousa Amphitryon [sic], à condition qu'il vengerait la mort de son frère, que les Thélébéens avaient fait mourir. Tandis qu'Amphytrion [sic] était occupé à la guerre, Jupier prit la forme de ce prince pour tromper Alcmène » (Chompré, *Dictionnaire*, p. 36).

rigueur du personnage de père, la faiblesse de celui d'époux.

Cet aveu était précieux et j'en tirai parti avec l'intelligence de l'amant d'Héloïse, – tu as raison céleste Olympe : ton vieux amant profanera ce charmant secret ; il frappera ce qu'il doit caresser, il flétrira des roses qu'il ne sait pas faire épanouir : et voilà ce qui résulte de nœuds mal assortis, d'une espèce de mariage de Vénus avec Vulcain :[202] on travestit en supplice, le plus charmant des badinages de l'amour.

Chevalier, me dit Olympe, tu irrites ma curiosité : apprends-moi donc bien vite, comment une peine peut devenir une jouissance, car je suis très pressée de m'instruire ; et dans deux heures devenue duchesse, il ne me restera probablement plus rien à apprendre.

Tu as raison, Olympe, j'ai ton instruction à cœur, plus que tu ne penses ; car, tes progrès ne peuvent que me faire le plus grand honneur : tu veux connaître le mode que l'amour emploie pour changer une peine en plaisir : il ne faut à cet égard que changer l'instrument et la main que le dirige ; mais ceci ne saurait se décrire ; il faut de toute nécessité se soumettre à l'expérience, pour le comprendre.

Olympe me regardait avec des yeux qui sauvaient à sa bouche un consentement dont elle aurait eu à rougir ; je me saisi d'un gros bouquet de lis et de roses qu'elle avait reçu de son automate de duc ; je la fis retourner sur mes genoux et la dévoilant avec une maladresse, qui mit presque tous ses charmes à découvert, je frappai voluptueusement de mes fleurs sa superbe chute de reins, ses cuisses vermeilles et les deux globes de marbre qui en étaient le couronnement. Ce supplice amoureux, que je fis durer très longtemps, ne la lassa point, et quand mon bras fatigué s'arrêta, elle me dit en jetant ses belles mains autour de mon cou : mon ami, je t'ai méconnu, longtemps punis-moi encore.

NINON. Quoi ! Chevalier, tu tentes de répéter sur moi cette dangereuse expérience !... non, non, j'espère qu'il n'en sera rien... vois, mon ami, comme tu chiffonnes cette gaze transparente, que toi-même m'as donné... Oh ! je vois bien

---

[202] « Cette déesse ne pouvant souffrir son mari, à cause de sa laideur, eut une infinité de courtisans, entre autres, le dieu Mars » (Chompré, *Dictionnaire*, p. 419).

que pour conserver ce don précieux de l'amour, il faut affaiblir ma résistance... eh, bien ! tu vois à ton gré ces deux globes dont tu es idolâtre... que veux-tu de plus ?... où as-tu pris ces rubans avec lesquels tu enchaînes mes mains ?... qui t'a donné ce myrte avec lequel tu m'effleures ?... oui, je sens bien combien la peine que tu m'infliges est douce.. tu dois être content de cet aveu... rends-moi libre, et continue à me parler d'Olympe.

LE CHEVALIER. Le plaisir est une charmante hydropisie : plus un amant s'enivre de ce nectar, plus il veut en boire – Olympe m'avait tout accordé, et comme il me manquait encore quelque chose, je croyais n'avoir rien ; – la chaleur était dévorante, comme elle est encore aujourd'hui : nous haletions tous les deux sous le poids du jour et encore plus de la volupté : j'eus l'audace de proposer à mon incomparable Agnès[203] de se défaire des vêtements importuns qui avaient gêné notre dernière expérience... elle réfléchit un moment, comme si arrivée sans s'en douter, au bord d'un précipice, elle le mesurait de l'œil pour s'y dérober ou pour le franchir ; je déliai pendant ce temps-là les rubans de sa ceinture ; moitié de gré, moitié de force, je dégageai ses bras du premier vêtement qui la captivait, elle fit alors un effort pour se dérober à mes atteintes, et sa robe tomba toute entière à mes pieds : mais il lui restait un dernier voile qui fatiguait mes regards : je voulus le lui arracher, elle s'y opposa avec une ardeur si franche, que je n'osai emporter la place à la pointe de l'épée ; il me fallut capituler à mon tour, et me contenter de mes premières conquêtes, pour ne pas perdre tout à fait l'espoir d'emporter comme Jason, la toison d'or[204] et la virginité.

NINON. Chevalier, tes efforts sont vains... ma robe ne cédera pas à tes transports impétueux, parce qu'elle ne tient pas à un fil, comme la virginité de la duchesse.

LE CHEVALIER. Ce n'est là Ninon, que la première scène de mon cinquième acte, et si tu as une parole de chevalier comme moi, tu me dois permettre la répétition toute entière.

NINON. Non, non, ton cinquième acte se dénouera sans cette

---

[203] Référence à l'héroïne innocente de *L'École des femmes* de Molière (1662).

[204] Sur la légende de Jason et la toison d'or, voir Chompré, *Dictionnaire*, pp. 230-31.

scène ; et je ne veux point côtoyer de si près l'abîme : car, j'ai la vue faible, et je pourrais me précipiter.

LE CHEVALIER. Eh ! que crains-tu ma Ninon, de l'homme qui t'a confié ta destinée, qui se croit dans tes bras, revenu à sa première passion, et qui ne veut acheter ton dernier sacrifice, qu'à force de générosité.

NINON. Mon ami, je ne me défie pas de ta force d'âme, mais de ma faiblesse ; mon âme est peut-être complice de la tienne, – écoute, ce n'est pas de ta vue, c'est de tes mains seules que ma vertu se défie ; cependant je ne te fais point l'injure de les attacher ; un sacrifice forcé perd tout son prix pour moi : j'exige que tu les tiennes croisées autour de mon corps, jusqu'à ce que cette rose que j'ai détachée de ton bouquet tombe de ma main : ton éloquence seule peut parvenir à me la faire lâcher ; et si elle m'échappe tu es libre et l'amour fera le reste.

LE CHEVALIER. Oh ! quelle charmante attitude ! Tu reposes sur mes genoux, ton sein sans voile appelle mes baisers ; mes bras doucement enlacés autour de ce cou d'ivoire, me permettent de respirer ton haleine, de prendre une nouvelle vie dans tes yeux, d'enchaîner pour ainsi dire mon âme avec la tienne ! une pareille punition est pour moi la plus douce des récompenses. *(Ninon délie les rubans de sa ceinture.)* Dieu ! que vois-je ? c'est ta main céleste qui dénoue elle-même la ceinture des Grâces !... Ô moitié de ma vie, tu me permets donc... non ta rose est encore dans ta main ; je ne précipiterai point un bonheur dont la seule perspective embrase mes sens... mes bras sont encore chargés de chaînes volontaires, et je continuerai à être digne de toi. *(Ninon lui donne un baiser plein de feu.)* Ô Ninon, combien cette rose que tu tiens parle à mon imagination enflammée, elle est l'image de la rose que je voulais ravir... te ravir ta rose... Oh !... comment un tel sacrilège a-t-il pu entrer dans ma pensée ?... est-ce à ton adorateur à te violer sur l'autel... non, non, tu es par ton âme et par mon amour au-dessus de toutes les Olympes de la terre : j'aime mieux ne jamais jouir de toi, que de l'obtenir par une violence, qui me rendrait à jamais odieux à moi-même... *(La rose tombe ainsi que les vêtements.)* Ta rose tombe... ta robe la suit... je puis à mon gré parcourir ces charmes, que Vénus même aurait regardés d'un œil jaloux... puissances célestes, je n'ai plus rien à vous envier : vivez éternellement dans vos sphères de feu ; moi je consens à mourir sur ce sanctuaire de l'amour, que j'embrasse du feu de mes baisers.

NINON. Maintenant Chevalier, que, grâce à ce silence voluptueux, tes sens sont un peu rassis, achève l'histoire de ton Olympe ; éclaire mon ignorance sur la perte de sa virginité.

LE CHEVALIER. Eh ! que m'importe, cette Olympe ? ô ma Ninon, quand j'expire d'amour dans tes bras ? la virginité de Vénus même vaut-elle l'extase que tu viens de me procurer ? que fait à notre félicité commune de savoir qu'enflammé par la vue de ses attraits dont ma main soulevait le voile à son gré, je fis asseoir mon amante ingénue sur mes genoux, dans l'attitude la plus heureuse ; que je dirigeai mon dard, humecté d'un fluide céleste à la porte de la grotte des amours, et qu'aidant elle-même le trait qui devait la déchirer, elle jeta un petit cri moitié de douleur moitié de plaisir, qui annonçait la peine que j'avais à conquérir sa virginité ; ce triomphe sur Olympe s'effacera bientôt dans ma mémoire, et je conserverai jusqu'au tombeau l'idée du bonheur que ma Ninon vient de me faire goûter.

NINON. Maintenant, Chevalier, je sais tout ce que je brûlais d'apprendre de ta bouche : levons-nous tous les deux et écoute-moi.

J'ai eu la faiblesse d'exposer à tes regards et à tes larcins amoureux tout ce que la nature m'a donné d'attraits, et je ne m'en reprends pas, parce que je voulais être parfaitement connue de l'objet que je veux éternellement aimer... en ce moment même encore, où je prononce froidement sur notre commune destinée, un dernier voile me couvre à peine : ce vêtement diaphane est un nuage que l'amour d'un souffle léger ferait disparaître ; ainsi ma confiance est sans bornes comme l'est ta loyauté ; je vais en te laissant juge dans ta propre cause te récompenser de tes sacrifices ; je ne puis, d'ici à ce que je connaisse ton cœur aussi parfaitement que le mien, me livrer toute entière à toi, mais je puis du moins me partager ; tu vois ce ruban aurore qui sépare en deux la partie supérieure de mon corps de l'inférieure... je te livre celle qui te plaira davantage, tu pourras de ce moment t'en procurer la jouissance : pèse bien les trésors que chacune renferme, l'influence qu'elle peut avoir sur ton bonheur ; mais songe que la possession de l'une entraîne le pénible devoir de renoncer à l'autre ; pèse tout, dis-je, dans les balances de l'amour et prononce en dernier ressort.

LE CHEVALIER. Ô ma Ninon, quel piège tu tends à l'objet que tu veux rendre heureux ! ai-je deux âmes, pour admettre un tel partage ? mais de deux côtés, je retrouve les charmes purs et vrais de mon amante : quelque choix que je fasse, son âme me consolera toujours de la perte de ceux auxquels je renonce. Oui, je consens à peser les deux bienfaits et à prononcer la plus douce des sentences.

Dans la partie supérieure de Ninon est sa tête, modelée sur celle d'une vierge de Raphaël, ses yeux où étincelle le désir, sa bouche où siège le sourire ; ce sein surtout qui vivifierait le granit, qu'il égale en fermeté, quel apanage grands dieux pour l'être sensible qui veut compter les heures de sa vie par ses jouissances !

Sous le ruban aurore, se trouvent des pieds mignons, dont la Chine offrirait à peine le modèle, des colonnes doucement arrondies qui soutiennent le temple de la nature, une chute de reins la plus heureusement terminée, deux globes de marbre oriental, que j'ai rougis soit par l'impression de mon bouquet de roses, soit par mes baisers : enfin, le plus précieux de charmes secrets dont la beauté s'honore ; celui qui amène la plus vive de jouissances... quel poids immense tous ces trésors ne mettent-ils pas dans la balance de l'amour ?

D'ailleurs, j'observe que tous les attraits de la partie supérieurs au ruban ont déjà été livrés à la fougue de mes désirs ; il n'en est aucun dont ma main, ma bouche et mes yeux n'aient joui, tandis que l'asile secret des amours qui est dans la partie inférieure est resté intact, et je renonce si je ne choisis pas à la plus riante de mes espérances, à celle de posséder la virginité de mon amante... ah cette considération l'emporte, et Ninon ne sortira pas vierge de cette dangereuse expérience.

Ciel ! qu'allais-je faire ? n'est-ce pas dans la partie supérieure que se trouve son cœur qui anime tout, qui vivifie tout, qui donne de la réalité aux illusions enchanteresses de la vie ?... oh non ! je préfère la partie du cœur, et j'abandonne pour toi la plus céleste des virginités.

NINON. Mon ami un oracle de Salomon[205] n'aurait pas été plus pur que le tien ; dénoue le ruban aurore et je t'abandonne pour jamais la partie de moi-même que tu verras dans la plus parfaite nudité.

LE CHEVALIER. Ô dieux ! tous les voiles tombent à la fois : tu es parfaitement nue et tu livres ton corps tout entier à mes embrassements... je ne me possède plus... mon ivresse est à son comble... et je veux mourir de plaisirs en prenant ta virginité.

NINON. Donne-moi, cher amant, ce dard de feu que j'ai craint si longtemps... je vole au-devant de ma blessure... perce ce sein où tu règnes... Dieu nos corps sont unis, comme nos âmes... poursuis ta brûlante carrière... quel bonheur!... quel plaisir... je [suis] oppressée de volupté... tu m'inondes d'une pluie de feu... père des mondes, reçois-moi dans ton sein... je touche par le bonheur à ton immortalité.

Fin de Ninon et La Châtre

---

[205] « *Oracle* se prend aussi pour le sanctuaire ou pour le lieu où était l'arche d'alliance » ('Oracle, *Encyclopédie*, XI, p. 541). Sur Salomon et la construction de la salle du coffre de l'alliance, appelée « lieu très saint », voir 1 *Rois* 6. 16.

Minette et Finette
ou Les épreuves d'amour d'une troisième Héloïse
Pièce érotique en un acte

Personnages

Adèle, mère de Minette et dame du château

Minette, fille d'Adèle

Ariel, amant de Finette et favori d'Adèle

Finette, femme de chambre de Minette

La scène est dans un château, sur les bords de la Loire. Elle se passe, tantôt dans un bosquet près d'une chute d'eau, tantôt dans un joli boudoir pratiqué dans une petite orangerie qui avoisine la cascade, ainsi il y a unité de lieu ; l'unité de temps est aussi conservée ; car l'action ne se prolonge que depuis six heures du soir jusqu'à minuit.

Scène Première

MINETTE, *elle fait sonner sa montre à répétition.*[206] Il est six heures et Ariel ne vient point. Ariel ! C'est un nom d'ange que je lui donne : mais, est-il un ange ou une houri[207] de Mahomet ? il faudra qu'aujourd'hui tous les voiles tombent ; mon cœur l'a décidé... depuis près de trois mois qu'il est dans ce château, son sexe ne s'est point prononcé : il a commencé par jouer Zaïre sur notre petit théâtre de société, et tous les hommes en sont devenus amoureux : ensuite il a fait Orosmane,[208] et

---

[206] « Les montres à répétition sont celles qui sonnent l'heure et les quarts marqués par les aiguilles, lorsque l'on pousse le pendant ou poussoir » ('Montre', *Encyclopédie*, x, p. 691).

[207] « Nom que les Mahométans donnent aux femmes qui doivent dans le Paradis contribuer aux plaisirs des élus de Mahomet » (*Dictionnaire de l'Académie française*, p. 889). Voir aussi 'Houris', *Encyclopédie*, VIII, p. 327.

[208] Zaïre et Orosmane sont l'héroïne et le héros de la tragédie *Zaïre* de Voltaire, représentée pour la première fois en 1732. Voir, aussi, Sylvie Steinberg, *La Confusion des sexes : le travestissement de la Renaissance à l Révolution* (Paris : Fayard, 2001).

toutes les femmes en ont été éprises. – Maman seule a ce secret, et ni Finette ni moi nous n'avons pu le dérober... Oh ! si c'était un ange mâle...[209] je me suis aperçue depuis son arrivée au château qu'il n'avait les yeux fixés que sur moi, et quels yeux ! Jamais femme n'en eut de pareils... d'un autre côté, quelle timidité touchante ! quel air virginal !... il a lu dans le fond de mon cœur qu'il y régnait seul, et il ne s'en est jamais prévalu ; il a touché mon sein que je lui ai livré avec une sort d'abandon ; j'ai offert de l'enivrer de mes faveurs et — toujours timide, toujours respectueux, il s'est dérobé avec une pudeur enfantine, lorsque tout lui disait de tenter la plus parfaite de jouissances, enfin mon illusion va cesser, il m'a promis de n'avoir plus de secrets pour moi ; tous les voiles qui couvrent son beau corps vont tomber et je verrai son sexe aussi sûrement que j'ai lu dans son cœur... dieu d'amour, je t'implore ; ma virginité me pèse, et je suis perdu s'il ne me donne pas la sienne... le jour le plus doux éclaire cet asile du mystère... ces lis, ces roses sans épines, ces oseilles amoureux serviront à lui infliger ainsi qu'à moi le supplice charmant que Vénus dans Cythère infligeait à l'Amour... Mais Finette dort toujours : éveillons-la avec douceur ; c'est une autre ange que ma Finette.

Scène II

Minette, Finette

MINETTE. Finette, ma chère Finette !

FINETTE, *frottant ses yeux et feignant de s'éveiller.* Eh bien ! mon excellente maîtresse, qu'exigez-vous de moi ?

MINETTE. Il va venir, — sais-tu bien ton rôle ?

FINETTE. Je sais que madame votre mère découche cette nuit : qu'elle a exigé qu'en son absence, je ne vous perdisse pas de vue un seul instant : qu'elle compte bien vous retrouver vierge à son retour et que nous conspirerons toutes deux, si Ariel est un homme, à tromper son attente.

MINETTE. Oh ! oui, Ariel est un homme, mon cœur me le dit, et il

---

[209] Rappelons que l'on discute si les anges ont un sexe.

ne m'a jamais trompée... mais toi-même, qu'en penses-tu ? toi qui te connais en hommes : qui as déjà donné deux fois ta fleur, sans y penser, et qui prétends l'avoir encore.

FINETTE. Un instinct plus fort que ma raison me dit qu'il est homme ; et si je n'aimais pas ma divine maîtresse, ma bienfaitrice, encore plus que moi-même, je sens que pour la troisième fois, je lui donnerais mon pucelage, en lui prenant le sien.

MINETTE. Il me suffit, tu es digne de moi... eh ! qui sait si je ne serai pas généreuse à mon tour... Mais le moment n'est pas venu de m'expliquer, — mon incomparable Finette, sers mes feux, je t'en conjure, car je meurs d'amour.

FINETTE, *en lui baisant la main*. Oui, vous serez heureuse, ou j'y perdrai le nom de Finette ; mais vous avez donc singulièrement initié votre charmant élève dans les mystères de l'amour !

MINETTE. J'ai tout dit ; j'ai tout fait, et je n'en suis pas plus avancée.

FINETTE. Bon ! contez-moi cela de votre jolie bouche de roses.

MINETTE. Au bout de quinze jours de connaissance, je l'entends venir dans ce[210] même boudoir qui avoisine la cascade et où nous goûtons un léger sommeil ; à son aspect je fis semblant de dormir. Mon sein qu'il paraît toujours dévorer de ses regards était totalement découvert, il palpitait avec force... Ariel s'arrête un moment en extase et veut placer une rose entre mes deux boutons ; je me réveille, comme en sursaut, et par un mouvement qui me semblait machinal, je retins avec force sa main tremblante sur ma gorge ; ensuite, j'ai l'air de m'éveiller ; le croiras-tu Finette ! il me demande à genoux pardon de ma propre audace : me baise la main avec une timide réserve et disparaît.

FINETTE. Je voyais tout cela de la porte entrouverte, et si votre mère n'avait pas paru tout d'un coup, je le ramenais non à vos pieds, mais dans vos bras.

MINETTE. Baise-moi ; tu es charmante, mais voici une aventure bien plus originale, où je l'ai invité moi-même à me violer ; j'aurais voulu te voir dans une position aussi hardie... eh

---

[210] Rayé : mon boudoir

bien ! ma chère Finette.

FINETTE. Et bien ! ma divine maîtresse.

MINETTE. Il n'a tiré de moi qu'un parti moyen : c'était moi qui semblait le violer... écoute jusqu'au bout et ne m'interromps pas.

FINETTE. Je suis tout oreilles, et ce qui vaut mieux encore, tout cœur.

MINETTE. Nous lisions un jour ensemble l'histoire très piquante des amours d'Héloïse et d'Abailard. Arrivés à l'article où le théologien instruisant son élève la fouettait, plus amoureusement qu'avec chagrin, pour la punir de son peu de progrès, je vis ses yeux s'enflammer ; il parut dans le délire, quand j'ajoutai que l'ingénieuse écolière faisait des fautes exprès pour être corrigée d'une manière aussi aimable : instruite ainsi du défaut de la cuirasse,[211] après une pause de quelques minutes, où je tentai d'interroger sa pensée secrète, je dis tendrement à Ariel : « Mon ami voilà deux mois que tu m'instruis dans l'art de déclamer, et je ne remplis pas ton attente : je voudrais bien essayer du moyen nouveau, qui a tant réussi au célèbre Abailard : je ne te demande aucune réponse verbale, pour ne point effaroucher ta pudeur ; mais si mon idée te plaît, serre-moi la main. »

FINETTE. L'épreuve est charmante... oh bien !

MINETTE. Ma main fut serrée et baisée.

FINETTE. Oh ! c'est un homme : ce geste expressif en est le gage.

MINETTE. Quelle folie ! si tu m'interromps encore, je ne te dirai plus rien.

FINETTE. Je vais écouter avec transport ma belle maîtresse.

MINETTE. Nous étions près du bassin de la cascade, dans l'endroit le plus touffu du bois que tu connais tant : je le menai sur le tapis de verdure et lui demandai comment il fallait me placer, pour ne dérober à aucun des coups qu'il voudrait me porter ; déjà il avait coupé une branche de lis ; il ne me regardait point, car il avait peur de son ombre, mais il me fit signe de m'étendre sur le lit de verdure : à l'instant plus prompte que l'éclair, je dénoue les agrafes de ma robe légère, j'entortille

---

[211] Selon le *Dictionnaire de l'Académie française*, « On dit figurément, *Le défaut de la cuirasse*, pour dire, l'endroit faible d'un homme, d'un écrit. »

autour de mon cou le dernier voile qui couvrait mes charmes et je me montrai par ma partie postérieure dans une nudité complète : ce spectacle fit son effet ; il promena avec intelligence sa branche de lis sur tout mon corps, depuis la chute des reins jusqu'au bas des cuisses : j'étais tout en feu, et je n'avais nulle envie d'interposer mes mains pour me dérober à ce déluge de coups amoureux ; c'est surtout sur mes deux globes que tu as la bonté de croire d'albâtre, que mon Ariel s'arrête avec le plus de complaisance ; ils ondulaient sous les verges légères, j'étais ivre de joie et de volupté : enfin dans mon délire, tout vestige de la pudeur mourante s'anéantit.

« Mon ami, dis-je, avec un doux frémissement, achève de punir ton Héloïse de son idolâtrie pour toi, encore... encore... je suis toute au plus beau, au plus sensible des amants... avec quelle adresse ton doigt enchanteur s'insinue dans l'ouverture qui sépare mes deux demi-globes embrasés... je ne me connais plus... pardonne à mon égarement... introduis par gradation ce doigt amoureux et retire-le pour le remettre encore... sois le Ganymède de celle que tu appelles Vénus. »

FINETTE. Mon incroyable maîtresse, tu m'embrases par tes tableaux ; et moi aussi je serai quand tu le voudras, ton Ganymède. Je remplacerai ton Ariel, mais continue ton récit voluptueux.

MINETTE. Il y eut un moment de silence, Ariel semblait anéanti de volupté, j'en profitai pour porter les derniers coups à l'innocence de l'ange : je jette au loin le voile qui couvrait la partie antérieure de mon corps et dans cette nudité absolue de Vénus, quand elle sortit du sein des eaux : « Mon ami, dis-je, d'un air égaré, tu n'as joué que la moitié du beau rôle de l'amant d'Héloïse... sois cet amant tout entier... tu as une autre virginité à conquérir... vois cette petite aperture qui appelle un autre dard qu'un doigt frivole... pénètres-y en vainqueur, force la barrière, inonde-la de mon sang, et rends-moi heureuse à jamais. »

FINETTE. Quel tableau ! céleste Minette ! oh ! que ne suis-je un homme ! il ne te resterait plus rien à désirer.

MINETTE. Déjà Ariel qui ne se connaissait plus, avait porté sa langue de feu sur mon ouverture virginale : déjà, ne me connaissant plus moi-même, je portais une main égarée sur la ceinture d'Ariel pour la dénouer, lorsqu'un bruit inconnu se fit entendre : je fermai les yeux involontairement, pour ne pas me voir profanée par des regards adultères, et mon héros plus rapide que l'éclair disparut.

FINETTE. C'était un daim privé,[212] qui avait franchi une palissade : je le vis un moment après tapi non loin du lit de verdure : j'appelai alors à demi-voix l'ange, pour venir consommer le grand sacrifice : mais il semblait avoir le vol de l'être céleste comme il avait sa beauté, et ma voix émue se perdait dans la vague des airs.

MINETTE. Quoi tu as tout vu !

FINETTE. Rien ne m'a échappé, mais sans que ma charmante bienfaitrice s'en doutât, je lui servais de providence tutélaire, elle se rappelle qu'à l'instant de la fuite d'Ariel je parus sur le bord du canal une ligne à la main, c'était un stratagème de ma brûlante amitié, dans le cas ou ma chère Minette aurait était découverte, je venais la féliciter, de ce qu'elle voulait prendre un bain avec moi dans le canal, et tous les soupçons auraient disparu !

MINETTE. Non touchante ami, tu n'es plus ma surveillante, tu es ma sœur ; viens, que je te serre dans mes bras, tu mérites d'être ma rivale et peut-être ma rivale heureuse.

FINETTE. Je réponds à l'être que j'aime plus[213] que moi-même, en imprimant un baiser de feu sur ce bijou qui renferme un pucelage... mais j'entends un bruit de serrure — quelqu'un vient au bosquet ; renfermons-nous. Je saurai bien quand il surprendra le personnage, puisque mon adorable Minette m'a donné une double clef.

Scène III

La scène est au bosquet de la cascade.

Adèle, Ariel.

Adèle en entrant met la clef du bosquet dans son sac à ouvrage.

---

[212] « PRIVÉ, APPRIVOISÉ, (*Synonymes.*) les animaux *privés* le sont naturellement, et les *apprivoisés* le sont par l'art et par l'industrie de l'homme » (*Encyclopédie*, XIII, p. 388).

[213] Rayé : mieux

ADÈLE. Charmant Ariel, il est six heures, je vais partir pour la terre d'Ormoy,[214] où j'ai des intérêts de famille à régler et je ne reviens que demain vers le soir. Je ne veux pas laisser passer un jour de ma vie sans t'épancher mon cœur, ou tomber dans tes bras ; sois tranquille, nous pouvons nous communiquer tous nos secrets, tout nous dire avec intimité, je voudrais ajouter, et tout oser, j'ai tiré par précaution le verrou mais ma toilette est faite avec soin ; mes chevaux m'attendent, et nous n'avons le temps de tenter que la petite caresse d'Héloïse : tu me regardes avec embarras ; parle avec confiance à ta mère, à ton amie, à ton amante, car je suis liée à toi par tous ces titres et quels que soient les torts, tu auras toujours raison avec moi.

ARIEL, *lui présentant timidement une lettre de son père.* Lisez intéressante maman, et fuyez-moi.

ADÈLE, *après avoir lu.* Ton père me mande ce que je savais déjà, que depuis près de trois mois que tu résides dans de château, tu aimes Minette ma fille, que celle-ci n'est point indifférente à tes timides feux ; mais que le plan bien prononcé de ce père sévère est de te faire courir pendant cinq ans la noble carrière de la diplomatie ; et que ce n'est qu'au bout de cet intervalle qu'il donnera les mains à un hymen qui l'honore.

ARIEL, *se jetant aux pieds d'Adèle.* Tous mes secrets sont découverts ma belle maman, encore cinq ans, quand cinq jours feraient mon supplice ! eh ! qui me dit que dans cet intervalle d'un siècle Minette me restera fidèle !

ADÈLE. Qui ! céleste Ariel ? mon cœur, tu es tout pour moi et s'il était nécessaire dans la suite pour te rassurer, je sacrifierais tout à ton bonheur, même ta céleste jouissance… mais relève-toi ; tu restes à mes genoux, j'aimerais mieux malgré ma toilette, que tu fusses dans mes bras.

ARIEL. Dans tes bras divine amie ! mais conçois-tu bien ce qu'il en coûte à mon cœur ingénu, de sacrifier à la fois sur deux autels ?

ADÈLE. Tu mériterais bien, d'après une terreur si déplacée, que je te fouettasse à l'instant, avec des roses, suivant nos conventions sacrées, quand il s'élève entre nous quelque nuage.

---

[214] Il s'agit sans doute de la ville que se trouve dans la Haute-Saône actuelle.

ARIEL. Eh bien ! excellente maman, si tu l'exiges, je t'obéirai ; mais avant de me dépouiller de mon vêtement léger, laisse-moi te dévoiler mon âme tout entière ; cette nudité en vaut bien une autre ; quand je t'aurai tout dit tu me jugeras et j'irai moi-même au devant des plus ingénieux des supplices.

ADÈLE. J'y consens, pourvu que je porte la main sur l'instrument de ma félicité. *(Elle dénoue la ceinture d'Ariel et se saisit du dard enflammé.)* Minette ne connaît point ce dieu du plaisir ; elle te croit femme depuis que tu as joué avec tant d'intérêt le rôle de Zaïre ; entretenons-la dans cette illusion, jusqu'à ce qu'elle puisse être à toi.

ARIEL Eh ! tu crois que le tourment de mon cœur sensible peut se prolonger encore longtemps ? Minette a des doutes... à chaque instant j'en ai des preuves ; si elle joue avec moi un rôle d'amante elle y met toute l'expression du sentiment ; si je rentre dans la coulisse, elle me serre la main par mégarde, c'est encore par méprise qu'elle dévoile pour moi le sein le plus beau, le plus ferme, le mieux organisé qui existe après celui de Vénus, elle serait plus froide sans doute si je n'étais qu'une femme à ses yeux.

ADÈLE. Fie-toi à mon génie, incomparable Ariel, pour prolonger son aveuglement.

ARIEL. Oh ! oui, vous avez du génie en amour, belle maman ; c'est bien vous qui m'avez arraché un secret de collège, dont je rougirai longtemps ; qui avez deviné qu'en me fouettant avec des fleurs, vous la plus intéressante des femmes, vous expieriez les attentats de quelques pédants pour m'ôter une seconde virginité ; je ne m'en repens pas sans doute, puisque vous m'avez fait connaître le vrai plaisir indiqué par la nature : mais enfin lorsque j'étais expirant de volupté dans vos bras, je sentais toujours que Minette, étant une première amante devait avoir les prémices de mes deux virginités ; cette idée désespérante m'a rendu plus d'une fois impuissant dans vos bras, et il fallait alors toute l'impétuosité de vos verges, toute l'audace de vos caresses, pour répondre, surtout quand il s'agissait de la dernière jouissance à tout le délire d'amour dont vous m'enivrez.

ADÈLE. Tu ne me tutoies plus, mon adorable Ariel, songe que tu m'as rendue maîtresse de ta destinée et que, si tu ne te corriges pas, ton supplice va commencer.

ARIEL. Eh bien ! belle enchanteresse, je vais t'obéir : tu es Circé[215]
pour moi et ta baguette me fera oublier tout dans la nature…
excepté mon adorable Minette ; mais s'il était possible qu'il y
eût dans les deux voluptés que je goûte une ombre de partage.

ADÈLE. Je t'aime avec assez d'abandon pour te permettre avec ma
fille toute jouissance qui ne compromettra point mon secret…
et par conséquent ton bonheur ; par exemple, puisque tu
l'instruis dans l'art de déclamer, lorsqu'elle ne fera pas tous
les progrès que tu désires, inflige-lui le joli supplice
qu'Abailard infligeait à son Héloïse ; fais palpiter de plaisir et
quelquefois de douleur les deux demi-globes d'albâtre, qu'elle
présentera à tes coups : j'y consens, pourvu que la flèche que
je tiens n'effleure jamais sa première virginité.

ARIEL. Je commence à voir que suivant le beau vers de Tartuffe
« Il est avec le ciel des accommodements» :[216] tu consens que
je lui montre dans tous les sens, la perspective du plaisir,
pourvu que je ne lui fasse jamais goûter.

ADÈLE. Oui, mon ami ; d'ailleurs, je te préviens qu'il y aurait une
impossibilité physique à entrouvrir sa fleur virginale : la rose
du plaisir en elle vient à peine d'éclore ; son calice ne présente
qu'un point imperceptible, et le dard monstrueux que je viens
avec peine de soulever, ne servirait qu'à l'assassiner

ARIEL. Il paraît que je n'assassine pas ma belle magicienne, quand
je plonge ce dard tout entier dans son sein.

ADÈLE. Je dois t'avouer mon ami que s'il entre tout entier dans ma
coquille amoureuse, c'est qu'en enfantant ma Minette, elle a
été singulièrement élargie ; l'accouchement a même été si
laborieux qu'il m'en est resté dans l'organisation une
impuissance absolue de devenir mère une seconde fois : ce qui
s'arrange à merveille avec mes vues secrètes, de ne jamais
m'exposer quand tu verses à grands flots la liqueur brûlante de
ta semence dans mon sein ; tandis que la plus légère goutte
d'une pareille rosée déroberait à ma fille son honneur avec sa
virginité.

---

[215] Circé est la « fille du Jour et de la Nuit ; ou, selon d'autres, du Soleil et de la
nymphe Persa, et fameuse magicienne » (Chompré, *Dictionnaire*, p. 113).

[216] « Madame, je sais l'art de lever les scrupules, / Le Ciel défend, de vrai, certains
contentements (*C'est un scélérat qui parle*) ; / Mais on trouve avec lui des
accommodements » (Molière, *Le Tartuffe*, Acte IV, scène 5).

ARIEL. Il y a, céleste amie, dans tes raisonnements, une justesse qui m'effraie pour ma sensible Minette, en confondant ma raison, je te cède malgré le cri de mon cœur déchiré ; d'ailleurs, tous les bienfaits dont tu m'a comblé contribuent à épaissir le bandeau que tu mets non sur mon cœur, mais sur mes yeux ; je réfléchis que tu n'as que trente-six ans ; tu peux, sans blesser la nature, t'unir à un amant, qui en a vingt, tandis que ce même amant adore une jeune beauté qui n'en a que seize... Oui je crois que tu as raison... je ne me connais plus... j'embrasse tes genoux ; hâte ton retour : je brûle de te dépouiller, l'un après l'autre, de tous ces vêtements qui importunent mes regards, de te placer, palpitante de désir, sur ce lit de verdure où tu vois les traces de notre jouissance d'hier, — une odeur d'ambroisie qui s'en exhale, les lis, les œillets et les roses épars en fragments divers... C'est alors que pour embraser davantage nos sens, je commencerai par promener les guirlandes les plus odorantes sur la partie postérieure de ton beau corps et qu'ensuite le retournant avec adresse, je plongerai dans ta conque de Vénus, une flèche brûlante, jusqu'à ce que tous les principes de vie qu'elle renferme soient épuisées.

ADÈLE. Sais-tu, céleste Ariel, que tout ce que tu me dis met un désordre charmant dans mes sens... je serais tentée, malgré ma toilette, de jeter au loin les[217] vêtements importuns, qui me dérobent à tes regards et te dire quand je serai toute nue sur ce lit de verdure... Va donc, mon ami... Va donc... encore plus fort... oui plus fort... ne m'épargne pas... ces coups rapides et impétueux dont tu me frappes avec une ingénieuse gradation vont doubler ma jouissance, quand tu me retourneras du côté qui appelle le véritable amour.

ARIEL. Non, non, adorable enchanteresse, tu m'as permis de jouir jusqu'à un certain point de ma divine Minette... je veux me montrer aussi généreux que toi, — mais dis-moi, il y a donc une volupté bien grande quand on a percé de sa lance un bijou d'amour, à l'inonder des flots brûlants du céleste réservoir ?

ADÈLE. Oh ! oui, toutes les sortes de voluptés ne sont rien, en comparaison de celle-là... le ciel au moment de cette pluie amoureuse s'ouvre devant la femme fortunée, qui s'abreuve

---

[217] Rayé : mes

de ses flots.

ARIEL Tous les bandeaux sont déchirés, et mon double bonheur commence… je me rendrai digne d'Adèle et de Minette… Adèle, mère à la fois, amante et amie, demain avant que la nuit nous enveloppe de ses voiles, j'espère que le ciel me donnera encore la force de plonger mon dard tout entier dans le sein qui a produit le chef-d'œuvre de Minette, et que le déluge amoureux qu'il fera naître,[218] nous donnera un avant-goût de la moins contestable des béatitudes.

Adèle ne se connaît plus ; elle tient le dard d'Ariel à la main ; après l'avoir baisé à plusieurs reprises, elle écarte ses cuisses, sans prendre le peine de se déshabiller et plonge l'instrument tout entier dans son bijou d'amour ; à la troisième secousse, et lorsque les deux amants perdaient la tête, un bruit éclatant se fait entendre à la porte du bosquet, qu'on tentait d'ouvrir malgré le verrou ; le couple s'étonne ; Ariel le premier quitte son poste, s'habille à la hâte, et va voir d'où vient le bruit. C'était Finette, qui se doutant de quelque chose, appelait Adèle pour lui remettre une lettre importante ; celle-ci dans l'intervalle se rajuste et accourt ; la lettre est passée par l'ouverture de la serrure : Adèle la lit à la hâte, retourne au bosquet, embrasse son amant éperdu, et se rend tout de suite par une issu dérobée au château d'Ormoy.

Scène IV

FINETTE, *elle entre dans le bosquet avec sa double clef, va partout à la découverte ; mais Adèle et Ariel qu'elle voulait surprendre, comme Vénus et Mars dans le filet de Vulcain se sont échappés.* Je suis trop tard et me voilà prise dans le piège que je voulais dresser, — Finette, Finette, tu vas perdre ton nom avec ton intelligence ; cherchons au théâtre des plaisirs — voilà bien le lit de verdure : il s'en exhale une espèce de parfum de volupté, je vois épars, le lis, les bosquets de roses encore tout frais, qui ont servi à une lutte voluptueuse ; mais rien ne m'indique une virginité perdue ou seulement effleurée, il peut se faire qu'Ariel n'ait joué avec la mère que le rôle qu'il a joué avec la fille ; espèce de badinage qu'autrefois les Lesbiennes se permirent entre elles, pour suppléer à l'absence

---

[218] Nous corrigeons le texte original qui donne « qu'il le fera naître ».

des hommes, ou pour se venger de leur perfidies ; rien ne désigne encore le sexe de cet incompréhensible Ariel : au reste qu'il soit homme, qu'il soit femme, je n'ose instruire ma sensible maîtresse de l'événement bizarre que lui donne une rivale dans sa mère, épargnons-lui le tableau de ma maladresse ; sortons de ce lieu de féerie, et hâtons-nous de retourner. *(Incognito au boudoir.)*

Scène V

Ariel, Minette, Finette.

La scène se passe sur le lit même du boudoir. Ce lit est une vaste corbeille de fleurs artificielles sculptées avec soin ; elle est couverte de coussins à la manière des Ottomans, avec des dossiers de duvet ; où trois personnes peuvent reposer ou veiller à leur aise.

MINETTE. Voilà l'heure venue... j'entends de loin un bruit léger... c'est lui... mettons-nous toutes deux dans la plus parfaite nudité, et cachons-nous avec intelligence sous ces coussins : voici le moment du plus pénible, du plus doux de tous les sacrifices.

Ariel entre : il n'est vêtu jusqu'à la ceinture que d'une robe transparente, qui fait pressentir la beauté de ses formes.

ARIEL. Je me rends aux ordres de l'enchanteresse que j'adore, de celle dont l'image touchante me poursuit sans cesse, depuis le jour qu'elle remplit sur le lit de verdure avec toute l'expression du sentiment ce beau rôle d'Héloïse qui m'ouvrit un moment toutes les portes de l'Olympe.

MINETTE. Ô mon ami, je ne suis point changée ; serais-tu enfin pour moi l'amant d'Héloïse tout entier ?... tiens me voilà. *(Elle jette le coussin qui tient ses charmes voilés et se montre toute nue du côté de la grotte d'amour.)*

ARIEL. Dieux ! quel tableau magique !

MINETTE. Maintenant remplis ta promesse : dépouille-toi de cette robe transparente faite pour cacher ton sexe à mes yeux qui s'égarent.

ARIEL. Ma divinité l'ordonne et je me rends, mais Finette est là qui nous observe ; sa pudeur ne souffrira-t-elle pas un pareil spectacle ?

MINETTE. Tiens, Ariel, la voilà, sa vue va nous justifier tous. *(Elle jette au loin le coussin qui couvre Finette et la montre toute nue aussi.)*

ARIEL. Je vais t'obéir, céleste Minette : mais je dois auparavant te prouver que mon cœur est digne du tien, tu es une divinité à mes yeux, et je ne veux point profaner tes appas, sans te faire auparavant la plus importante des confidences, tu me jugeras et je ne me rendrai pas coupable envers toi d'un sacrilège.

MINETTE. Ô mon ami, comme tu retardes une félicité dont tant de caresses sur le lit de verdure m'avaient donné l'avant-goût !

ARIEL. Céleste amie, tu m'aimes avec un abandon dont je dois me rendre digne, il faut que tu m'estimes, pour que je te possède sans crainte et surtout sans remords ; or, considère qui tu es — tu as à peine seize ans, tu ne t'appartiens pas à toi-même : l'honneur doit être ton élément ainsi que celui de l'être fortuné qui recevra ta main.

MINETTE. Sais-tu, mon Ariel que je serais inquiète, si je ne connaissais pas ton âme et ton idolâtrie pour moi.

ARIEL. Sois tranquille sur mes feux qui égalent les tiens ; mais lis, sans trouble, cette lettre de mon père ; tu ne verras pas sans attendrissement qu'il juge que notre hymen nous honore tous. *(Minette lit la lettre, la fait lire à Finette, et ses larmes coulent avec abondance.)*

FINETTE. Cinq ans ! C'est un terme bien long : mais on peut l'abréger pour la continuité des jouissances.

MINETTE. Mon ami, Finette, parle comme un ange, qu'en penses-tu ?

ARIEL, *tombant à ses genoux.* Eh ! puis-je avoir d'autre sentiment, quand je te vois toute nue et défiant mes désirs ?

MINETTE. Eh bien ! Monte sur ce lit de jouissance et causons sans délire (s'il est possible) sur la position critique où nous nous trouvons tous.

ARIEL, *assis entre [les] deux femmes nues.* Je ne dois point avoir de secret pour ce que j'adore et ce que j'adorerai toujours, mais mon amante a une rivale qui m'a arraché mes prémices.

FINETTE. Je le soupçonnais depuis longtemps, c'est un être qui nous est bien cher à tous : c'est Adèle.

MINETTE, *sanglotant*. Mon ami… je succombe à ma douleur… tu vas m'abandonner sans doute…

ARIEL. T'abandonner ma céleste amie ! Je perdrais plutôt la vie !

FINETTE. Adèle sait que sa fille est l'amante préférée !

ARIEL. Étant dans ses bras, je le lui ai dit avec énergie, sais-tu que la première fois elle m'a violé, mais il faut couvrir ma faiblesse et la sienne d'un rideau, d'ailleurs elle est descendue à des sacrifices…

FINETTE. Des sacrifices ! il suffit, et nous avons la victoire.

ARIEL. Elle consent pour ne point me perdre, que je sois pour toi l'amant d'Héloïse, pourvu que je n'entame pas ta fleur naissante.

FINETTE. Adèle est prise dans ses propres pièges, elle ne voit pas que permettre à deux amants le délire des sens, c'est les inviter à cueillir toutes les virginités.

MINETTE, *se jetant au cou de Finette*. Ma sœur, mon amie, tu m'as sauvée.

ARIEL. Il ne me reste plus qu'un seul scrupule : c'est à ma Minette à le lever et je consomme avec elle tous les sacrifices ; ta rivale m'a toujours dit que le plaisir suprême est quand l'amant laisse couler à grands flots dans les flancs ouverts de son amante les principes de vie dont il a une surabondance.

FINETTE. Oh ! oui, elle a raison ; le moindre ménagement outrage l'amante et anéantit l'amour.

ARIEL. Eh, bien ! prenons à ma tendre Minette, que je vois déjà sourire, le plus sacré de ses pucelages, elle deviendra mère, et on n'attendra plus cinq ans pour nous unir.

MINETTE. Voilà, l'oracle prononcé, que Calchas m'immole et je suis Iphigénie.[219]

ARIEL. Ô ciel ! ma vertu s'anéantit, mais ne tonne sur moi que quand j'aurai été heureux.

MINETTE. C'est à moi d'arracher le dernier voile. *(Elle se précipite hors du lit et sa main rencontre le dard de marbre qui va la percer.)* Tu le vois, Finette c'est un homme… touche ce

---

[219] Selon Calchas le devin, le sacrifice d'Iphigénie était le seul moyen d'apaiser la colère d'Artémis pour obtenir des vents favorables pour que la flotte grecque puisse gagner la côte de Troie.

monstre qui va s'abreuver de mon sang.

FINETTE. C'est le dard d'Hercule, celui qui lui servit à rendre mères en une nuit les cinquante filles de Thespias.[220]

MINETTE. Je m'empare de mon bien ; on ne me l'arrachera désormais qu'avec la vie. *(Finette induit la rose qui ne peut s'ouvrir sans la pommade de Vénus ; le dard ne peut entrer.)*

ARIEL. Mes efforts sont vains... la volupté me tue... je sens que tous mes esprits de vie sont sur le point de s'exhaler.

MINETTE. Arrête, divin Ariel. Je sens que pour arriver jusqu'à moi, il faut que tu tentes une conquête plus facile... fais couler dans le sein de Finette tous les flots que ton idolâtrie pour moi va te faire exhaler en pure perte.

ARIEL. Qui moi ! que je donne à Vénus une rivale !

MINETTE. Je vous l'ordonne à tous deux ; d'ailleurs, je veux voir par moi-même le spectacle d'une jouissance entière, pour juger si je dois l'acheter par mon supplice. *(Elle place elle-même le dard dans la brûlante ouverture de Finette qui le reçoit tout entier.)*

FINETTE. Adorable Minette, pardonne... mais mon crime involontaire me rend heureuse... Ariel précipite tes mouvements... le ciel s'entrouvre pour moi... je sens couler une pluie de feu... Ariel tu es un dieu... et je meurs de volupté dans tes bras...

Repos prolongé ; Ariel n'ose regarder Minette qu'il croit avoir outragée.

MINETTE. Mon ami, lève avec sécurité tes yeux sur moi : tu ne m'as point blessée en m'obéissant... je m'applaudis d'avoir fait à la fois trois heureux... maintenant mon tour est venu... vois comme mon œil ardent te dévore... surtout, fais que je ne sorte pas de tes mains vierge encore... Mais tu sembles anéanti sous les atteintes du plaisir... en vain Finette tente avec sa main industrieuse de rendre à ton dard ta fougueuse

---

[220] Thespias (ou Thespis, ou Thespius) : « On dit qu'il fut père de cinquante filles, qui furent toutes femmes d'Hercule » (Chompré, *Dictionnaire*, pp. 401-02). Les textes érotiques de l'époque font souvent référence à la prouesse sexuelle de ce héros ; voir, par exemple, *L'Esprit des mœurs au XVIIIe siècle*, où Mérard de Saint-Just écrit, « Dans une seule nuit, [Hercule] métamorphose cinquante pucelles. Voilà le modèle qu'il faut toujours se proposer, quand il est question d'érotisme » (*Théâtre érotique français au XVIIIe siècle*, p. 302).

consistance... Finette, rends-moi mon Ariel... ne me fais pas repentir du plus héroïque des sacrifices.

FINETTE. Ô ma sublime bienfaitrice regarde-moi sans courroux... l'arbre courbé vers la terre ne tardera pas à reprendre son essor... mon talisman produira son effet :

Cet oracle est plus sûr que celui de Calchas.[221]

La tête du dard en touchant la conque virginale perd son aplomb, Ariel pâlit, quand il voit que près d'entrer au paradis un ange malfaisant en ferme la porte.

Ariel, cesse de gémir et de rougir, tu ne parviendras au bonheur qu'avec le talisman du supplice amoureux d'Héloïse. Voilà ma magie et je suis sûre de son effet, retourne ta magnanime amante : embrase graduellement ses deux demi-globes d'ivoire et avant un quart d'heure, tu tomberas à mes genoux.

Minette se place sur une petite éminence formée de tapis ottomans : Ariel monte dessus, mais d'une manière presque aérienne pour ne point la fatiguer : alors les verges de lis et de roses commencent à mettre en feu le dos animé de l'intéressante victime ; elle tente de se dérober et les coups redoublent ; un incarnat nouveau nuance les lis de ce dos d'albâtre pendant ce temps-là, le dard affaissé reprend son essor et se présente à l'ouverture de Ganymède : Finette l'écarte et fait signe de redoubler les coups ; plus Minette gémit en secret plus Ariel redouble le supplice.

MINETTE. Mon ami, malgré moi je vais t'échapper et jamais je n'ai plus souhaité la jouissance.

FINETTE. Mon adorable maîtresse c'est là que j'attendais ton amant – vois son dard a repris dans ma main toute son énergie, comme il frappe avec impétuosité tes cuisses haletantes de douleur et de plaisir ; comme il perce avec fureur l'ouverture de Ganymède ; qu'à l'instant l'appareil amoureux disparaisse, et que l'incomparable Ariel retournant son amante en sens contraire présente son levier à l'orifice touchant de sa véritable virginité.

MINETTE. Finette, tu es un ange et mon temple s'apprête...

---

[221] Citation d'*Iphigénie* de Racine (Acte III, scène 7).

FINETTE. Voilà la tête du monstre qui pénètre déjà dans le bijou d'amour… grâce à mon intelligence, mon incomparable maîtresse, il n'en sortira plus que tu ne perde ton pucelage.

ARIEL. Pardonne à mon idole ; mais je ne te quitterai point, qu'un déluge de principes de vie ne tombe dans tes flancs.

MINETTE. Mon ami, tu entres jusqu'au fond du canal d'amour… je frisonne, je pleure, je me sens déchirée en tous sens, mais je me dévoue… va donc… fais-moi mourir de douleur et de volupté… encore plus au fond… enfin, je vais donc être Héloïse, toute entière… flots brûlants venez humecter ma blessure… que grâce à vous je sois épouse et mère… mon ami, encore une secousse… comme elle me tue !... comme elle me ressuscite !... je sens couler à torrents… le ciel est là, où il n'existe nulle part… je puis mourir satisfaite… j'ai eu l'avant-goût de l'immortalité.

Au milieu des agitations de cette pénible jouissance, les deux amants parfaitement enlacés et se tenant sous les [...]²²² se trouvent portés de côté, l'industrieuse Finette tire parti de cette position heureuse : elle frappe alternativement les deux amants avec ses lis et ses roses, jusqu'à ce qu'ils succombent sous l'anéantissement du plaisir.

Fin de Minette et Finette

Postface de Minette et Finette

Il était essentiel de lire cette pièce érotique, du genre de la comédie immorale de *Ganymède* pour me pardonner de ne pas l'avoir livrée aux flammes, où la condamnait le cynisme de ses tableaux.

Au reste il existe un antidote contre le poison de cet ouvrage dans la préface générale du *Théâtre d'amour* ; j'y ai dit ce que je pensais de cette comédie licencieuse, bien plus dans les mœurs des dialogues d'Eléphantis que dans celles d'un écrivain qui respecte ses lecteurs ; j'ai même fait entrevoir les raisons qui m'avaient déterminé, malgré le cri de ma conscience à laisser subsister dans toute son intégrité. Ce que je vais ajouter servira peut-être à réconcilier avec ma mémoire l'homme de bien entre les

---

²²² Un mot manque ici.

mains de qui ce manuscrit unique pourra tomber à se réconcilier.[223]

D'abord, après avoir eu la faiblesse de traiter pour un prince, qui m'avait comblé de bienfaits, les sujets donnés du *Jugement de Pâris* et de *Ganymède*, celui de *Minette et Finette* n'était qu'une peccadille, d'autant plus pardonnable, que le but moral en était plus évidemment senti par tous les hommes sensés qui ont été à portée de connaître la licence des théâtres de société, depuis la période de 1760 jusqu'à la fin de notre démagogie révolutionnaire. – Ces scènes indécentes dont je suis l'historien, n'ont été jouées qu'en secret par les trois personnages qui y tenaient un rôle ; mais elles ont été jouées, et il faut préserver ses contemporains du danger de voir dégénérer de pareilles orgies en spectacles.

Quant au tableau, tout grec, d'une seconde virginité effleurée dans *Minette et Finette* ; nous avons un poème de Voltaire,[224] qui a consacré de bien plus étranges licences, poème d'autant plus dangereux, que le goût, un coloris brillant et quelquefois le génie l'ont voué à une odieuse immortalité : Quand on a lu ce poème, parodie de toutes les épopées (et qui ne l'a pas lu quand on aime les lettres et qu'on a quarante ans ?) on sourit de dédain sur le danger d'une *Minette et Finette* ; la Pucelle et la Révolution ont aguerri la France à tout en fait d'immoralités d'irréligion et d'extravagances de tout genre.[225]

---

[223] C'est une transcription exacte du manuscrit ; les trois derniers mots nous semblent superflus.

[224] *La Pucelle d'Orléans*, poème héroï-comique de Voltaire (1755).

[225] Ms ajoute : Fin de la deuxième partie.

Le Jugement de Pâris ou Les trois dards
Comédie érotique

Personnages

Junon, Minerve, Vénus, Pâris

La scène est dans un bosquet au pied du mont Ida.[226]

Scène première

Junon, Minerve, Vénus

MINERVE. Nous disputons depuis deux heures pour savoir qui de nous est la plus belle ; mais, qui nous jugera ? nous ne pouvons prononcer, parce que notre intérêt particulier nous égare ; les dieux se partagent ; je vous conseille de choisir un arbitre parmi les hommes ; voyez-vous à quelques pas de nous, Pâris, un des fils du roi de Troie,[227] qui garde un troupeau de son père sur le mont Ida ? il n'a que vingt ans, et joint aux grâces de l'adolescence les mœurs, dit-on, de l'âge d'or ; faisons-lui signe de venir.

JUNON. Mais il voudra peut-être voir nos attraits en détail.

VÉNUS. Eh bien ! Il faut voir pour bien juger.

MINERVE. Cependant, s'il exigeait de nous certaines choses… il est vrai que j'ai entre les mains ma lance.[228]

JUNON. Et moi, un fragment de la foudre de mon mari.

VÉNUS. Moi, j'avoue que je ne me défendrais qu'en faisant pressentir au téméraire l'art d'être heureux.

---

[226] « Ida, montagne de la Troade, dans l'Asie mineure, est célèbre par le jugement de Pâris. […] Troie était bâtie au pied du mont Ida » (Louis Moréri, *Le Grand Dictionnaire historique, ou le mélange curieux de l'histoire sacrée et profane*, nouvelle édition, 10 tomes [Paris : chez les Libraires associés, 1759], VI, p. 229.

[227] Pâris fut le fils de Priam, roi de Troie.

[228] Minerve est souvent représentée « avec le casque sur la tête, l'égide au bras, tenant une lance comme déesse de la guerre, et ayant auprès d'elle une chouette, et divers instruments de mathématiques, comme déesse des sciences et des arts » (Chompré, *Dictionnaire*, p. 274).

MINERVE. Allons, tentons l'aventure ; nous saurons bien la terminer quand nous jugerons à propos.

JUNON. Il est vrai que nous n'avons pas de dieux ici : et si nous gardons le secret, il sera bien gardé.

VÉNUS, *à part.* Mes rivales se prennent dans leur propre piège : tirons-en parti *(elle appelle)* – beau berger…

Scène II

Pâris, les trois déesses

PÂRIS. Beautés inconnues, que désirez-vous de moi ?

MINERVE. Tu vois devant toi l'épouse du maître du tonnerre, la déesse de l'amour et celle des arts : il faut que tu juges laquelle des trois est la plus belle : voici une pomme d'or, que tu donneras de la part du souverain des dieux à l'heureuse immortelle qui aura ton suffrage.

PÂRIS. Vous me faites un honneur que je suis loin de mériter… *(Un regard de Vénus l'encourage.)* Cependant je l'accepte, mais à une condition qui me semble essentielle : c'est que je vous examinerai chacune à part et en détail, pour pouvoir mettre vos perfections dans une juste balance : plus je montrerai de scrupule et plus vous serez sûres d'être bien jugées.

MINERVE. Ce raisonnement me paraît sans réplique ; il faut bien que nos perfections arrivent par les yeux à son entendement.

PÂRIS. Vous Minerve, qui parlez avec tant de goût, vous paraîtrez la première ; une heure après, Junon, et après le même intervalle, Vénus ; – Voici un bosquet entouré de tout côté du Scamandre,[229] et inaccessible à tous les regards ; il renferme dans une enceinte deux grottes et un berceau :[230] les absentes

---

[229] Scamandre fut le « fils de Jupiter et de Doris. Il fut métamorphosé en fleuve pour être immortel, et il promenait ses eaux autour de Troie » (Chompré, *Dictionnaire*, p. 372). Jaucourt propose une interprétation différente : « quelques-uns prétendent que cette rivière de Phrygie prit ce nom de Scamandre, fils de Corybas, après qu'il s'y fut jeté, ayant perdu le jugement dans la célébration des mystères et de la mère des dieux. [...] Le fleuve [...] prend sa source dans le mont Ida » (*Encyclopédie*, XIV, p. 738).

[230] Selon le *Dictionnaire de l'Académie française*, c'est un « assemblage de plusieurs perches, les unes droites, les autres disposées en voûte dans un jardin ».

choisiront leur asile : et moi, j'entendrai ici les belles plaideuses et je jugerai.

MINERVE. Ce berger du mont Ida me paraît raisonner avec beaucoup de sens, je l'adopte à cause de son intelligence.

JUNON. Moi, parce qu'il est fils du roi.

VÉNUS. Et moi, à cause de sa beauté.

PÂRIS. Attendez : il me vient un scrupule : je ne peux pas vous adjuger à toutes les trois le prix de la beauté : deux d'entre vous me contrarieront dans mes expériences, ou rendront ma sentence sans valeur ; il faut que vous vous dépouilliez toutes de votre puissance, pendant le cours des débats ; il faut même m'abandonner vos personnes et vos destinées, sans cela point de plaidoyers et je me récuse.

VÉNUS. Cette alternative me semble un peu épineuse : cependant il me paraît tout simple, si nous voulons être appréciées par un homme, que nous déposions pour quelques heures notre titre d'immortelles.

PÂRIS. Cela ne me suffit pas : il me faut des gages que je vous rendrai après la sentence.

MINERVE. Puisque nous sommes en train de faire des sacrifices, j'offre ma lance.

JUNON. Et moi, ma foudre.

VÉNUS. Et moi, la clef de ma ceinture des Grâces.[231]

PÂRIS. Fort bien : je vais déposer ces garants de votre foi dans un réduit secret de mon berceau, daignez-vous retirer quelques moments dans les grottes, pendant que je vais préparer mon interrogatoire : aussitôt que le soleil, en s'avançant, sur l'horizon, cessera de dorer ce pic du mont Ida, Minerve se présentera, et je lui donnerai audience.

Les trois déesses se retirent par trois côtés différents.

Scène III

PÂRIS. Voilà une excellente occasion d'étudier le cœur des femmes

---

[231] 'Cette déesse avait une ceinture, qui inspirait si infailliblement de la tendresse, que Junon la lui empruntait pour faire aimer de Jupiter (Chompré, *Dictionnaire*, p. 419). On l'appelle aussi « la ceste ».

en général ; car, au ciel comme sur la terre, elles se ressemblent toutes : on les gouverne quand [on] peut, et on les séduit quand on veut : peu m'importe de gouverner les déesses que je ne verrai probablement qu'un jour, mais je voudrais bien les séduire ; j'imagine que la jouissance d'une immortelle est d'un bien plus grand prix que celle des plus belles femmes de la terre ; mais comment y parvenir en si peu d'heures ? Comment ? En se montrant entreprenant, en prenant la citadelle au premier assaut : Venir, Voir, et Vaincre,[232] voilà ma devise : et jusqu'ici, grâce à ma fausse réputation de mœurs de l'âge d'or, je m'en suis assez bien trouvé : d'ailleurs qu'ai-je à craindre si je ne réussis pas ? N'ai-je pas une lance et une foudre pour repousser mes ennemis, et la clef d'une jolie ceinture pour les corrompre ? Voilà le pic de l'Ida déjà coloré, et par conséquent Minerve qui s'approche.

Scène IV

Minerve, Pâris

MINERVE. Tu as désiré que je paraisse seule à tes regards, pour mieux juger ma beauté : eh bien ! la déesse de la guerre et des arts est devant toi.

PÂRIS. Eh ! comment vous apprécier, sous ce casque qui ombrage votre tête, et qui en efface le caractère ?

MINERVE. Je me hâte de m'en dépouiller.

PÂRIS. Fort bien : voilà une coupe de tête admirable ; mais qui me dit que le reste du corps y répond ? cette cuirasse par exemple, qui protège votre sein, ne m'en offre qu'une vaine image : serait-ce trop abuser de votre confiance...

MINERVE. Pâris, je ne vous refuse point une faveur, que plus d'un dieu cependant m'a demandé en vain : mais cette cuirasse, fortement attachée par des courroies et des agrafes, ne peut tomber qu'avec du temps et de l'industrie, et les moments me sont chers : mes rivales m'obsèdent : dans un dernier rendez-vous, je paraîtrai ici avec un voile si transparent que vous yeux

---

[232] Voir, par exemple, Delisle de Sales, *Histoire des douze Césars de Suétone*, I, p. 76.

n'auront rien à regretter.

PÂRIS. Cette promesse flatteuse me suffit : eh bien, pour préparer mon jugement, dites-moi avec franchise, quel est l'attribut essentiel de votre beauté.

MINERVE. Le principal trait qui la caractérise est la proportion heureuse des formes, leur rondeur, et surtout leur fermeté.

PÂRIS. Quoi ! Vénus en ce genre ne peut entrer en parallèle avec vous ?

MINERVE. Elle m'effaça un jour : mais elle a tant joui ! la jouissance n'est pas un mode pour conserver sa fraîcheur et surtout sa fermeté.

PÂRIS. Mais Junon, du moins a la sorte d'attraits qui plaît tant dans la fleur de l'adolescence.

MINERVE. Junon est neuve encore ; Jupiter a seul ses faveurs : mais ce Jupiter, tout souverain des dieux qu'il est, est un mari enfin : il maltraite ses charmes, bien plus qu'il ne les caresse : savez-vous que ce matin même, elle m'est venue conter tout en pleurs... oh ! j'en ai bien ri ; mais je ne sais quelle tournure prendre pour vous raconter cela.

PÂRIS. Ah ! dites, aimable Minerve, et dites sans ménagement, dans la position où nous sommes, il n'y a point de scrupule à garder.

MINERVE. Hier au soir, voyant que Jupiter avait un peut trop bu de nectar, et que sa démarche tremblante faisait craindre que sa vigueur ordinaire ne l'abandonnât, elle se cacha à demi nue sous le lit nuptial ; le père des dieux la saisit avec un reste de forces et se fatigua vainement pour en jouir ; Junon toute honteuse cacha son front de dépit, et lui tourna constamment le dos ; elle était plus belle que jamais dans cette attitude ; Jupiter en profita pour se venger d'une manière qui put le conduire à ses fins, il alla chercher un faisceau de branches de myrte qui n'était plus vert, et la frappa avec quelque force : l'immortelle a la chair d'une grande blancheur et par conséquent d'une excessive délicatesse ; au sixième coup, une grande rougeur colora les lis de cette belle partie de son corps, et au dixième un peu de sang vermeil en découla : alors la douleur la fit retourner ; et Jupiter dont ce spectacle avait enflammé l'imagination, répara ses torts et fut heureux : mais l'infortune victime conserve avec courroux les traces de cette nuit douloureuse : elle n'en aurait fait que rire, si cela avait eu ma fermeté.

PÂRIS. Minerve vous contez comme un ange et votre récit me fait naître une idée heureuse... Si d'après le caprice charmant de Jupiter, j'étudiais sur vous les formes brillants de votre éternelle jeunesse, le caractère précieux de votre beauté ?...

MINERVE. Les arts que je cultive, Pâris, m'ont appris à me mettre au-dessus de certains préjugés : mais ici une bienséance impérieuse m'enchaîne : je suis vierge encore, quoique j'aie permis à l'ingénieux Apollon bien des bagatelles, et je ne veux pas que ma virginité soit même effleurée : mais il est avec les scrupules des accommodements :[233] vous voulez connaître la fermeté de mes formes, et bien, j'exposerai à vos yeux la partie de mon corps que vous jugerez à propos, exceptée celle où Vénus attache la ceinture des Grâces, mais à condition que content de voir ce charme, vous n'y touchiez pas : me donnez-vous à cet égard, une parole solennelle ?

PÂRIS. Volontiers ; la volupté que mes yeux éprouveront ne sera point partagée par mes mains.

MINERVE. Maintenant, nommez la partie de moi-même que vous regards avides brûlent de dévorer, et je la dévoile à l'instant.

PÂRIS. Eh bien ! celle que Jupiter a eu le bonheur de tant profaner dans Junon.

Minerve se dévoile avec une réserve mêlée de grâces.

MINERVE. Pâris, est-il satisfait ?

PÂRIS. Quels contours admirables ! quelle coupe heureuse dans ces globes !... mais comment juger la précieuse fermeté qui vous caractérise et que je cherche ? Minerve, ne soyez pas à demi[234] indulgente : vous me défendez de toucher de mes mains ces charmes inappréciables : voici des branches de myrte vert destinées à intercepter les feux du soleil ; souffrez que je les détache pour être à mon tour Jupiter.

MINERVE. Pâris, vous êtes bien exigeant.

PÂRIS, *après avoir réuni le myrte en faisceau*. Maintenant penchez-vous sur ce lit de verdure, afin que vous ne perdiez rien des

---

[233] Encore un écho des vers du *Tartuffe* (Acte IV, scène 5).

[234] Rayé : moitié

coups qui vous menacent... fort bien... *(Il la fouette avec douceur.)*

MINERVE. On dirait, Pâris, que vous me[235] frappez avec des roses... Vénus même n'en serait qu'effleurée... *(Pâris fouettant moins mollement.)* Courage, Pâris ; si vous voulez mettre ma sensibilité à l'épreuve, tâchez de faire onduler ce marbre, que je soumets à vous coups : ne m'épargnez pas ; il m'importe infiniment de vous rendre juge du vrai caractère de ma beauté. *(Il frappe avec quelque énergie.)*

PÂRIS. Écartez, belle Amazone, ces deux cuisses célestes, que je ne dois pas ménager... encore plus... *(à part)* Comme elle m'enflamme ! ce spectacle autorise mon audace. *(Il tire de captivité un trait brûlant.)*

MINERVE. Voilà un silence dont je me défie.

PÂRIS. Ah ! laissez-moi, dans mon extase, vous contempler encore.

MINERVE. Eh bien ! pour me tranquilliser donnez-moi vos mains.

PÂRIS. Les voilà... *(Il prend son temps et le dard va effleurer les deux globes)*

MINERVE. Téméraire que faites-vous ?

PÂRIS. Je garde mon serment, et je vous prouve ma propre fermeté.

On entend du bruit : Minerve se relève et laisse retomber ses vêtements.

MINERVE. Ah : je vois une de mes rivales... homme indiscret, hâtez-vous de cacher votre fermeté.

Scène V

Junon, Minerve et Pâris

JUNON. Minerve, votre entretien a été bien long.

MINERVE. Que voulez-vous ? dans un procès aussi compliqué que le nôtre, il y a bien des détails où il faut entrer.

PÂRIS. Et malheureusement je n'y suis pas entré.

Minerve rougit, mais aux yeux seuls de Pâris ; ensuite elle lui sourit et se retire.

---

[235] Rayé : voulez

Scène VI

Junon, Pâris

JUNON. Eh bien ! le berger du mont Ida est-il satisfait ? voit-il avec quelque sensibilité la reine du ciel mettant entre ses mains sa destinée ?

PÂRIS. Ajoutez : et sa personne.

JUNON. Il est vrai que j'en ai fait le serment, mais c'est parce que j'étais convaincue que vous n'en abuseriez jamais.

PÂRIS. Pardon : je compte fort en abuser, sans cela, vous jugeant mal, je ne rendrais pas justice à votre beauté.

JUNON. Ce motif est le seul qui pourrait excuser en vous une sorte de témérité.

PÂRIS, *s'asseyant seul sur le lit de verdure.* D'abord, puissante reine du ciel, il faut vous mettre à mes genoux.

JUNON. Qui moi, souveraine des dieux et des hommes !...

PÂRIS. Vous-même, – et voilà votre humble place.

JUNON. Jamais, je ne pris cette attitude, lors même qu'elle me fut ordonnée par Jupiter.[236]

PÂRIS. Aussi vous punit-il quelquefois de votre désobéissance... *(Junon rougit et cependant se met à genoux entre les jambes de Pâris.)* Vous voyez bien, charmante Junon, que je ne puis sans cela juger des formes séduisantes de cette gorge d'albâtre... Mais est elle bien d'albâtre... voyons cela. *(Il écarte le voile et approche sa main : la déesse la repousse mais faiblement.)*

JUNON. Savez-vous que tant de témérité me fait rougir ?

PÂRIS. Oh ! cette rougeur disparaîtra avec un baiser. *(Il la baise avec volupté sur ses lèvres roses.)*

JUNON, *toute émue et cherchant à se soustraire.* Pâris, vous avez là un charmant bouquet de roses... sa place serait sur ma gorge, bien mieux qu'à votre main.

PÂRIS. Charmante Junon, je destine ce bouquet à un autre usage.

JUNON. Quoi ! pour le donner à une de mes rivales ?

---

[236] « Junon avait un orgueil insupportable » (Chompré, *Dictionnaire*, p. 234).

PÂRIS. Oh ! point du tout… si vous êtes complaisante… mais bien complaisante, il ne sera que pour vous.

JUNON. Eh, quelle preuve plus grande de complaisance puis-je donner, que d'être à vos genoux tandis que vous me donnez un baiser de feu, et que votre main s'égare sur mon sein ![237]

PÂRIS. Ces faveurs ne suffisent pas pour apprécier le degré d'admiration que vous m'inspirez… mais comment vous faire entendre l'objet de mes désirs ? *(Il passe la main par derrière l'immortelle, pressant son charme secret.)*

JUNON. Pâris, vous me blessez.

PÂRIS, *souriant.* Quoi ! vous ne m'entendez pas !

JUNON. Oh ! non, point du tout : grâce à Jupiter, je ne sais rien.

PÂRIS. Eh bien ! je vais m'énoncer un peu plus clairement…vous a-t-on conté l'histoire de Ganymède ?

JUNON. Je ne la sais que très imparfaitement : Pâris, contez-la-moi.

PÂRIS. Oh : très volontiers… mais pour me donner plus de courage, dévoilez tout à fait ces deux boutons de roses : je parle avec plus d'aisance devant une gorge toute nue. *(Le sein est dévoilé tout à fait.)* Ganymède, un de mes aïeux,[238] se baignait dans la Scamandre et Jupiter,[239] épris de lui depuis longtemps, l'aperçut caché derrière un tronc de cèdre : le jeune Troyen âgé de quinze ans et orné de toutes les grâces de l'adolescence, ne se montrait que du côté de sa chute de reins et des deux globes de marbre qui la terminaient. Il était impossible de voir des formes plus heureuses… Junon, vous n'étiez pas là… il se proposa de faire injure à cette sorte d'attraits que vous possédez sans doute… vous rougissez… oh ! comme cela vous embellit à mes yeux !… comme je suis tenté de voir par moi-même, si ce dieu était aussi injuste que je le soupçonne. *(Il tente de soulever le dernier voile ; Junon s'y oppose.)*

JUNON. Pâris, vous me mettez toute en feu… mais achevez de me conter l'histoire du délit de mon époux… elle m'intéresse plus que vous ne pensez.

---

[237] Rayé : cœur

[238] Ganymède fut le fils de Tros, roi de Troie.

[239] Rayé : caché

PÂRIS. Jupiter parut, lorsque Ganymède sortait du bain, dans la plus parfaite nudité, et il commença par imprimer un baiser de flammes sur chacun des globes animés qui étaient exposés à ses regards : le prince, surpris, rougit avec timidité, comme on le fait à son âge, quand une pareille caresse ne vient pas d'un amant : sa réserve ne fit qu'animer de plus en plus le père des dieux [qui] avait un bouquet de roses à la main... pareil à celui-ci.

JUNON. Et il était sans épines ?

PÂRIS. Oh ! je vous en assure... on ne frappe la beauté avec des épines que quand on ne l'aime pas.

JUNON. Le monstre !... oh, mon cher Pâris, je m'abandonne à votre... sagesse... dites-moi quel usage on fait d'un bouquet de roses sans épines, quand on aime bien.

PÂRIS. Je vais vous l'apprendre... mais soyez bien docile... fermez un moment les yeux, et songez que je suis Jupiter, et que vous êtes Ganymède... *(Il la dévoile adroitement jusqu'à la naissance de la chute des reins.)* Que vois-je ? L'incarnat de ces deux globes a été défiguré par des épines !... quel est le monstre...

JUNON. Hélas ! c'est Jupiter.

PÂRIS. Eh bien ! les coups mesurés de l'amant vont effacer la trace des coups forcenés de l'époux... belle divinité, passez vos charmantes mains autour de moi, pour n'être point de faire une résistance inutile, et souffrez sans murmurer, le châtiment que je vais vous infliger. *(Il la frappe amoureusement de la chute des reins jusqu'au bas des cuisses.)* Comme cette partie la dispute en coloris aux roses qui la frappent !... comme cette chair animée repousse mollement mon bouquet !.. Je vois à ses douces palpitations, à la manière voluptueuse dont vous me serrez, que je vous fait un peu plus de plaisir que ne vous en a fait Jupiter la nuit dernière.

JUNON. Oh ! oui sans doute... Pâris ne cessez pas... je mérite d'être punie encore.

Il continue à la frapper avec mesure : ensuite il promène sa main sur les globes et finit par les baiser.

PÂRIS, *avec une timidité feinte.* Maintenant, voulez-vous que je termine le rôle de Jupiter avec Ganymède ?

148

JUNON. Mais je ne suis pas Ganymède.

PÂRIS, *avec finesse.* Vous le croyez !... pourquoi ce regard, moitié de surprise, moitié d'amour ?... vous ne savez pas que Jupiter vous a été tout à fait infidèle ?

JUNON. Je l'avouerai... malgré moi la curiosité m'emporte... je voudrais bien apprendre, mais seulement de votre bouche naïve, comment Jupiter a pu m'être infidèle en caressant Ganymède.

PÂRIS. Vous le saurez autrement que de ma bouche... être céleste baisez-moi... encore plus tendrement... tenez avec la même volupté que je baise votre[240] sein... fort bien, vous y êtes... maintenant je vais vous placer comme Ganymède, au moment où ce prince enflammé par le bouquet de roses qui parcourait la partie la plus secrète de ses charmes, n'avait plus la force de rien refuser... levez-vous... laissez attacher autour de votre beau corps, avec ce ruban aurore, ceux de vos vêtements qui gêneraient l'expérience... au mieux, vous voilà parfaitement nue, depuis le haut de la ceinture, et le ruban semble solidement fixé avec cette agrafe de diamants... maintenant posez votre main droite le plus bas que vous pouvez sur ce lit de verdure et écartez ces deux charmantes colonnes... parfaitement... il n'est pas possible de prendre une attitude plus voluptueuse... votre beauté animerait du marbre... achevez vaillamment votre ouvrage... pendant que je vous serre avec force, pour empêcher de contrarier vos plaisirs par votre résistance, étendez votre main gauche par-dessous vous cuisses, prenez le dard enflammé qui s'approche d'elles et présentez-en la pointe à l'ouverture que vous avez de commun avec Ganymède.

JUNON. Pâris, vous me rendez coupable.

PÂRIS. Est-ce que je ne suis pas en ce moment Jupiter, et n'avez-vous pas à vous venger de Ganymède ?

JUNON, *en rougissant.* Essayons donc cette singulière vengeance. (*Junon place le dard au poste désigné : ensuite Pâris ôte la main de la déesse et la fait poser sur le lit de verdure, pour avoir un plus solide point d'appui ; de ce moment il gradue avec art ses secousses ; commencement de succès).* Cela

---

[240] Rayé : main

commence mal.

PÂRIS. Cela finira bien.

Nouvelles secousses un peu plus heureuses : Junon voit de loin arriver Vénus ; elle se détache et s'élève avec précipitation ; Pâris qui ne peut défaire l'agrafe déchire avec force le ruban qui tombe à terre ; et Junon quoique tout à fait rajustée, rougit devant sa rivale.

Scène VII

Pâris, Junon et Vénus

VÉNUS. Junon, vous êtes bien émue… quel est ce ruban aurore, que je vois à vos pieds ? est-ce que votre fierté se serait un plus humanisée ? ma foi vous auriez bien fait, ne fût-ce que par vengeance… on dit que Jupiter vous a traitée cette nuit, comme me traitait Vulcain… je me suis vengée… vengez-vous aussi… au reste, je vous donnerai un élixir, qui cicatrisera, en un moment, vos plus vives blessures.

JUNON. Je vous remercie Vénus… Pâris, que vous voyez a eu la générosité de vous prévenir, et grâce à son adresse, je me crois parfaitement guérie.

Scène VIII

Pâris, Vénus

VÉNUS. Eh bien ! heureux mortel, vous savez donc guérir avec des roses la beauté qu'on fouette avec des épines ? mais l'offense est involontaire, et je vous pardonne ; je saurai bien vous montrer le néant de vos petites expériences ; il n'y a que moi, quoiqu'on en dise, qui sache jouir ; il n'y a que moi qui sache rendre heureux.

PÂRIS. Déesse de Cythère, vous vous trompez je crois : il se pouvait qu'il y eût, dans les expériences que j'ai tentées, des voluptés nouvelles qui vous seraient parfaitement inconnues.

VÉNUS. J'en doute, – voulez-vous que sans l'avoir vu, je vous dise tout ce que vous avez fait ? Le voici en deux mots :

Vous avez proposé à cette bégueule de Minerve, de dévoiler ses robustes appas, et elle a opposé une résistance peu savante, tout en s'extasiant sur le fini de leurs contours, et sur leur heureuse fermeté.

Vous avez pris un autre langage avec cette blonde fade de Junon ; vous aurez intéressée sa curiosité en lui parlant des infidélités de Jupiter ; et de gaucherie en gaucherie, de nudités en nudités, vous l'auriez peut-être amenée, sans mon apparition, à être tout à fait infidèle.

PÂRIS. Il y a bien quelque chose de vrai dans vos malignes conjectures ; mais le principal, mais ce qui déciderait peut-être le procès, c'est une chose qu'il vous est impossible de deviner et que vous ne saurez que quand vous tiendrez tout ce que me promettent Junon et Minerve.

VÉNUS. Oh ! je ne risque rien de m'engager à cet égard avec vous ; je ferai mieux qu'elles tout ce qu'elles font ; et je sais mille choses qu'elles sont loin même de pressentir ; au reste il ne tient qu'à Pâris de me mettre à l'épreuve ; mes deux rivales sont venues avant moi et elles ne seront pas tentées de venir troubler notre tête-à-tête.

PÂRIS. Oh ! oui charmante Vénus, je ferai avec vous plus d'une épreuve.

VÉNUS. D'abord, mon cher Pâris, il faut se défaire de ce vain cérémonial, qui glace les plaisirs que l'on goûte avec les Minerve et les Junon. – Je te préviens que je te tutoierai, tant que mon cœur se croira d'intelligence avec le tien : dans le cas contraire, je dirai *vous* et je bouderai.

PÂRIS. Bouder ! oh fi ! c'est cela qui glace réellement les amours.

VÉNUS. Que tu es novice ! est-ce que quand on boude tu ne sais pas punir ? et par conséquent être heureux bien davantage ?

PÂRIS. Oui, je commence à ouvrir les yeux ; en fait de talent pour être heureux, tu en sais plus que nous tous ; et je crains bien que ton juge ne soit obligé d'aller à ton école... mais voyons un peu... approche... que je calcule à mon avis tous tes charmes...

VÉNUS. Calculer ! tu as l'air d'un eunuque qui achète une beauté pour un sérail – si tu veux m'apprécier, viens à moi.

PÂRIS. Mais je vois avec dépit, que tu n'as pris aucune mesure pour me séduire : tu n'as qu'une rose dans tes cheveux : ta robe[241] blanche est un simple déshabillé... il y a là une sorte d'indifférence qui me blesse.

VÉNUS. Va ! ce n'est pas ma couronne ou mon casque, qui veulent te conquérir, c'est moi-même.

PÂRIS. Ainsi, plus tu seras toi-même, et plus tu crois que je serai en état d'apprécier ta beauté ?

VÉNUS, *en rougissant.* Le dieu Mars a cru longtemps qu'il en était quelque chose.

PÂRIS. Tu rougis ! on m'a donc bien trompé en me disant que tu étais si bien instruite que tu ne rougiras jamais.

VÉNUS. Oh ! c'est parce que je suis instruite dans l'art de jouir, que je retrouve quelquefois, en rougissant, ma virginité.

PÂRIS. La virginité de Vénus doit procurer une sublime jouissance ! oh dieux ! si j'étais assez fortuné... (*Il se jette à ses genoux.*) Mais j'oubliais que je ne suis ici que ton juge.

VÉNUS. Mon juge est très bien à mes genoux... cette apparence de respect a disposé plus d'une fois à en manquer.

PÂRIS, *à part.* Comme elle m'instruit avec grâce du charmant devoir que j'ai à remplir ! (*Il s'élance vers sa bouche pour lui donner un baiser : elle retire sa tête ; nouvelles tentatives aussi infructueuses, il ne parvient jamais à baiser que son front ou ses cheveux.*) Cruelle, comme tu te joues de mes flammes naissantes ! comme tu irrites mes désirs !

VÉNUS. Oh ! tu veux m'avoir et tu ne sais pas me conquérir !...

Elle sourit et montre les plus belles dents qui relèvent de l'incarnat de ses lèvres vermeilles ; Pâris un peu dépité, s'assied de l'autre côté du lit de verdure et laisse tomber sa tête en arrière, voilant ses yeux de sa main. Vénus qui l'observe, prend son temps et lance sa langue à plusieurs reprises dans sa bouche entrouverte : Pâris se relève et la serre voluptueusement dans ses bras.

PÂRIS. Ah dieux ! ce baiser a mis l'incendie dans mes sens... Ô charmante immortelle ! mais que vois-je ? tu viens de voiler avec le plus grand soin, ce sein superbe dont j'entrevoyais une des roses... défais ces nœuds indiscrets, et acquiers quelque titre à ma reconnaissance.

---

[241] Rayé : simple

VÉNUS. Fort bien, tu voudrais que j'imitasse Junon ou Minerve ; qu'allant avec maladresse au devant de tes feux... Mais dis-moi, puisque tu as vu et pressé de tes mains ardentes la gorge de mes deux rivales, cette espèce de jouissance a-t-elle laissé une profonde trace dans ta mémoire ?

PÂRIS. Je n'ai point vu la gorge de Minerve, à cause de la cuirasse, dont il eût été trop difficile de la débarrasser : mais j'ai jugé par un autre de ses charmes, que j'ai parcouru à mon aise, que cette [...]242 était de la plus grande solidité ; quant à Junon, elle m'a laissé faire tout ce que j'ai voulu et de ce charme et d'un autre : [elle] m'a pris pour un autre Jupiter : j'ai eu pendant quelque temps, un plaisir infini à profaner ces parties secrètes de son beau corps ; mais à la fois, je commençais à m'apercevoir que mes doigts imprimaient quelque trace sur son sein : que le ressort de ses deux roses ne repoussait pas la main qui les comprimaient ; c'est toi céleste Vénus, qui vas achever de m'éclairer sur les belles proportions de cette partie de toi-même : je brûle de juger par mes yeux de l'élégance de sa coupe, et par mes mains, de son héroïque fermeté. *(Il fait des tentatives pour délier les rubans, ou pour introduire sa main dans les interstices ; ses efforts sont trop longtemps inutiles ; à la fin le premier des rubans se détache, alors Vénus se dérobe à Pâris, et se couche sur le visage, le long du lit de verdure.)* Ô dieux ! j'étais sur le point d'atteindre le bonheur suprême... barbare, laisse-moi achever... je t'en conjure !... *(Vénus le repousse mollement.)* Eh bien ! je te l'ordonne... *(Elle le repousse avec force.)* Écoute, Vénus, tu as juré de me désespérer : mais tu es sous ma puissance, et je me vengerai... justement, dans l'attitude que tu as prise, tu exposes à mes regards, les deux rivales des roses de ton sein... je vois une sorte d'ondulation voluptueuse, sous le voile léger qui les couvre : si tu ne te retournes pas, je vais lever ce voile, je porterai la témérité à son comble... déjà ma main touche à l'extrémité de ton vêtement.

VÉNUS, *sans se retourner et saisissant sa main.* Non, Pâris, tu ne veux pas perdre tes droits à ma reconnaissance... je jure que si tu lèves ce voile sans mon ordre...

PÂRIS. Non, non, n'achève pas... je commence à sentir que je ne

---

242 Un mot manque ici, peut-être « chair ».

m'appartiens plus à moi-même… je gémirai sans doute, mais j'obéirai.

VÉNUS, *avec émotion.* Mon ami, je suis contente ; retourne-moi maintenant de ta main.

Pâris retourne Vénus et voit sa gorge débarrassée de ses liens, et parfaitement nue : il se précipite sur elle, la couvre de ses baisers, la presse avec volupté.

PÂRIS. Non je ne connus jamais de volupté pareille. *(Vénus tente de refermer son sein.)* Arrête… il faut que je compare à mon aise ce sein admirable avec celui de l'épouse de Jupiter.

VÉNUS. Non, tu n'es pas assez de sang froid pour faire une pareille comparaison, je suis trop généreuse pour abuser de mon triomphe. *(Elle rattache ses rubans.)*

PÂRIS. Maintenant j'espère que ma tendre amie me récompensera tout à fait de ma générosité… je suis sur un brasier ardent… je voudrais voir deux autres globes d'albâtre, qui me permettent une jouissance suprême ; j'ai à cet égard, obtenu tout ce que j'ai voulu de Minerve et de Junon : ce moment a été celui de l'ivresse, dans l'une et dans l'autre ; je ne crois pas qu'on puisse rien y ajouter : mon cœur palpite encore de volupté quand je me le rappelle.

VÉNUS. Pâris, tu excites ma curiosité : dis-moi comment cette bégueule de Minerve, qui ne t'a pas dévoilé son sein, t'a permis de dévoiler son… pardon, j'allais dire une sottise.

PARIS. Oh ! j'ai piqué sa vanité : je lui ai dit que s'il était vrai que ces charmes fussent d'une fermeté faite à désespérer ses rivales, il fallait que je les soumisse à une terrible épreuve : sûre de son triomphe, elle s'est prêtée à tout : je l'ai vue s'incliner à demi sur ce lit de verdure, dévoiler elle-même ce charme secret bien au-dessus de la chute des reins : pendant ce temps-là je formais un faisceau de branches d'arbustes.

Vénus rit à gorge déployée.

VÉNUS. L'aventure est impayable ; la prude ne s'en vantera pas ; mais je soupçonne que tes coups n'atteignirent qu'amoureusement.

PÂRIS. Point de tout : c'était elle qui me défiait ; je ne déployais jamais avec assez de rigueur : j'ai presque usé mon faisceau de branchages sur cette charmante nudité : jamais je n'ai pu faire fléchir ce marbre vivant, encore moins l'ensanglanter : et j'ai été obligé pour ainsi dire de demander grâce.

VÉNUS. La blonde Junon n'a sûrement pas été victorieuse, comme la brune Minerve ; je suis curieuse de savoir, comment tu t'y pris, pour l'apprivoiser avec ce châtiment de l'amour lorsqu'elle portait encore les stigmates douloureux des coups de Jupiter.

PÂRIS. Oh ! je m'y suis pris avec plus adresse ; elle voulait que je plaçasse entre les deux demi-globes de son sein, un bouquet de roses que je tenais à la main ; je lui dis que ce bouquet était destiné à un plus charmant usage, à guérir les blessures faites par la main indiscrète de Jupiter, et je l'ai amenée au point de me laisser dévoiler, sans résistance, le charme que tu défends si impérieusement ; je l'ai frappée avec mollesse en graduant ses douces palpitations, et surtout savamment.

VÉNUS. Savamment, est le mot qui désigne la profonde connaissance du plaisir : je vois, Pâris, que je ferai de toi quelque chose.

PÂRIS. Eh bien ! Vénus, permets que je sois savant avec toi.

Il l'embrasse un peu malgré elle et coule avec adresse sa main sous le voile jusqu'à la naissance du charme secret : Vénus l'arrête à propos.

VÉNUS. Mon ami, il est une autre curiosité, que je suis empressée de satisfaire… continue.

PÂRIS. Oh ! pour le coup, cela est impossible : je ne puis me faire entendre, que lorsque l'expérience de Junon sera répétée avec toi.

VÉNUS. Quoi ! tu m'apprendras quelque chose de nouveau !

PÂRIS. Oui, je te le promets, et si j'étais dieu, j'en jurerai par le Styx ;[243] mais encore une fois, il faut que l'incomparable Vénus descende un moment à faire le rôle de Junon.

VÉNUS. Il faut que ma curiosité soit bien dévorante, pour que je te cède en ce moment. *(En rougissant et en balbutiant.)* Mon ami, as-tu encore ton bouquet de roses ?

---

[243] Le « fleuve d'enfer. Il en faisait neuf fois le tour. Lorsque les dieux avaient juré par ses eaux, ils n'osaient plus être parjures, ou s'ils révoquaient leur serment, ils étaient privés pendant cent ans de leur divinité » (Chompré, *Dictionnaire*, p. 386).

PÂRIS. Il est ici : j'ai fouetté Junon avec tant de douceur, qu'il est à peine fané.

Il s'approche avec la douce attente du plaisir, se met à genoux devant Vénus, lui baise avec grâce la main et tâche de la retourner pour la dévoiler – douce résistance de Vénus – Pâris plus instruit ménage son attaque ; il commence par mettre à nu ses belles jambes dont il presse ardemment les contours ; ensuite sa main s'égare sur les charmes supérieurs, qu'il dévore de ses baisers ; au moment où il atteint l'attrait qu'il recherche, Vénus se dérobe tout à coup.

VÉNUS. Attends, mon ami, il me vient une idée… écoute… l'action de ce bouquet de roses, est toujours censée un châtiment : il punit avec amour, je le sais, mais enfin, il punit : dis-moi maintenant, de quel droit tu me déclares coupable, et comment tu usurpes le privilège de me corriger : Si c'était toi qui eusses offensé la beauté ! si par un despotisme maladroit, ton audace… Malheureusement, nous ne sommes ici que nous deux, et il n'y a point de tiers pour décider de notre différend : faisons un accord entre nous ; que ce soit le sort qui prononce : qu'en dis-tu ?

PÂRIS. J'ignore où tu en veux venir ; mais tu prends à chaque instant un empire plus invincible sur mon âme : oui j'engage ma parole, et j'obéirai aveuglement au sort.

VÉNUS. Tu vois cette colombe, qui caresse son bien aimé de son bec amoureux ? Eh bien ! Laissons-la sortir de son nid : si elle va à gauche je me livre entièrement à toi ; si son vol se dirige vers la droite, c'est ta personne qui sera en mon pouvoir.

Pâris se met à genoux devant le nid, il semble invoquer le ciel, pour que le vol se fasse à gauche ; il se fait à droite et il tombe le visage contre terre : Vénus prend le bouquet de roses, délie la ceinture de Pâris sans qu'il s'en aperçoive, le découvre et le fouette avec volupté : Pâris se retourne avec enchantement, remercie Vénus avec des yeux humides de plaisir et tente de porter la main de la déesse sur son dard : celle-ci le couvre d'un voile, mais après l'avoir serré presque involontairement ; ensuite elle attire le berger sur ses genoux, et continue à le frapper, jusqu'à ce qu'elle s'aperçoive que le dard fait effort entre ses cuisses palpitantes, alors elle se relève victorieuse.

Eh bien ! Pâris es-tu bien mécontent de ta défaite ?

PÂRIS. Ah ! je voudrais être vaincu à chaque instant de la vie par Vénus, pour être puni ainsi... Mais je ne m'aveugle point sur ma félicité : être céleste, je demande à tes pieds ma revanche ; le sort peut me favoriser d'une manière bien plus touchante encore.

VÉNUS. Je suis une bonne déesse, et j'y consens ; voilà justement la colombe rentrée dans son nid, et qui se tardera pas à en sortir, quel côté choisit Pâris ?

PÂRIS. Le même côté gauche : il est de bon augure, c'est le côté du cœur.

La colombe prend son vol à gauche ; Pâris transporté de joie va prendre le bouquet de roses que Vénus ne lui remet qu'après lui en avoir doucement frappé les joues – nouveau combat, molle résistance de la déesse – enfin [elle] se laisse retourner. Pâris place sa tête sur son sein, et malgré les mains qui retiennent, mais avec une heureuse maladresse, son dernier voile, elle se laisse découvrir jusqu'à la ceinture. Pâris reste quelque temps émerveillé ; il la découvre de plus en plus, et au moment où il lève le bras pour frapper, Vénus par un baiser suspend ses coups ; ce manège se répète jusqu'à trois fois, ensuite Pâris commence à frapper avec grâce ; au bout de quelques coups, Vénus par un mouvement adroit, fait retomber le voile et le bouquet porte à faux ; Pâris prend le parti de faire glisser le voile sous la ceinture des Grâces ; les mains de Vénus en prennent tour à tour la place et écartent les roses qui frappent le charme secret. Pâris, toujours déconcerté, mais toujours plus ardent, détache les rubans qui arrêtent la chevelure de la déesse et lui lie les mains par devant ; alors Vénus est fouettée très savamment depuis la chute du dos jusqu'à la naissance des cuisses ; pendant ce temps-là les mains de Vénus, toutes liées qu'elles sont ne restent pas oisives : elles jouent avec le dard de Pâris, qui n'en pouvant plus de volupté, laisse tomber le bouquet de roses, et détache lui-même les mains de l'immortelle croyant qu'elle veut en faire l'usage le plus consacré par l'amour. Vénus déliée se relève en riant.

VÉNUS. Je savais bien, Pâris, que je trouverais un moyen d'abréger ma punition : tu es ma dupe et je triomphe de toi.

PÂRIS. Ô ciel ! que je suis maladroit ! mon bonheur ne faisait que commencer... je vois bien que comme Ixion,[244] je n'ai

---

[244] Roi des Lapithes, il « eut l'audace d'aimer Junon, et tâcha de la corrompre :

embrassé qu'un nuage... mais toi-même, tu as oublié dans l'ivresse de ta victoire, de voiler le charme secret qui fait mon bonheur suprême... il faut que je me venge.

Il s'élance sur Vénus, la renverse sur le lit de verdure et lui rattache les mains ; ensuite il la fait asseoir, un peu malgré elle, sur ses genoux, et la retourne avec une feinte maladresse, de manière que la partie antérieure est nue pour opposer peu de résistance au dard quand il tentera de s'agiter.

Eh bien ! ai-je pris de toi assez de bonnes leçons ? Te voilà bien parfaitement sous ma puissance : mon dard pourra s'égarer partout où il voudra, et il faudra bien qu'il s'égare.

VÉNUS. Voilà un beau moyen d'être heureux ! enchaîner la beauté dont on veut jouir, violer son amante ! autant vaudrait jouer avec Junon le rôle maladroit de Jupiter.

PÂRIS. Pardonne ; mais ivre de tes faveurs, je me précautionne contre une résistance que je crois invincible : tu ne m'as conduit encore qu'au vestibule de la suprême félicité ; il faut que je pénètre dans son sanctuaire et que j'y pénètre en conquérant ; car assurément tu ne m'en ouvriras la porte.

VÉNUS. T'en ouvrir moi-même la porte ! oh non ! car je t'ôterais alors le prix de ta conquête : mais si tu t'y prends bien, qui te dit que je ne la laisserai pas entrouverte ?

PÂRIS. Quoi ! tu ne me trompes pas ?

VÉNUS. Écoute, faisons un marché : laisse mes mains libres encore une fois, et je te promets de ne point abaisser le voile que tu as relevé sous le ruban de ma ceinture.

PÂRIS. Mais tes mains libres déconcerteront sans cesse mes entreprises : je ne ferai rien qu'à demi... et je perdrai la plus belle occasion de rendre la justice que je dois à la déesse de la beauté.

VÉNUS. Charmant fripon, comme tu sais bien t'y prendre... eh bien ! quand ma résistance sera trop pénible pour toi, tu m'ordonneras de passer mes mains autour de ton corps et j'obéirai.

---

mais cette déesse en avertit son mari, qui pour éprouver Ixion, forma une nue qui ressemblait à Junon, et la fit paraître dans un lieu secret, où Ixion la trouva. Il ne manqua pas alors de suivre les mouvements de sa passion » (Chompré, *Dictionnaire*, p. 228).

PÂRIS. Tu es une enchanteresse : je te cède, te voilà libre et pour toujours.

VÉNUS. Il faut te récompenser... baise-moi avec toute l'expression de la volupté.

PARIS. Te baiser avec volupté ! ah ! c'est là justement la première des victoires, où j'aspire... te baiser ange du ciel ! Oh ! oui, laisse-moi mourir d'amour, et te baisant.

Il la fait rasseoir sur ses genoux et porte une main ardente mais timide au-dessous de sa robe, pour dévoiler ses charmes antérieurs ; quand il est arrivé jusqu'aux genoux, Vénus se défend.

VÉNUS. Mon ami, tu te trompes ; c'est le baiser de feu que je t'ai donné qu'il faut que tu me rendes : c'est ta langue qu'il faut darder dans ma bouche entrouverte.

PÂRIS. Non, non, je veux te baiser, dans le sens consacré par la grammaire de l'amour... je veux par un entrelacement voluptueux, ne faire qu'un avec toi, et aspirer ton immortalité.

Nouvelle lutte de l'amour : Vénus dispute le terrain avec grâce ; la main de Pâris s'égare de plus en plus ; il s'arrête quelque temps sur une cuisse céleste et pendant ce prélude, il darde sa langue enflammée au travers des lèvres de corail de la déesse ; ce baiser est si voluptueux que Vénus cède un mouvement, et son vainqueur arrive jusqu'au plus beau de ses charmes secrets : là un obstacle invincible se présente.

Qu'est-ce que je vois ? une barrière !... Vénus, tu te joues encore de l'amant qui t'idolâtre.

VÉNUS. Est-ce que tu ne connais pas la ceinture des Grâces ? là est une serrure mystérieuse dont le secret est impénétrable aux hommes et même aux dieux.

PÂRIS. Je meurs de douleur à tes genoux, si cette serrure ne s'ouvre pas.

VÉNUS. Tu oublies donc que je t'en ai donné la clef, comme Minerve t'a remis sa lance, et Junon sa foudre : ces trois trésors sont déposés sous le berceau, et tu as juré de n'y point toucher jusqu'à ce que tu aies prononcé ton jugement.

PÂRIS. Mon jugement ! Eh ! comment le motiver, si le plus sublime des baisers m'est interdit ?

Il achève de dévoiler Vénus du côté de la partie antérieure ; il la couvre de baisers malgré son honorable défense ; il la fait asseoir presque sur ses genoux, en écartant ses cuisses, et dans son délire, il tente d'introduire son dard par dessous la serrure : tous les efforts sont vains.

VÉNUS. Mon ami calme-toi et ne lutte pas ainsi contre la fatalité : je t'aime, tu n'en doutes pas ; et au moment où tu prononceras entre mes rivales et moi, je tenterai tout pour te rendre heureux : il faut bien que tu me baises de la manière énergique dont tu l'entends, pour empêcher ta bouche de s'égarer, quand tu adjugeras le prix de la beauté.

PÂRIS. Tu me ravis, et j'attendrai ton aveu pour cette dernière faveur, la plus inestimable de toutes : mais tu pressens l'impétuosité de mes désirs…

Il porte la main de la déesse sur son dard, celle-ci rougit, se laisse couler entre ses genoux et place ce nouveau bouquet entre les roses de son sein ; ensuite s'apercevant que les yeux de Pâris se ferment de volupté, elle se relève et s'assied avec calme sur lui, un moment de silence, où Pâris reprend ses sens.

VÉNUS. Maintenant mon ami, que tes sens sont un peu rassis, contente ma juste curiosité : explique-moi quelle espèce de plaisir nouveau pour moi une beauté aussi novice que Junon a pu te faire goûter.

PÂRIS. Divine Vénus, ah ! Crois que la volupté dont tu m'enivres et surtout celles que tu promets dans peu, ne peuvent se comparer à rien : c'était le caprice, qui dans les bras de l'épouse de Jupiter, enflammait mon imagination : mais le bonheur dont je jouis d'avance, en te voyant dénouer la ceinture des Grâces est la plus piquante de toutes les réalités.

VÉNUS. Je ne me fais pas illusion sur tes douces flatteries : tu m'as dit que Junon après avoir été amoureusement punie de sa douce résistance, t'avait procuré un plaisir que j'ignore ; il faut que tu m'éclaires : ta parole m'a été donnée, et j'en réclame l'effet ; cette fausse Agnès a déjà eu les prémices du bouquet de roses : si elle triomphe encore, je reprends ma parole et remonte au ciel.

PÂRIS. Ô moitié de moi-même, ne te fâche pas : tu sauras tout, et j'en atteste tes charmes que tu me permets de parcourir : ce serment est pour moi au-dessus de celui du Styx, mais comment te dévoiler cela ? il faut bien que tu rougisses de plaisir, mais non pas de honte : le véritable amour plaît et n'offense pas.

VÉNUS. Ce que tu dis là est charmant, et je crois que ce sont les faveurs mêmes dont je t'ai comblé qui l'ont fait naître, mais mon ami, le sort en est jeté et je veux être instruite, – écoute : le moment approche, où nos corps entrelacés ne feront qu'un : déjà nous n'avons qu'une âme ; eh bien ! supposons que tu ne parles qu'à toi-même, que c'est Pâris qui interroge à la fois et fait la réponse : ce mode de s'expliquer sauvera notre pudeur à tous deux.

PÂRIS. Il n'y a rien, dans l'univers, de céleste comme toi ! Mais j'ai besoin d'un peu d'encouragement pour t'expliquer cela sans énigme : laisse-moi te retourner sur mes genoux : j'ai besoin d'un certain spectacle, pour mettre mon imagination à son aise.

VÉNUS. Eh bien ! prends ton bouquet : je livre à l'action de tes roses ces deux globes que tu aimes tant.

PÂRIS, *en rougissant*. Ne les livres-tu qu'à l'action de mes roses ?

VÉNUS. Je ne te comprends pas.

PÂRIS. Je t'ai dit, divine enchanteresse, que j'ai vu longtemps la même partie du corps de Minerve, exposée à un déluge de coups qui ne partaient pas d'un bouquet de roses : sa chair brune et vigoureuse n'en reçut aucune impression sensible : vaincu sur cette épreuve, à laquelle je ne m'attendais pas, je jetai le faisceau de branchages qui m'avait si mal servi, et, pour lui prouver à mon tour ma fermeté, je pris ce dard en main et la frappant...

VÉNUS. Mon ami, je te devine : cela est ingénieux : place-moi de la manière la plus favorable à tes désirs et fouette-moi vigoureusement avec ce dard ; j'ai été punie ainsi un jour par Mars, et je veux que cette charmante expérience soit répétée avec toi.

Pâris la dispose de manière que ses deux mains aient la terre pour point d'appui que ses cuisses entrouvertes reposent sur ses genoux, ensuite il la fouette avec son dard ; quand Vénus se doute, par la vivacité des coups, que le plaisir de son amant va s'éteindre, elle se relève.

Mon ami n'est-ce que cela ? C'est moi qui en ai donné l'idée à Mars.

PÂRIS. Tu n'y es pas tout à fait encore : l'arrivée de Junon me fit manquer mon expérience ; mais je la refis avec cette dernière, et elle fut sur le point de réussir.

VÉNUS. Comme tu me tourmentes, Pâris, avec tes délais !

PÂRIS. C'est que tu me tourmentes aussi, charmante amie, en différant de délier la ceinture des Grâces.

VÉNUS. Elle ne peut se délier, si je n'ai ton secret.

PARIS. Prête-toi encore un moment à mon illusion enchanteresse : j'ai dévoilé une partie de ton beau corps ; il faut que l'autre s'offre aussi toute nue à mes regards ; j'ai besoin pour dissiper tous les nuages, d'objets de comparaison.

Il la dévoile par devant le plus haut qu'il lui est possible et range cette partie de la robe transparente, sous le ruban de la ceinture ; bientôt il promène ses mains tour à tour sur l'un et l'autre charme secrets, les baise et les effleure tous de son dard.

Eh bien ! Vénus commence-t-elle à m'entendre ?

VÉNUS. Non, mais il est probable que l'histoire de la chute de Junon m'en dira davantage.

PÂRIS, *à part*. Je ne sais, mais je trouve des charmes inexprimables à la voir prolonger son incrédulité... Pour venir à bout de fouetter Junon avec mes roses, j'eus besoin de lui parler des infidélités de Jupiter : la première qui me vint dans l'idée, fût celle de ses amours avec Ganymède.

VÉNUS. Eh bien !...

PÂRIS. Vénus se doute peut-être de l'espèce de plaisir...

VÉNUS. Je ne lui en ai appris aucun, dont son cœur ne lui eût inspiré l'usage ; on m'a dit que ce Ganymède était une espèce d'hermaphrodite : comme il avait deux sexes, il servait comme homme à la table des dieux, et comme femme il s'introduisait dans le lit de Jupiter.

PÂRIS. Jupiter ne croyait pas tout à fait cela et Jupiter est un peu connaisseur ; quoiqu'il en soit, je trouvai charmant de faire de Junon un second Ganymède et d'essayer... achèverai-je ?

VÉNUS. Comme tu irrites mon envieuse impatience !

PÂRIS. Ainsi tu me pardonneras ?

VÉNUS. Oh ! ne t'ai-je pas déjà pardonné des témérités, bien plus grandes peut-être que toutes celles que tu as à m'apprendre ?

PÂRIS. Scelle donc mon pardon d'avance du plus ardent des baisers... *(Vénus lui donne le baiser de l'amour.)* Maintenant que je suis dans le délire, pose les deux mains à terre, ainsi que l'a fait Junon, qui était nue comme toi, laisse-moi écarter tes cuisses et tiens-toi parfaitement ferme dans cette attitude... l'éloquence muette de mon dard t'instruira du reste.

Il écarte doucement les deux globes et tâche d'entrouvrir l'ouverture.

VÉNUS. Pâris, tu te trompes : ce n'est pas là que ton dard doit frapper.

PÂRIS. Je ne me trompe pas : il n'y a point ici de serrure.

VÉNUS. Tu offenses mon sexe.

PÂRIS. C'est ainsi que Junon se laissait offenser et il fallait qu'elle y trouvât du plaisir, puisque malgré la grosseur de mon dard et la petitesse de l'ouverture, il entra de plus d'un pouce ; je jugeai du succès de l'expérience, par la vivacité avec laquelle cette femme si froide s'agitait voluptueusement sous le trait enflammé qui la déchirait.

VÉNUS. Quoi ! la délicate Junon souffrait avec délices ces douloureuses atteintes !

PÂRIS. Que veux-tu ? c'était sa seconde virginité... mais je vois que tu souffres... tu mords la terre qui te soutient ; cependant tu ne déranges pas ton attitude... ô femme forte... encore quelques coups... âme de ma vie...

VÉNUS. Je n'en puis plus... je sens que je succombe... *(Pâris retire son dard, Vénus se relève et se jette à son cou.)* Mon ami, quoi c'est toi qui te détaches le premier, tu sacrifies ton plaisir à ma délicatesse : ah ! voilà la preuve que j'ai de ton cœur ; je ne dois pas être ingrate, – écoute ; j'ai montré du courage, mais je n'ai point été heureuse ; je ne crois pas qu'il y ait de la félicité à contrarier la nature... cependant, j'aurai la force de m'immoler pour toi ; retardons cette expérience, afin que j'aie le temps de m'y préparer ; mais je mets une condition à ce grand sacrifice : promets-moi de la remplir.

PÂRIS. Je le jure, et cette grotte des amours, que recèle la ceinture des Grâces, est l'autel qui reçoit mon serment.

VÉNUS. Je suis satisfaite : je vais sous le berceau délier ma ceinture ; – au moment solennel où tu prononceras ton jugement, il faut que ton dard pénètre avec force dans cette ouverture que ma flamme avoue, et si je suis proclamée la plus belle, ma seconde virginité sera ta récompense.

PÂRIS. Je meurs déjà de volupté à tes genoux.

VÉNUS. Maintenant, voici ma condition : tu ne te permettras que six secousses, que je compterai, si je le puis du moins, dans l'ouverture de ta Vénus, ensuite six autres dans celle de Ganymède : après quoi tu pèseras une minute en silence les deux félicités ; et c'est dans l'ouverture, qui aura le plus fait tressaillir ton âme et tes sens, que tu achèveras à ton gré le sacrifice.

PÂRIS.[245] Ah ! je te pardonne déjà...

VÉNUS. Arrête, – le moment n'est pas arrivé, il faut que mon triomphe [soit] en présence de mes rivales.

PÂRIS. Mais comment veux-tu que je prononce en te baisant si énergiquement devant elles ?

VÉNUS. J'ai une juste vengeance à exercer et il faut que tu te prêtes à mon espièglerie.

PÂRIS. Eh ! comment ne m'y prêterais-je pas ? Est-ce que dans l'ivresse où je suis, je vois autre chose que ma Vénus dans l'univers ?

VÉNUS. Minerve et Junon, que tu as fait passer, malgré leur pruderie, par tant d'épreuves amoureuses, se douteront bien, quand tu m'adjugeras la pomme, du prix avec lequel je l'ai achetée, elles sont jalouses, vindicatives et surtout bavardes ; elles m'ont déjà singulièrement maltraitée dans ton esprit, du moment qu'elles seront sûres de mon triomphe, elles vont remplir la terre et l'Olympe de leurs médisances, et le bruit en viendra peut-être jusqu'aux oreilles de Jupiter : il faut les forcer au secret, en les rendant souverainement ridicules ; j'ai à cet effet arrangé dans ma tête une délicieuse méchanceté, que Momus le dieu de la folie ne désavouerait pas.

PÂRIS. Fort bien : mais n'appréhendes-tu pas que le tableau de cette méchanceté ne me rende un peu froid, à l'époque critique où j'entrerai en vainqueur dans les deux charmes secrets que tu m'as promis d'abandonner ?

---

[245] Rayé : Je meurs déjà de volupté à tes genoux. VÉNUS. Maintenant, voici ma condition : tu ne te permettras

VÉNUS. Au contraire, ce tableau doublera tes forces ; car il entre dans mon plan, que lorsque je t'ouvrirai la grotte mystérieuse de l'amour, je serai à demi voilée par une gaze transparente, tandis que mes deux rivales se montreront dans une parfaite nudité... mais j'entends du bruit du côté d'une des grottes : c'est Minerve, qui s'approche vêtue, à ce qu'il me semble, très à la légère... Mais je vois en rougissant que je suis encore plus nue que cette déesse de la guerre et des arts... viens avec célérité avec moi dans le berceau où je vais préparer toutes les machines du dénouement. Je t'expliquerai tout ; pendant ce temps-là tu ne resteras pas oisif et tu m'aideras à trouver le secret de ma serrure.

PÂRIS, *la fouettant doucement avec la main.* Tu es d'une folie admirable.

Scène IX

MINERVE. Où est donc Pâris ? voici le moment où il doit adjuger le prix de la beauté, sans l'apparition inattendue de Junon, je crois que je l'aurai acheté : du moins je l'ai vu violemment épris de la fermeté de mes charmes.

Vénus et Pâris paraissent un moment à l'entrée du berceau écoutant mystérieusement.

Il est vrai que, dans son ardente témérité, il a été un moment sur le point de les profaner ; mais je livrerai à ses baisers cette gorge de marbre, je lui dévoilerais cet asile jusqu'ici impénétrable des amours, et je le ramènerai à la nature... Oh ! qu'il me tarde de le voir !... d'introduire de ma main son dard brûlant... Mais où ?... eh bien ! où il voudra... il faut que je triomphe de mes rivales, et peu m'importe la perte de mes virginités.

Scène X

Pâris et Minerve

PÂRIS. Viens, la plus céleste des brunes, que j'achève ce que j'avais si voluptueusement commencé, nous sommes seuls, et je veux te faire la plus heureuse des espiègleries. *(Il lui donne sur la bouche un baiser de feu.)*

MINERVE. Comme vous débutez, Pâris ! où est donc cette réserve avec laquelle vous aviez commencé ma conquête ?

PÂRIS. Charmante Minerve, l'instant du jugement approche ; je n'ai que quelques minutes pour apprécier tes charmes, pour te donner des droits à mon suffrage... Choisis... veux-tu te livrer toute entière à moi... ou bien...

MINERVE. Eh ! Suis-je la maîtresse, après m'être déjà exposée à demi nue à toutes vos témérités, de mettre un frein à la fougue de vos désirs ? Voyez par ce voile léger que repousse mon sein, si je ne vais pas au-devant de ma défaite.

PÂRIS. Combien je sais gré à Minerve de cette attention délicate !... *(il écarte le voile)* Quelle gorge ! combien elle est élastique, comme elle rebondit la main qui la presse !

Il la fait asseoir sur ses genoux ; et pendant qu'une main folâtre sur la gorge qu'il découvre entièrement, l'autre se glisse sous la robe légère ; la déesse ne s'en aperçoit que quand sa cuisse est tout à fait nue, et que le taillis qui entoure la grotte mystérieuse de l'amour s'offre tout entier aux regards ivres de désirs du berger du mont Ida.

MINERVE. Pâris, arrêtez, – j'ai fermé les yeux sur la hardiesse, avec laquelle vous avez parcouru mon sein, parce que j'avais intérêt à vous convaincre de toute sa fermeté ; mais ici cette fermeté n'est plus un attrait ; c'est la difficulté de pénétrer dans le sanctuaire des amours, qui constitue le chef-d'œuvre de la nature, et, à cet égard, grâce à ma virginité, je puis, sans péril, défier mes rivales.

PÂRIS. Ah ! nous la verrons cette virginité, ce n'est qu'à l'essai que le connaisseur peut en juger, n'est-ce pas ?

MINERVE, *avec une pudeur étudiée.* Je ne sais : mais vous me demandez des choses, qu'il m'est difficile d'entendre... cependant, je sens tout le prix de ce que je vais vous devoir... Pâris, pour cacher la rougeur qui me trahit... embrassez-moi.

Il la fait rester sur ses genoux, et après l'avoir tout à fait dévoilée jusqu'au-dessus de la ceinture ; après avoir pressé ses cuisses vigoureuses, et imprimé un baiser ardent sur le taillis de sa grotte, voyant que son sein palpite avec plus de force, qu'elle écarte ses jambes et semble lui indiquer la route ; il ramène tout d'un coup la robe à ses pieds.

PÂRIS. Eh bien ! séduisante Minerve, malgré le spectacle qui m'enflamme, je vous obéirai ; ma main en ce moment ne profanera plus des charmes, qui n'ont pas pour attribut la fermeté ; mais du moins, il me sera permis de la promener d'un autre côté sur des attraits, qui le disputent à votre gorge en élasticité, et que mes yeux seuls ont pu apprécier dans ma première expérience... étendez-vous un moment sur mes genoux, le visage tourné vers la terre ; et en vous dévoilant sans réserve ne me laissez perdre aucune des perfections dont je veux jouir.

L'immortelle, malgré sa hauteur, exécute l'ordre avec la plus rigoureuse ponctualité ; son charme secret paraît avec tous ses accessoires ; Pâris presse en tous sens les deux globes, les pétrit pour ainsi dire, de ses mains ardentes, les tourmente : Minerve reste immobile et ne donne pas le plus léger signe d'émotion.

Tant de fermeté de la part de ces globes m'épouvante ; mais je vais les mettre à une plus rude épreuve... je veux répéter l'expérience du faisceau des branches, et le faisceau sera dégarni de ses feuilles, pour ne point affaiblir ses atteintes : Minerve consent-elle à cette dernière tentative sur son courage ?

MINERVE. Je voulais, Pâris, vous la proposer, il ne faut pas que vous adjugiez le prix sans être bien convaincu de la supériorité.

PÂRIS. Incomparable Minerve, quel ascendant vous prenez sur moi ! Quel titre vous acquérez... à ma charmante espièglerie !... Mais d'après les droits que vous me donnez, il ne faut pas que je vous ménage : les voiles qui vous couvrent ne doivent pas en retombant faire porter à faux les coups dont je dois vous frapper : croyez-moi, pendant que je vais sous ce berceaux, arranger l'instrument de vos héroïques souffrances, dépouillez-vous avec célérité (car les moments nous sont chers) d'importuns vêtements qui gêneraient une expérience bien délicate, sans doute, mais dont votre félicité dépend... et peut-être la mienne... cédez à mon invitation sans scrupule, et faites, je vous en conjure, que mon imagination n'ait plus rien à désirer.

Pâris entre dans le berceau et arrange avec Vénus qui sourit malignement, le faisceau mystérieux ; pendant ce temps-là Minerve jette le voile qui couvrait son sein ; et après un moment d'incertitude, se défait d'une première tunique, délie la ceinture qui retenait le vêtement intérieur et reste avec la dernière gaze transparente qui empêche de la voir dans une parfaite nudité : Pâris reparaît son faisceau à la main.

Je vois à la docilité de Minerve, combien elle cherche à plaire à son juge.

Il l'embrasse, manie son sein et passe une main ardente sous son dernier voile pour frapper avec volupté ses deux globes.

Mais charmante immortelle, je m'aperçois que ce dernier voile m'empêchera de voir la plus belle chute de reins, les plus belles proportions de ton dos ; or il faut que je juge dans tous ces attraits… que je les punisse peut-être d'être voisins des deux globes uniques que je dois frapper… crois-moi, achève de te montrer, dans toute la perfection de la nature.

MINERVE. Oh ! non, j'aime mieux perdre avec Pâris ma virginité.

PÂRIS, *à demi-voix.* Être céleste, tu les perdras toutes deux, et cependant tu vas paraître toute nue devant moi. *(Il lui enlève le dernier voile sans qu'elle fasse même une demi-résistance.)*

MINERVE. Ô ciel ! si un immortel me voyait !… je ne puis sans honte me regarder moi-même

PÂRIS. Tu as raison : il faut épargner à ta pudeur le spectacle de tant de sacrifices ; tu n'en seras que plus belle aux yeux de ton vainqueur.

Il ramasse le voile qui couvrait le sein de Minerve, et s'en sert pour lui bander les yeux : ensuite il prend tous les vêtements de la déesse et les porte mystérieusement dans le berceau.

MINERVE. Où suis-je ? je n'entends plus personne… Pâris, en quel état abandonnes-tu ta victime ?

PÂRIS. T'abandonner, être céleste ! quand je vais doublement jouir de toi.

MINERVE. Ô ciel ! qu'entend Pâris avec cette double jouissance ? il me met toute en feu.

PÂRIS. N'as-tu pas une double virginité ? *(Il l'accable de baisers pour l'empêcher de répondre.)* Mais commençons les apprêts de ton sanglant et magnanime sacrifice… suis-moi à l'autel où je demande la permission de t'attacher.

Il la mène toujours les yeux bandés vis-à-vis le berceau, la fait

mettre à genoux sur un banc de verdure adossé à un arbre ; il lui attache les mains autour du tronc avec un ruban de sa ceinture ; quand il s'est assuré que sa victime ne peut détacher ni ses mains ni son bandeau, il soulève l'immortelle du banc où elle est à genoux, s'assied à la place, et, après avoir baisé avec feu son charme[246] antérieur, y introduit par gradation son petit doigt : il a beaucoup de peine à s'y frayer une route, Minerve commence à perdre son insensibilité, alors le berger du mont Ida la replace à genoux, va écarter doucement ses deux globes qu'il veut de nouveau fouetter et introduit dans l'intervalle son troisième doigt qu'il enfonce avec ménagement jusqu'au bout ; Minerve tressaillit. Pâris le retire, se relève et va chercher dans le berceau Vénus qui s'amusait à former un second faisceau de bois épineux, il l'amène auprès de Minerve, en lui posant le doigt sur la bouche, afin de lui recommander un silence absolu ; et se place de façon à ce que la victime ne perde aucun des coups qu'il doit lui adresser.

J'ai montré à la charmante Minerve en quoi consistait ces deux virginités… maintenant il faut savoir si elle est digne par son indomptable courage de les perdre… est-elle bien déterminée si je suis vainqueur dans ce sacrifice à me les abandonner ?

MINERVE. Eh ! ne suis je pas au pouvoir de Pâris ? lui ai-je résisté tout à l'heure, dans sa double expérience ? vaincue, il est maître de moi… victorieuse… il faudra bien que je me pique de générosité.

Pâris commence à fouetter d'abord doucement, ensuite par gradation, il va jusqu'au point où les deux globes font un petit mouvement d'ondulation ; Minerve reste immobile ; Vénus fait signe de frapper tout le corps, depuis les jambes jusque vers le cou ; un peu de rougeur paraît sur la chute des reins : mais la déesse montre plus de force dans la résistance que Pâris dans l'attaque ; Vénus paraît un peu dépitée.

Eh bien ! suis-je digne de la pomme ? Quelle est l'immortelle qui peut lutter avec moi, en appas robustes, en belles proportions et en fermeté ? est-ce la blonde Junon, que Jupiter met en sang en la fouettant avec des fleurs ? est-ce cette Vénus efféminée, qui promène de Paphos[247] à Amathonte et

---

[246] Rayé : secret

[247] « Ville de l'île de Chypre. […] Cette ville était plus particulièrement consacrée

d'Amathonte à Cythère ses appas flétris par d'innombrables jouissances ? Qu'elle vienne si elle l'ose, cette prétendue déesse de la beauté, à ce même autel où je m'offre en sacrifice : elle vous demandera grâce, si vous la fouettez seulement avec des roses : c'est un charmant enfant, si vous voulez, mais meilleure à se faire contempler qu'à apprendre à jouir.

Vénus fait signe qu'elle se vengera et indique à Pâris par un geste, comment il doit placer sa victime.

PÂRIS. Belle Minerve, vous avez surpassé mon attente, je suis vaincu deux fois : il ne me reste plus qu'une dernière expérience à tenter : mais je vous préviens qu'elle sera douloureuse : c'est avec un bois épineux que je vais l'entreprendre. Je commence d'abord à changer votre attitude, les coups atteignent mal dans une position verticale : laissez-moi vous arranger au gré de votre courage et de ma volupté.

Pâris la détache, la couche horizontalement sur le lit de verdure, et lie ses mains à un arbre, sur lequel sa tête repose : c'est Vénus qui se charge du sacrifice ; elle frappe avec force du faisceau de bois épineux, qui après quelques minutes, fait vibrer et onduler les deux globes vivants ; elle poursuit avec violence. Minerve s'agite comme pour repousser la main qui la frappe, il lui échappe quelques cris inarticulés ; la déesse continue à frapper avec emportement, la douleur fait retourner Minerve, qui présente aux coups ses charmes antérieurs, sa rivale égarée la frappe avec violence à l'entrée de la grotte des amours, un peu de sang coule de la blessure.

MINERVE. Pâris, je succombe, et je demande grâce… ah ! satisfais plutôt tes désirs impétueux et ravis-moi mes deux virginités.

Pâris à genoux devant Vénus, lui demande par un coup d'œil expressif la permission d'en prendre une et celle-ci consente à la jouissance défendue.

PÂRIS. Céleste Minerve, je suis honteux de ma victoire ; mais la manière dont vous vous êtes défendue est elle-même un triomphe : j'en sais assez pour hommage à votre incomparable fermeté ; quant aux droits que vous me donnez, je ne veux

---

à Vénus que le reste de l'île. Le temple qui y était bâti en son honneur, était de la plus grande magnificence » ('Paphos', *Encyclopédie*, XI, pp. 845-46).

point en abuser ; je réserve la première virginité pour le moment critique où je serai digne de conquérir, et en vertu de ma victoire, je me contente de la seconde ; ranimez tout votre courage, car vous ne sortirez pas de l'autel que je ne l'aie enlevée.

MINERVE. Dieux ! comme Pâris me fait rougir ! ah ! si mes mains étaient libres...

PÂRIS. Je vais en détacher une : un sacrifice tout à fait involontaire répugnerait à ma délicatesse. *(Il délie sa main droite et laisse la gauche très flottante, afin de ne point gêner la liberté des mouvements.)* Belle Minerve tout vainqueur que je suis, je vous remets ma destinée... j'approcherai votre main du dard qui doit vous immoler, si vous le placez vous-même à l'endroit qu'il doit percer, si vous favorisez par de légers mouvements ses secousses, je triomphe, et vous n'êtes plus vierge ; si vous le rejetez avec dédain, je me retire convaincu que je ne mérite que votre haine, et je vais me jeter dans les bras de Vénus, qui ne se laisserait pas sans doute ensanglanter comme vous à l'autel, mais qui, dit-on, au ciel et sur la terre, sait aimer, jouir et rendre heureux.

MINERVE. Ah ! Pâris, ne me parlez pas de Vénus... Voilà donc votre dard !... dieux ! c'est du marbre que je touche : n'importe, il faut qu'il pénètre jusqu'au fond de mes entrailles... le voilà placé à l'entrée... écartez vous-même les obstacles qui le gênent... fort bien : ma main ne le quittera pas qu'il n'ait commencé à se frayer une route... allez d'abord doucement... redoublez par degrés vos secousses... le voilà entré... ciel que je souffre !... n'importe je vous en conjure moi-même, ne me ménagez pas... ensanglantez s'il le faut cette victime que je livre à vos coups... ô dieux ! quelle impétuosité !... ce mal... ce mal terrible... commence cependant à me faire quelque bien.

Vénus assise à l'extrémité du lit de verdure, et qui observait tout avec un intérêt plus grand que celui de sa curiosité, voyant que sa rivale avait une sorte de plaisir et que son vainqueur le goûtait avec délices, saisit tout d'un coup le dard, l'arrache de l'asile qu'il parcourait, le baise avec transport, et se sauve en souriant dans le berceau.

Quoi ! le pontife se retire au moment où j'étais le plus dévouée ! j'attendais du moins, pour apaiser mon feu dévorant, quelques libations après le sacrifice.

PÂRIS. Charmante victime, laisse-moi encore quelques désirs : tu y gagneras peut-être. *(Il la détache tout à fait et la couvre partout de baisers.)*

MINERVE. Maintenant, Pâris, va me rendre mes vêtements sans doute.

PÂRIS. Je ne puis te dissimuler, qu'ils te sont parfaitement inutiles : ils me gêneraient dans ma dernière expérience, lorsque je prononcerai entre les trois déesses.

MINERVE. Que dis-tu ? m'exposer toute nue aux[248] regards de mes rivales ? J'en mourrais de honte et de douleur.

PÂRIS. Mais, si elles sont dans le même état lorsque j'adjugerai la pomme...

MINERVE. Nos yeux resteront donc bandés pendant l'expérience ?

PÂRIS. Sans doute.

MINERVE. Je ne comprends rien à une pareille énigme.

PÂRIS. Voici l'arrêt tel qu'il est écrit dans le livre du destin : il faut que je prononce ces mots sacrés : L'immortelle que je baise est celle à qui j'adjuge le prix de la beauté, au moment où cet oracle sera prononcé, chacune des déesses détachera son bandeau, et celle qui aura vaincu emportera la pomme d'or.

MINERVE. Et il ne s'agira alors que de ma première virginité.

PÂRIS. Sans doute charmante déesse : car déjà tu n'as plus la seconde.

MINERVE. Allons : il faut bien se résigner... qu'est-ce que la chimère des deux virginités, en comparaison d'une pomme d'or ?

PÂRIS. Je vais te conduire telle que tu es, dans une grotte inaccessible à tous les regards ; et à l'instant critique je viendrai te chercher, pour replacer ici sur le trône du plaisir.

MINERVE. Et mes rivales y seront aussi ?

PÂRIS. Je te l'ai déjà dit : elles y seront toutes deux, assises sur un siège pareil, les yeux bandés comme toi et dans une parfaite nudité.

MINERVE. Quel spectacle pour tes regards embrasés !

---

[248] Rayé : yeux

PÂRIS. Je te recommande surtout, si c'est à toi que je ravis le plus précieux des pucelages, de ne pas prononcer un seul mot, de ne pas faire le plus léger mouvement ; tu serais perdue et moi aussi ; si tes rivales se doutaient de quelque préférence ; il ne faut pas même prendre le trait enflammé dans ta main. Seul je ferai tout : je pénétrerai en vainqueur, jusqu'au fond de la grotte enchantée : j'y ferai à petit bruit tout le ravage que m'indiquera la pente du plaisir, et toi tu souffriras, tu jouiras en silence, comme si tu étais un marbre inanimé.

MINERVE. Il me semble que j'ai donné assez de preuves de courage, soit quand tu m'as frappée avec ton bois épineux, soit quand tu m'as enlevé mon second pucelage... mais je réfléchis à une chose : tu n'auras sans doute que quelques moments à donner à une expérience aussi délicate... si tu t'agitais trop voluptueusement pour pénétrer dans ce sanctuaire de l'amour, si tu ne pouvais qu'à force de secousses violentes et trop souvent répétées, forcer cet étroit passage.

PÂRIS, *à part.* Elle a raison, et voilà un prétexte pour une autre charmante espièglerie : tâchons de nous dérober aux regards vigilants de Vénus... *(Il mène Minerve à l'écart.)* Je sens comme toi, ma céleste Minerve, que pour prévenir un inconvénient aussi grave, il semble peut-être à propos de préparer l'expérience, en frayant un peu la route : mais que veux-tu ? la loi m'est imposée de ne te faire cesser d'être vraiment vierge qu'au moment du sacrifice... écoute, je me suis un peu fatigué à te frapper avec le faisceau de branchages, à pénétrer dans le second de tes charmes secrets : je vais me reposer une minute : et toi tu vas t'asseoir sur moi, dans une certaine attitude, et ton intelligence fera le reste. *(Il s'assied et place Minerve sur lui face à face et en écartant ses cuisses.)*

MINERVE. Oh ! la charmante position !... je puis donc à mon tour, te donner un baiser de feu, promener ma main sur ton sein et saisir ton dard... tu ne fais aucun mouvement, tant mieux : tu me désignes le rôle que je dois jouer : continue... fais un moment le personnage de Minerve et je vais faire celui de Pâris... Mais comme ce dard grossit sous ma main !... essayons de me percer moi-même.

Elle dirige avec adresse la pointe du dard sur les lèvres qu'elle entrouvre : vaine tentative pour se dépuceler : le dard devient de granit, une première secousse est plus heureuse, à la seconde, il

pénètre d'un pouce dans la blessure, la déesse ne se possède plus ;
malgré les plus vives douleurs, elle redouble d'impétuosité et enfin
le dard disparaît tout entier : Pâris qui craint le dénouement fait
un mouvement léger pour se retirer ; Minerve, en lui passant les
bras fortement autour du corps le retient : heureusement, on
entend du bruit autour du berceau, Pâris se détache et conduit la
victime à l'entrée de la grotte – signe qui fait entendre combien il
regrette de voir cette touchante Minerve dont il a doublement joui,
dupe parfaitement de ses espiègleries.

Scène XI

VÉNUS. Pâris est bien longtemps avec ma rivale : peut-être vaut-il
tenter un second triomphe ; mais au fond je lui pardonne :
cette Minerve avec ses mâles et robustes attraits est bien
tentante – elle avait vraiment ses deux pucelages –
heureusement, je sais un peu mieux qu'elle l'art de multiplier
les jouissances – d'ailleurs, si je n'ai plus, depuis longtemps,
la plus pure et la plus précieuse de mes virginités, je connais
parfaitement l'art heureux de la renouveler.

Scène XII

Pâris, Vénus

PÂRIS. Me voici enfin : j'ai eu beaucoup de peine à me débarrasser
des caresses de cette vigoureuse Amazone, pour voler dans tes
bras… Sais-tu, ma Vénus, que si elle n'avait pas dit du mal de
toi, elle aurait singulièrement gagné dans mon esprit, par cette
seconde expérience : au reste, tu t'es cruellement vengée.

VÉNUS. Que veux-tu ? mon imagination à sa vue était
singulièrement échauffée. Elle attaquait à la fois l'amour et
l'amour-propre : je lui ai prouvé enfin qu'elle n'était pas
invulnérable : mais je suis bonne au fond, et je ne lui veux
plus de mal.

PÂRIS. C'est à ton ingénieuse complaisance, Vénus que je dois de
l'avoir instruite du secret de sa seconde virginité.

VÉNUS. Et véritablement tu ne lui en as ravi qu'une.

PÂRIS. Âme de ma vie, et tu croirais…

VÉNUS. Voyons-en la preuve. *(Elle saisit son dard et le voit toujours prêt à faire de nouvelles blessures.)* Je suis contente du moins de ce que tu t'es réservé pour moi.

PÂRIS. Ah ! Si je ne voyais pas entrer Junon, je t'en donnerais la preuve à l'instant.

Vénus se sauve avec légèreté dans le berceau.

Scène XIII

Junon, Pâris

JUNON. Voici l'heure indiquée par Pâris, pour adjuger la pomme, – je viens savoir de mon juge s'il a encore quelque éclaircissement à me demander.

PÂRIS. Eh ! oui, douce et charmante immortelle ; ces éclaircissements mêmes sont tels, que d'eux dépend notre destinée ; et d'abord, êtes-vous bien déterminée à exécuter docilement tous les ordres que ma reconnaissance pour vos bontés vous donnera ?

JUNON. Il me semble que mes dernières faveurs en sont le gage.

PÂRIS. Ces faveurs n'ont été que dérobées ; d'ailleurs, elles n'ont pas été entières ; mais vous êtes si douce, vous avez tant d'envie de conquérir mon cœur, que dans ce moment où nous sommes seuls... oui parfaitement seuls... vous ne me refuserez rien.

JUNON. Voyez à cette gaze légère qui me couvre, à l'oubli volontaire de ma ceinture, aux palpitations de cette gorge entrouverte, si j'ai envie de vous refuser quelque chose.

PÂRIS. Il est vrai que ce désordre de votre vêtement a quelque chose de bien voluptueux ; mais une demi-nudité ne suffit ni à l'impétuosité de mes désirs, ni au succès de notre dernière expérience ; chère Junon, il faut que tous les voiles tombent à l'instant, afin que je voie sans aucun obstacle, vos charmes secrets, que je les essaie... et vous resterez ainsi en proie à mes regards, jusqu'à ce que je prononce mon jugement qui sera énoncé ainsi : l'immortelle que je baise, est celle à qui j'adjuge le prix de la beauté : or vous sentez bien, que je ne puis baiser ma favorite devant[249] ses rivales, si le plus léger voile fascine mes yeux et glace mes sens.

JUNON. Quoi toutes trois, nous serons alors sans vêtements ?

PÂRIS. Sans doute, mais tranquillisez-vous : toutes trois aussi, vous aurez les yeux bandés : et ce n'est que quand j'aurai été parfaitement heureux, que les bandeaux tomberont, pour voir qui a la pomme.

JUNON. Voilà une étrange mode de jugement... eh bien ! qu'attend Pâris, pour faire tomber[250] les voiles qui l'importunent ?

PÂRIS. Pardon ; mais il est aussi écrit dans le ciel que je ne me mêlerai de rien, si ce n'est de bander les yeux de ma victime : elle seule doit se mettre parfaitement nue ; et maintenant qu'elle est instruite de tout, elle va chercher par l'industrie la plus ingénieuse à me faire concourir à essayer ses deux virginités... Voilà vos yeux bandés avec soin... commencez votre rôle charmant... fort bien... il n'y a plus de voile sur ce beau sein que mes yeux peuvent dévorer... vous défaites avec beaucoup d'adresse les rubans qui retiennent votre robe flottante... courage, laissez tomber à vos pieds ce dernier voile... vous voilà dans la nudité la plus complète... maintenant je vais [vous] placer sur un lit de verdure, qui est vis-à-vis un berceau... je me placerai à vos côtés, et certaine de mon obéissance passive, vous ferez de moi tout ce que votre intelligence aidée par l'amour vous suggéra.

Vénus s'approche et sourit de la docilité de Junon.

JUNON. Me voilà donc armée de la toute-puissance de l'amour ! eh bien ! je vais en user : j'exige que vous vous prêtiez à tous mes caprices, et pour vous ôter la volonté de me désobéir, je vous défends de me parler.

PÂRIS. Je jure d'être jusqu'à la fin de l'épreuve l'instrument servile de vos volontés.

JUNON. Fort bien : étendez-vous sur ce lit de verdure, et ne faites aucun mouvement ; je vais tenter la première expérience, c'est celle où je mettrai le moins de maladresse.

Elle délie à tâtons la ceinture de Pâris, relève son dernier vêtement

[249] Rayé : mes

[250] Rayé : leur

et s'assied sur ses genoux ; ensuite, elle cherche son dard, qui prend son ressort sous sa main industrieuse et le dirige contre son charme secret ; Vénus paraît inquiète. Le dard d'abord s'égare, Junon a la complaisance de le ramener dans sa route ; il pénètre graduellement et sans trop de peine jusqu'au fond. Junon se pâme de plaisir ; Vénus fait signe à Pâris de se retirer ; celui-ci désobéit et se livre à quelques mouvements de volupté ; alors la déesse de la beauté l'arrache de dessous sa rivale, et le menace par un signe expressif de se venger.

Voilà donc ce que Pâris me fera quand il sera sur le point d'adjuger le prix... oh ! le sacrifice ne sera pas sanglant, et m'y voilà toute préparée... maintenant il s'agit de la virginité que j'ai de commun avec Ganymède ; il faut, me disiez-vous il y a quelques heures, préparer l'expérience, en fouettant avec volupté ce qu'on aime : berger du mont Ida, donnez-moi un faisceau ; je vais le promener au hasard sur ce beau corps, qu'il m'est défendu de voir... tendez-le-moi à l'instant.

Pâris veut présenter le bouquet de roses : Vénus repousse la main et tend le faisceau de bois épineux ; Junon frappe Pâris graduellement et Vénus tient elle-même le corps de la victime dans la direction des coups : Junon s'anime et Pâris, la peau plus que vermeille, ne pouvant plus résister, demande de l'œil en pleurs, grâce à Vénus qui détourne le faisceau ; Junon le rejette loin d'elle.

Je vois à ce mouvement, que je vous ai mis assez en feu pour bien jouer le rôle de Jupiter : maintenant je vais continuer celui de Ganymède... relevez-vous beau Pâris... à présent je me place dans l'attitude que vous m'avez enseignée... voilà votre dard que je dirige moi-même à l'entrée de la nouvelle route qu'il doit parcourir ; enfoncez-le, malgré mes plaintes et mes avis jusqu'à l'extrémité, et quand il sera maître de la place, sachez l'y maintenir par le nombre des secousses que vous jugerez à propos.

Pâris par un regard ardent demande permission à Vénus qui y consent avec un sourire, et lui montre ses cinq doigts pour lui désigner le nombre des secousses ; Pâris se met avec feu à l'ouvrage, Junon soupire, se permet des sanglots étouffés, mais ne quitte pas le champ de bataille, au bout d'une minute le pucelage est conquis. Vénus compte des mouvements et après le cinquième, elle délie la victime, qui tombe à demi pâmée sur le lit de verdure,

Vénus va chercher les vêtements de Junon, et se retire sous le berceau.

PÂRIS. Charmante Junon, je te remercie… voilà une virginité qui grâce à tes prévenances délicates, m'a moins coûté à conquérir que celle de Minerve.

JUNON. Je m'en doutais… mais celle de Vénus.

PÂRIS. Elle l'a encore : il est impossible à cet égard de la subjuguer.

JUNON. Quoi ! cette beauté si facile, qui jamais ne refusa rien à personne, a mécontenté son juge ! tant mieux ! elle n'aura pas la pomme, et c'est la seule rivale que je redoutais.

PÂRIS. Maintenant que toutes les pièces du procès ont été entre mes mains, le jugement ne tardera pas à être prononcé : belle Junon asseyez-vous sur ce siège élevé, écartez avec soins vos jambes ; et présentez bien la grotte de l'amour à l'ennemi charmant qui doit y entrer en vainqueur, que vos mains restent captives sous vous : surtout gardez un silence absolu, et ne faites pas le plus léger mouvement, jusqu'à ce que le mot solennel soit prononcé ; moi-même j'y mettrai tant de ménagement, que vous ne connaîtrez ma présence, que par la flèche qui doit percer votre sein ; attendez-moi quelques moments, je vais introduire vos deux rivales.

Il va chercher Minerve, l'embrasse sur les deux charmes secrets, et la place en silence sur un autre siège dans une attitude propre à remplir ses vues.

Scène XIV

Pâris et les trois déesses

Vénus vient avec une robe de gaze non fermée, et qui laisse à découvert sa gorge, et toute la partie antérieure de son corps ; elle remet à Pâris deux dards factices, pour en faire l'usage convenu entre eux, ensuite elle se place en silence sur le siège de milieu, et s'arrange dans la position la plus favorable à son vainqueur ; elle oint le dard d'une liqueur céleste et l'introduit elle-même… grâce aux soins ingénieux qu'elle a pris l'entrée est infiniment étroite ; et il faut à Pâris, presque autant de temps pour s'y frayer une route, que pour ôter la virginité à Minerve : enfin le dard arrive jusqu'au bout de la carrière : Pâris y entre en triomphe six fois de suite ; pendant ce temps-là il introduit le dard factice dans Junon et dans Minerve.

PÂRIS. L'immortelle que je baise est celle à qui j'adjuge le prix de la beauté.

MINERVE, *se dévoilant.* Pâris m'a baisé, et je suis la plus belle des déesses.

JUNON, *jetant son bandeau.* Le dard est encore dans mon sein et je triomphe de mes rivales.

VÉNUS. Non, c'est moi qui possède le vrai dard de l'amour, et seule, j'ai droit au prix de la beauté.

PÂRIS. Oui, c'est Vénus, qui seule m'a rendu vraiment heureux et c'est à elle que la pomme est adjugée.

Junon et Minerve n'avaient pas attendu ce moment pour s'apercevoir qu'elles n'avaient dans leur sein qu'un dard factice, et leur indignation profonde commençait à s'exhaler.)

MINERVE. Non, jamais l'amour pur ne subit une pareille offense.

PÂRIS. Un pouvoir invincible m'a subjugué : Minerve, je sens tout le prix de ta beauté… ferme un moment les yeux et pardonne-moi.

JUNON. Non, jamais l'enfer ne vit une pareille déloyauté.

PÂRIS. Céleste Junon, tu méritais un meilleur sort, frappe-moi de nouveau avec le faisceau d'épines.

MINERVE. Ô dieux ! nous sommes toutes nues devant cet homme !

VÉNUS. Ajoutez ; et qui vous a subjuguées.

MINERVE. Traître, rends-moi ma lance, je veux m'en servir à anéantir la tienne.

JUNON. Perfide, rends-moi ma foudre pour que ton corps entier disparaisse de dessus la terre.

VÉNUS. Ne rends rien, Pâris ; et surtout garde leurs vêtements, jusqu'à ce qu'elles aient capitulé sur la brèche avec leur vainqueur.

MINERVE. Comment ! cette Vénus, après avoir usurpé la pomme nous joue encore !

JUNON. Cette Vénus, qui pour triompher de nous a abjuré toute pudeur !

VÉNUS. Je ne décide pas qui de nous trois a fait divorce avec la pudeur ; mais je vois, du moins, que je suis un peu vêtue, et que Minerve et Junon se montrent à mes regards dans une parfaite nudité.

MINERVE. Combien de fois t'es-tu prostituée à Pâris ?

JUNON. Tu as offert, sans doute, à ce Phrygien efféminé, tes charmes flétris dont il aurait rougi de tenter la conquête.

VÉNUS. Altière Minerve, doucereuse Junon, je crois avoir résisté plus heureusement que vous ; car j'ai encore un de mes pucelages.

MINERVE. *à Junon qu'elle conduit dans l'avant-scène.* Ma chère Junon, on nous trahit, et Pâris a été indiscret ; nous sommes encore sous la puissance de notre ennemi, et d'un ennemi peut-être encore aimé, puisqu'il a dans ses mains nos armes et nos vêtements ; crois-moi : cette aventure va faire du bruit dans l'Olympe et nous serons couvertes de ridicule ; – faisons une paix de circonstance avec Pâris, pour nous venger de Vénus ; celle-ci a tout l'avantage sur nous, puisqu'elle est à demi vêtue, et qu'on ne l'a qu'à demi subjuguée ; tâchons de la rendre parfaitement semblable à nous pour la forcer au secret ; dépouillons-la de sa robe et faisons en sorte qu'elle perde sa seconde virginité ; si seulement Pâris peut être neutre nous remporterons une demi-victoire.

VÉNUS, *à part à Pâris.* Je crois deviner le complot qu'on trame contre moi ; je te promets de feindre, de conspirer avec mes rivales ; je me défendrai bien, et cette défense ajoutera à nos plaisirs.

Minerve et Junon appellent Pâris, et lui parlent à l'oreille ; celui-ci baise la main de l'une et se jette aux genoux de l'autre.

MINERVE, Pâris nous servira : Junon vengeons-nous.

Lutte des deux déesses pour dépouiller Vénus ; la robe disparaît ; la reine de Cythère toute nue, va se cacher derrière de jeunes arbres qui ne la voilent pas ; Minerve l'atteint malgré la légèreté de sa course et l'étend sur ses genoux ; Junon lui tient les mains et appelle Pâris.

JUNON. Monstre trop aimable, si tu veux faire subir à notre ennemie le sort de Ganymède, tu repars tes torts envers nous et tout t'est pardonné.

PÂRIS. Oh ! vous me procurez une conquête à laquelle je n'osais prétendre ; je me dévoue et je servirai une si douce vengeance.

Pâris se met en devoir, Minerve écarte elle-même l'ouverture et Junon place le dard à l'entrée ; mais Vénus se défend avec vigueur et se retourne sans cesse, pour diriger le trait où le véritable amour l'appelle ; à la fin Minerve s'assied sur la victime, la comprime de tout le poids de son corps et Junon attache ses deux mains très écartées à deux arbres divers ; la déesse des amours gémit. Pâris animé par le spectacle détruit tous les obstacles qu'il rencontre, conduit sa flèche jusqu'au bout de l'entrée défendue, et fier de sa victoire, à laquelle les deux immortelles applaudissent, compte à demi-voix les secousses qui lui sont permises ; après la sixième il détourne habilement son dard sans qu'on s'en aperçoive, soulève un peu Vénus, et le glisse dans le sanctuaire de l'amour.

VÉNUS, *enivrée de plaisirs*. Achève, Pâris… jamais je n'éprouverai une pareille ivresse… Oui, tu es dans la route de l'amour malgré mes impitoyables rivales ; poursuis ta brûlante carrière… inonde-moi d'un nectar supérieur à celui de Jupiter… il coule à grands flots… je suis doublement immortelle, et je me meurs…

Minerve cesse de comprimer le corps de Vénus ; celle-ci se retourne malgré les rubans qui retiennent ses mains captives et montre avec complaisance aux deux déesses, les feux liquides dont l'entrée de la grotte naturelle est encore inondée.

MINERVE. La cruelle ! elle a triomphé de nous deux fois, – cachons dans la nuit éternelle cette aventure. – Pâris rends-nous nos armes, ainsi que nos vêtements ; ce n'est pas toi que nous avons à maudire ; tu ne nous as trahies que parce que tu as voulu être heureux.

Fin du Jugement de Pâris[251]

---

[251] Manuscrit ajoute : et de la troisième partie

Dialogue érotique en seize couplets
Sur l'air de Mirza[252] avec une pantomime voluptueuse

A Paphos l'an 40,000 du règne de l'Amour.

Préface

Chaque strophe de cette folie érotique forme un dialogue, dont l'amant chante les deux premiers vers et l'amante les deux autres : ces derniers sont répétés deux fois, ainsi que l'exige l'air de *Mirza*, un air trop connu pour le noter dans un *Théâtre d'amour*.

Les deux interlocuteurs de ce dialogue amoureux furent dans l'origine, Sophie Arnould, la première actrice de l'Opéra, avant l'avènement de Madame Saint Huberty, morte épouse du chevalier d'Entraigues ;[253] et un chevalier de Malte qui se disait issu de ce fameux Grammont,[254] dont tous les gens de goût savent par cœur les *Mémoires*, et qui ayant enlevé dans Londres Mlle Hamilton oublia de l'épouser.[255]

Ce jeune Grammont avait vingt ans, était beau comme Alcibiade, et délicat comme on l'est dans une première conquête.

---

[252] Représenté pour la première fois le 18 novembre 1779, le ballet *Mirza* de Gossec « avait attiré la foule » (*Mémoires secrets*, 19 novembre 1779, XIV, p. 279), et Mlle Guimard joua le rôle principal « avec toute l'intelligence, toutes les grâces qui lui sont particulières » (*Mercure de France*, novembre 1779, p. 182). *Mirza* était « le triomphe de la carrière de Gossec. Quarante représentations se succéderont jusqu'en 1780 et atteindront un total de cent cinquante-huit séances en 1808 » (Claude Role, *François-Joseph Gossec (1734-1829)* [Paris : L'Harmattan, 2000], p. 117).

[253] Antoinette Cécile Saint-Huberty, née en 1756, épousa le royaliste comte d'Entraigues le 29 décembre 1790, et avec qui elle émigra à Lausanne. Ils s'établirent ensuite à Barnes, près de Londres, où le 22 juillet 1812 ils furent assassinés par leur domestique, qui se brûla la cervelle après; voir Edmond de Goncourt, *La Saint-Huberty d'après sa correspondance et ses papiers de famille* (Paris : Dentu, 1882). Cette référence nous permet donc de mieux dater le manuscrit, que Delisle doit avoir rédigé entre 1812 et sa mort en 1816. Pour un bon mot d'Arnould à propos de Mme Saint-Huberty, voir *Arnoldiana*, pp. 369-70.

[254] Philibert de Grammont (1621-1707).

[255] Le portrait d'Elizabeth Hamilton apparaît dans les *Mémoires du comte de Grammont*, éd. M. Auger, 2 tomes (Paris : Pourrat, 1832), II, pp. 2-3. Les deux frères de Mlle Hamilton rejoignirent Grammont lorsque celui-ci quittait Londres pour la France ; ils lui demandèrent s'il n'avait rien oublié, et Delisle fait allusion à sa réponse ; « Si fait, Messieurs : j'ai oublié d'épouser votre sœur » (*Mémoires*, I, p. viii).

Arnould, qui à ce que dit l'histoire du temps, n'eut jamais de pucelage, s'avisa pour subjuguer le chevalier, de s'en donner un ; ce qui parut un moment vraisemblable, parce que le jeune Grammont avait reçu d'une nature bienfaisante un dard d'une si énorme proportion, qu'il pouvait déchirer le bijou d'amour, même d'une fille de l'Opéra. – La scène se passa dans un repas donné chez Sophie Arnould où je me trouvai avec le prince d'Henain [sic], l'amant en titre de l'actrice, mais non l'amant en faveur, parce que la nature était loin de lui avoir donné le grand talent de l'Hercule-Adonis de vingt ans ; c'était même à cause de cette faiblesse d'organes, que le comte de Lauraguais,[256] l'amant en crédit, l'appelait dans son ingénieux persiflage, le prince conservateur ;[257] ce dialogue fut chanté pour la première fois, un jour où il y avait bal public à l'Opéra ; presque toute la compagnie se dispersa vers onze heures, avec promesse de se rassembler vers les deux heurs du matin, à la salle du bal.

Tous ces préliminaires sont nécessaires, pour l'intelligence de cette folie amoureuse, et surtout pour entendre le badinage ingénieux de Sophie qu'on lira peut-être avec quelque intérêt dans une postface. Il importe encore de savoir, pour ne rien perdre du sel de la narration enjouée de la coquette Arnould, que le chevalier, à sa première passion, et honteux comme on l'est dans une première jouissance, n'osa dans une assemblée qui lui était inconnue, chanter que les six premiers couplets, et encore en déguisant les noms des interlocuteurs.

Personnages

Sophie Arnould, Le chevalier de Grammont

La scène se passe, d'abord, dans la salle de bains de Sophie ; ensuite, au bal public de l'Opéra.

Sophie Arnould est occupée dans son bain à oindre d'un fluide astringent son bijou d'amour, quand son boudoir, mal fermé, peut-être à dessein, s'ouvre de lui-même. À la vue de son amant elle ne

---

[256] Louis-Léon de Brancas comte de Lauraguais (1733-1824).

[257] Cette plaisanterie est une version grivoise de celles où la petite taille du prince est ridiculisée ; voir les *Mémoires secrets* (XIV, pp. 187-88 ; et XIX, p. 227) ; et *Arnoldiana*, p. 227.

peut que jeter, avec une heureuse gaucherie, sur son corps parfumé, une robe de gaze qui voile moins ses charmes qu'elle ne les dessine.

Premier couplet

GRAMMONT.

Enfin, je vois mon Arnould sans défense,
Sa pudeur seule a voilé ses appas.

ARNOULD.

Non... non... d'intelligence,
Mon cœur ému va voler dans tes bras.

Deuxième couplet

GRAMMONT.

Ta main, Arnould, cache mal tous tes charmes,
Laisse mes yeux parcourir ta beauté.

ARNOULD.

Non... Non... vois mes alarmes,
Je crains mon cœur d'ardent de volupté.

Grammont fait un pas en arrière et tombe aux genoux de Sophie.

Troisième couplet

GRAMMONT.

Charmante Arnould, je suis fait pour t'entendre...
J'étais ton maître et je te rends tes droits...

ARNOULD.

Quoi !... quoi !... tu n'es que tendre !
Je ne crains plus de rentrer sous tes lois.

Sourire amoureux de Sophie ; elle fait signe à son amant de se rapprocher.

Quatrième couplet

GRAMMONT.

Sur cette bouche, où s'entrouvre la rose,
Laisse-moi prendre un baiser amoureux :

ARNOULD.

Prends… prends *(avec un sourire agaçant)* même autre chose,

Par la réserve on a droit d'être heureux.

Cinquième couplet

GRAMMONT.

Quoi ! je pourrais de ta gorge d'albâtre,

Sans t'offenser, effleurer le satin !

ARNOULD.

Oui… oui quand j'idolâtre,

Je ne crains pas qu'on profane mon sein.

Sixième couplet

GRAMMONT.

Sein de Vénus que ta pudeur ignore,

En palpitant, tu redoubles mes feux…

Arnould passe une main autour du cou de son amant, et l'invite par ses yeux ardents à être téméraire.

ARNOULD.

Va… va… poursuis encore…

Le bonheur même amène d'autres vœux.

Grammont est ému : il s'incline vers le dos de Sophie, à demi découvert.

Septième couplet

GRAMMONT.

À mes transports, livre Arnould, d'autres charmes.

Se retournant du côté de la gorge de sa maîtresse.

Mon cœur palpite et n'ose s'exprimer…

ARNOULD.

Dis… dis… sois sans alarmes,

Elle replace la tête de son amant dans sa première attitude.

Offense-t-on lorsque l'on sait aimer ?

185

Huitième couplet

GRAMMONT, *en lui montrant un faisceau de myrtes.*

Tu vois ces fleurs : c'est ainsi qu'à Cythère

Tout doucement Vénus punit l'Amour.

Sophie conduit le chevalier sur un fauteuil, où elle le fait asseoir, se met à genoux, et se découvre avec une ingénuité feinte – mais pleine de charmes.

ARNOULD.

Oui... Oui... je te suis chère...

Souris... pardonne et frappe tour à tour.

Neuvième couplet

GRAMMONT.

Ces coups charmants redoublent mon ivresse...

Relève encor tous ces voiles jaloux...

Sophie se prête avec grâce ; le chevalier, avec un feint courroux, promène son myrte amoureux, depuis la naissance du dos – jusqu'à l'extrémité des deux demi-globes d'albâtre.

ARNOULD.

Dieu ! ... dieu... quelle caresse !

De volupté, je meurs à tes genoux.

Dixième couplet

GRAMMONT, *il relève Sophie.*

Fille d'amour, un bijou reste encore...

Gaze indiscrète, écarte-toi soudain.

Il fait de tendres efforts pour enlever ce dernier voile ; Arnould résiste, mais comme désirant d'être vaincue.

ARNOULD.

Non... non... *(sa résistance devient encore plus faible)* toi que j'adore,

Puisque je n'ose... ôte là de la main...

Le dernier voile disparaît.

Onzième couplet
GRAMMONT.

Céleste Arnould, tu rougis d'être nue,
Ton œil ému se détourne de moi.

ARNOULD.

Ah !... ah !... baisse la vue,
Ou mon délire est indigne de toi.

Douzième couplet
GRAMMONT, *il la place assise sur le fauteuil les jambes écartées et baise avec une fureur amoureuse le plus beau de ses bijoux.*

Oui, tout me dit d'être plus téméraire,
Ma bouche ardente ici va se poser.

ARNOULD.

Dieu !... dieu !... *(Arnould se pâme de plaisir ; son amant la porte dans ses bras sur l'ottomane et reprend son heureuse position.)* Que vas-tu faire ?

Arnould s'électrise plus que jamais : elle retient la bouche de son amant sur son bijou.

Je suis en feu, par ce nouveau baiser.

Treizième couplet
GRAMMONT.

Maître du poste, achevons notre ouvrage,
Qu'un doigt savant prépare ton bonheur.

Ce doigt expérimenté va s'assurer du prétendu pucelage de Sophie : celle-ci trésaille comme une jeune novice.

ARNOULD.

Va... va... avec courage...
De ton amante épanouis la fleur.

Sophie se prête à tout : quand le chevalier pressent que ce jeu marche trop vite au dénouement il s'arrête.

Quatorzième couplet

Grammont.

Qu'au doigt vainqueur un trait brûlant succède,

Qu'il soit sans bruit introduit de ta main.

Arnould prend le trait en feignant de rougir, il est en marbre et ne peut entrer.

Arnould.

Dieu… dieu… viens à mon aide…

Malgré tout le courage de la prétendue vierge, le doigt ne pénètre que d'un pouce.

Ce dard embrase et déchire mon sein.

Quinzième couplet

Grammont.

Darde à l'instant ta langue dans ma bouche…

Prends-en la flamme, et le dard entrera.

La langue et la main opèrent ensemble : courage de Sophie, le trait s'enfonce de moitié.

Arnould.

Ah !... ah !… qu'il est farouche !...

Il boit mon sang, et ma mort s'en suivra.

Seizième couplet

Dernière secousse heureuse, le poignard s'enfonce jusqu'à la garde.

Grammont.

Il entre enfin… tu renais à la vie…

Ton corps ému frémit de volupté.

Sophie part la première et adoucit le passage ; bientôt l'ivresse s'en mêle.

Arnould.

Tiens… tiens… vois ma furie

Je touche à l'immortalité.

F…, f….,

Postface du Dialogue sur l'air de Mirza

Nous avons vu que les six premiers couplets du dialogue érotique chantés sous des noms étrangers et sans la pantomime qui en faisait l'assaisonnement, n'ont fait que glisser sur les hommes blasés qui forment la société intime de Mlle Arnould. Vers onze heures du soir toute la compagnie s'est éclipsée, le chevalier de Grammont n'a pas été le dernier à disparaître ; il est vrai qu'un regard plus que tendre, une main serrée en sortant, un geste de caractère échappé à l'actrice en fixant le dialogue ont persuadé sans peine à l'adolescent qu'on ne se serait pas fâché de se remettre en scène avec lui jusqu'au dénouement ; le dernier trait de lumière a été, quand le chevalier s'est retiré, de mettre, en la reconduisant, le doigt sur une pendule au point de minuit : rien n'a été perdu pour l'Adonis en bonne fortune, il a baisé, avec un respect empreint d'amour, la main de Sophie, il a rougi et disparu.

Grammont qui a déjà fait, comme chevalier de Malte, deux caravanes[258] est initié dans tous les mystères de l'amour, et même dans les secrets de la plus audacieuse volupté, mais cette instruction qu'il tient de l'entretien des officiers très aguerris avec lesquels il vivait n'est pour lui qu'une simple théorie : il s'est bien promis d'en faire usage lors de sa première passion, et cette première passion n'est née que depuis qu'il connaît l'agaçante Arnould ; ainsi malgré la vertu du chevalier c'est une actrice très dévergondée de l'Opéra qui va conquérir son pucelage.

Au coup de minuit, Grammont sans masque, mais élégamment vêtu d'un domino de satin rose, se présente à la porte de Sophie ; une soubrette de confiance l'y attend et le conduit au boudoir entrouvert à demi éclairé où l'actrice, comme nous l'avons vu, fait sa toilette de bain, ici le duo du ballet de *Mirza* prend un caractère plus déterminé ; les seize couplets sont chantés avec toute la grâce de l'acteur et toute l'adresse de l'actrice ; la pantomime surtout y est rendue avec l'ingénuité du héros et toute l'audace de l'héroïne ; la comédienne n'a besoin que de jeter un coup d'œil sur le papier qui lui est présenté et elle devine tout son rôle, comme si elle avait imaginé la comédie.

---

[258] « On appelle aussi *caravanes*, les campagnes de mer, que les chevaliers de Malte sont obligés de faire contre les Turcs et les corsaires, afin de parvenir aux commanderies et aux dignités de l'ordre : on les nomme de la sorte, parce que les chevaliers ont souvent enlevé la *caravane*, qui va tous les ans d'Alexandrie à Constantinople » ('Caravane', *Encyclopédie*, II, p. 672).

Arnould, l'imagination toute pleine de sa jouissance, rencontre au bal de l'Opéra le prince d'Henain [sic] à qui elle a donné rendez-vous et qui l'attend en domino de Pacha ottoman ;

« Beau masque, lui dit la folâtre courtisane, que penses-tu de ce joli chevalier de Malte avec qui j'ai chanté à demi-voix six couplets d'un duo sur l'air de *Mirza* ?

« C'est un grand enfant, répond le prince, dont on voudrait bien conquérir l'innocence ; mais je l'aime avec trop de franchise pour ne pas le surveiller.

« La surveillance est bonne ici... (*Sophie rit à gorge déployée*) mais sais-tu bien, beau masque, que la surveillance n'est qu'un mode de faire mieux goûter le fruit défendu ? J'avais un caprice pour le grand enfant, et tu vas le faire dégénérer en passion.

« Ce mot passion jure un peu avec tes grâces légères et ton ingénieuse coquetterie ; reste telle que tu es, c'est-à-dire, la plus aimable des enchanteresses : vole de plaisir en plaisir et ne te donne point un ridicule.

« C'est donc un ridicule d'aimer avec passion, pendant un jour entier, un bel Alcibiade qui croit trouver en moi son Aspasie ?

« L'Alcibiade de vingt ans a, m'a-t-on dit, fait plus d'une caravane ; le conquérant en sait peut-être plus long que sa conquête : et moi aussi j'ai été, dans mon adolescence, chevalier de Malte, et je faisais alors plus d'un tour de page.[259]

« Beau masque, tu as été chevalier de Malte ? voilà ce qui fait sans doute que tu m'es si cher : oh ! j'aime singulièrement les chevaliers de Malte : eux seuls sont capables de prodiges de valeur : partout où ils mettent le bélier,[260] ils emportent la place.

« Je bénis ce titre de chevalier puisqu'il est pour mon cœur un gage de ta foi.

« Mais entendons-nous qui je suis, en qualité de femme fragile, infiniment tolérante, je ne m'attache à un chevalier de Malte que sous la condition expresse qu'il ne fera pas une guerre d'extermination aux infidèles.[261]

---

[259] Selon le *Dictionnaire de l'Académie française*, « on appelle *un tour de page*, une malice où il y a quelque espièglerie ».

[260] « Machine dont les anciens se servaient pour battre les murailles des ouvrages qu'ils attaquaient » ('Bélier', *Encyclopédie*, II, p. 197).

[261] Cette réplique évoque une anecdote qui a rapport direct avec ces personnages : « M. de Lauraguais, après l'avoir quittée, vint lui faire confidence qu'un chevalier de Malte lui disputait sa nouvelle maîtresse. *C'est dans l'ordre*, dit mademoiselle Arnould, *il fait la guerre aux infidèles* » (Cousin d'Avalon, *Grimmiana*, p. 159).

« Ce mot d'infidèle présente plus d'un sens ; mon enchanteresse permet-elle que je m'explique ?

« Oh ! pas d'explications à un bal d'Opéra : car je n'ai point l'armure de Clorinde[262] pour me défendre, je reviens au chevalier de Malte avec qui j'ai chanté six couplets du joli duo de *Mirza* : sais-tu beau masque que ce dialogue amoureux en a seize, et que l'intérêt va croissant de strophe en strophe jusqu'au dénouement ?

« Eh bien ! il faut me montrer cela : j'aime les vers bien faits, surtout quand ma bien-aimée les chante dans *Castor* ou dans *Dardanus*.[263]

« Cela ne se montre pas : cela se joue, et il faut une grande force d'organes, pour représenter un pareil rôle dans toute son énergie.

« Je conçois ces effets dans la tragédie où l'on remplace la sensibilité avec des poumons ; mais pour le théâtre lyrique où tout est à la rose, cette énergie et ces grands effets me semblent bien déplacés.

« Beau masque, si je te suis chère, observe si tu ne vois pas, dans les groupes qui nous environnent, un domino de satin rose, que j'aurais grande envie d'agacer.

« Voilà bien mon enchanteresse, son imagination légère éparpille sans cesse ses crayons : elle fait de tout ce qu'elle voit une lanterne magique.

« Je m'éloigne moins qu'on ne pense de mon objet ; la grâce s'allie quelque fois à l'énergie ; et le domino de satin rose, que je soupçonne être de nos amis, nous résoudrait probablement ce problème.

« Sophie tu m'inquiètes, et je t'aime trop pour te perdre de vue un seul moment.

« La confidence de mon prince m'autorise à lui en faire une autre, le masque en domino de satin rose ressemble comme deux gouttes d'eau au chevalier de Malte avec qui j'ai chanté les

---

[262] Guerrière dans *La Jérusalem délivrée* du Tasse ; dans le douzième chant, son amant Tancrède ne la reconnaît pas sous son armure et la tue en combat.

[263] Deux opéras de Rameau : *Castor et Pollux* fut représenté pour la première fois le 24 octobre 1737, et Arnould joua le rôle de Télaïre en 1764 : *Dardanus* fut représenté pour la première fois le 19 novembre 1739. Lorsqu'elle apprit la mort de ce compositeur en 1764, Arnould aurait dit : « Nos lauriers ont perdu leur plus beau Rameau ! » (*Arnoldiana*, p. 131).

six couplets de l'air de *Mirza* et je voudrais savoir si c'est lui, pour répéter mon duo avec tous les accompagnements.

« Oh ! cette expérience ne m'ôtera pas une minute de mon sommeil.

« Quoi ! les seize couplets !

« Il n'y en a déjà que trop de six que j'ai eu le malheur d'entendre.

« Et la pantomime qui en fait ressortir l'effet !

« Elle échappe à mon intelligence.

Fin de la postface

Les trois jouissances

Récit érotique

Préface

J'ai longtemps hésité, si je ferais entrer cette coupable espièglerie de mon jeune âge dans mon répertoire d'amours : l'idée de corrompre les trois sœurs pour satisfaire un caprice et céder à un ridicule sentiment de vanité, présentait un tel cynisme que mon premier mouvement fut de brûler cet ouvrage, qui pouvait me laisser d'eternels remords. J'approchais, mais lentement, mon manuscrit du bûcher, lorsqu'une seconde réflexion, en atténuant mon délit, m'empêcha de consommer le sacrifice.

Il y a un rôle plein d'intérêt dans ce dialogue dangereux, c'est celui d'Olympe ; on ne peut le lire sans être attendri ; j'ose même dire qu'il est moral jusque dans son immoralité ; pour comble de bonheur, il tient près de la moitié de l'ouvrage licencieux ; ce morceau demandait grâce pour le reste et je fus indulgent ; il est si rare de rencontrer un épisode que Platon eût avoué, à côté d'une scène de Pétrone ou de l'Arétin, que je conservai toute ma galerie. Encore aujourd'hui, que mes sens sont anéantis, et que je n'existe que pour la froide raison, je me surprends quelquefois à relire, avec une volupté purement intellectuelle, cet épisode d'Olympe et d'y applaudir, il est vrai que je ne lis que l'épisode ; le reste me ferait briser mes crayons.

Telle est l'histoire fidèle de mes *Trois jouissances*. Lecteur te voilà averti ; si tu n'es que philosophe, ne prostitue pas ton entendement à me lire ; si ta sagesse a des sens, lis cette folie, et tout en rougissant, tu auras du plaisir.

Personnages

L'auteur de ce dialogue.

Adèle âgée de trente ans.

Olympe née dix ans plus tard.

Inez affligée de quinze ans.

La scène se passe à Nancy.

L'an… j'arrive à Nancy,[264] et je rencontre par une belle soirée d'été, sur le pont de Marneville, trois demoiselles très décentes qui avaient l'air de trois sœurs ; l'aînée me fixe avec une persévérance dont je ne pouvais deviner l'objet ; enfin elle s'approche, et se jetant à mon cou, baisant ma main à plusieurs reprises : oui, c'est lui, s'écria-t-elle, il a eu mes premières faveurs, quand j'étais la femme de chambre de sa mère, depuis cette époque, tantôt sous des noms étrangers, tantôt sous le mien, il m'a tenu lieu de père : menons-le à notre humble demeure et tombons aux genoux de notre dieu tutélaire.

Ces mots n'étaient point encore terminés, que mes yeux ses dessillèrent ; je reconnus la tendre Adèle, à qui j'avais donné mon pucelage, en recevant le sien ; ses deux sœurs, à cette époque, n'étaient point encore nées, j'appris bientôt que l'une était la céleste Olympe, âgée alors de vingt ans, qui a depuis joué un grand rôle dans l'histoire de ma vie, et la dernière enfant de quinze ans du nom d'Inez, dont les yeux étincelaient déjà d'amour et de volupté.

Arrivé dans l'appartement, peu riche mais meublé avec quelque décence, des trois grâces, mon cœur, froissé depuis longtemps par l'infortune, s'ouvrit tout d'un coup aux impulsions de la plus douce volupté, il y avait trois mois que je voyageais dans les pays étrangers, et je n'avais approché d'aucune femme, dans l'été de l'âge avec un tempérament ardent, je conçus tout d'un coup le projet plus que téméraire de jouir dans la même nuit des trois sœurs ; et je dis à cet effet l'oraison de saint Julien du bon La Fontaine.[265]

J'assurai Adèle que j'acceptais avec la plus vive reconnaissance l'hospitalité qu'elle m'offrait avec ses deux sœurs, pendant les vingt-quatre heures que j'avais à passer à Nancy, et je

---

[264] Selon Malandain, « l'épisode se situe vraisemblablement au moment du retour de Ferney, et l'on tient peut-être là l'explication du fait que Delisle s'attarda en Lorraine, en août-septembre 1777, au risque d'irriter Voltaire » (*Delisle de Sales*, p. 334). Cette proposition est peut-être contredite par la remarque faite par Olympe, « Louis XV, avec ses deux cent millions de revenus, n'est pas si riche que moi » (p.207), car le personnage ferait ainsi référence à un roi qui était mort trois ans auparavant.

[265] Dans *L'Oraison de Saint Julien*, le voyageur Renaud d'Ast explique : « J'ai certains mots que je dis, au matin / Dessous le nom d'oraison ou d'antienne / De saint Julien ; afin qu'il ne m'avienne / De mal gîter ». Voir Jean de La Fontaine, *Œuvres complètes*, éd. Jean-Pierre Collinet (Paris : Gallimard, 1991), p. 629. Delisle écrivit un hommage à La Fontaine, destiné pour sa fête séculaire en 1796 (*Œuvres dramatiques et littéraires*, VI, pp.1-54).

les invitai à venir prendre à mon auberge, ma provision de route ; elle consistait en un jambon de Mayenne, trois ou quatre perdrix en pâté, et deux bouteilles du plus excellent vin du Rhin. Adèle ne savait comment me témoigner sa joie. Je la priai à l'oreille de nous faire une crème brûlée, où elle excellait singulièrement, et je glissai un louis[266] dans son tablier, pour les frais du souper que je voulais donner aux trois sœurs : elle pleura et voulut me le rendre ; mais un baiser d'amour que je lui donnai lui rendit toute sa tendresse et toute sa gaité.

Pendant que les trois sœurs se chargeaient des provisions je m'esquivai adroitement, pour aller acheter des lis, des giroflées, et des bouquets de roses, dont j'ôtai en route les épines ; j'avais bien mes motifs pour cela, mais il ne faut pas dévoiler encore tous les secrets de l'amour.

De retour à la maison, je me trouvai enivré des caresses d'Adèle et de la petite Inez ; elles se jetaient à mon cou, elles me baisaient la main, elles me dépouillaient de mes lourds habits de voyage ; et ne me laissèrent qu'une robe de chambre de l'Inde, presque aussi fine que les cachemires qu'elles trouvèrent dans mon porte-manteau.

Olympe se montra plus réservée, ses beaux yeux étaient humides de pleurs ; elle me serrait la main avec une timidité qui n'était pas dépourvue de charmes ; je vis tout d'un coup qu'elle m'aimait comme je désirais d'être aimé ; j'en devins alors éperdument épris, et je me promis bien de mettre de la délicatesse en tentant sa conquête.

Mon premier soin après ces doux épanchements, fut de visiter l'alcôve, où reposaient la nuit les trois sœurs ; je vis avec délices un lit à deux dossiers, fait avec toute l'élégance des nonnes ; l'aînée seule occupait l'un des chevets, et l'autre était abandonné à Olympe et à Inez ; j'arrosai d'un flacon d'eau de Cologne ce lit voluptueux, et les trois sœurs se permirent toutes sortes de folies, pour aller respirer le parfum avant qu'il achevât de s'exhaler.

L'ivresse devint encore plus grande, quand je déployai les lis, les giroflées, et les bouquets de roses sans épines. Olympe et

---

[266] Le cadeau est généreux. Un louis équivalait 24 livres, et le budget hebdomadaire des dépenses d'une famille ouvrière en Picardie (vers 1764), par exemple, se montait à 6 livres 15 deniers ; voir Paul Delsalle, *La France industrielle aux XVIe, XVIIe, XVIIIe siècles* (Paris : Orphys, 1993), pp. 161-62.

Inez n'en pressentirent pas l'usage ; mais Adèle ne tarda pas à les mettre au fait ; charmant fripon, me dit-elle, en me sautant au cou ; c'est en parcourant avec grâces mon corps à demi nu de ces guirlandes de fleurs, que tu as fait ma conquête ; Oh ! mes sœurs, la manière voluptueuse dont il s'y prend donnerait de la vie au marbre ; nous avons vingt-quatre heures à passer ensemble : essayons toutes ces petites espiègleries de l'amour, n'est-ce pas mes sœurs ? voilà pour cette âme ardente la plus douce des hospitalités.

Oh ! oui, s'écrie Inez avec sa charmante ingénuité ; mon joli papa fouettera amoureusement sa fille, et je l'en aimerai cent fois davantage.

Olympe baissait[267] ses beaux yeux, laissait couler une larme sur ma main, qu'elle tenait serrée entre les siennes ; ensuite reprenant tout à fait ses esprits ; je ne contrarierai point, dit-elle, mes deux sœurs, mais je ferai mes conditions avec mon nouvel ami ; veut-il me rendre maîtresse de sa destinée et peut-être de la mienne ? je m'élance à l'instant à ses genoux : oui je jure, au nom de l'amour le plus pur, que tes vœux seront accomplis : je ne profanerai jamais l'autel où je brûle d'offrir le plus doux des sacrifices.

Tout ainsi arrangé d'après mes désirs, nous nous mettons à table ; je me place entre Olympe qui me serrait la main avec la plus douce des émotions et la folâtre Inez, qui me demandait la permission de me fouetter moi-même avec la légèreté qu'y mettait Hébé, quand elle fouettait l'Amour.

Pendant ce temps-là Adèle achevait son plat de friandises, elle se mit à table devant moi, nous fîmes le repas le plus délicieux, les vins les plus ardents coulèrent à grands flots, et, à l'exception d'Olympe qui eut l'adresse de se ménager, au bout d'une heure presque toutes les têtes se perdirent ; la mienne un peu moins faible se rétablit avec du café sans sucre et je pus observer avec sang-froid la gradation de mes conquêtes.

On se doute bien qu'au sortir de table, on n'eut rien de plus pressé que de jouer au jeu charmant d'Héloïse et d'Abailard ; il fut convenu que les premiers essais se feraient à l'aide d'un jeu de carte ; la personne désignée devait aller dans l'alcôve très faiblement éclairée, se mettre à genoux sur un tabouret devant moi, lever tous les voiles qui pourraient affaiblir les coups et laisser

---

[267] Rayé : les yeux

parcourir tous ses charmes avec mon faisceau de fleurs, jusqu'à ce que l'une des spectatrices dît : *C'est assez.*

La folâtre Inez désira d'être la première victime et déjà elle jetait son voile, pour mettre sa gorge naissante à découvert, mais le sort en décida autrement et il tomba sur Adèle.

J'en fus enchanté, parce que j'avais bien des choses à dire à ma première conquête, pour qu'elle pût me procurer la jouissance d'Olympe, dont j'étais à chaque instant plus éperdument épris. Pendant qu'elle se défaisait dans l'alcôve de ses jupons et de son voile, qui dessinait plus qu'il ne cachait son sein, je lui dis à l'oreille, que je désirais à l'entrée de la nuit, lors de ma jouissance complète avec elle, de lui entendre témoigner avec les termes les plus énergiques, le plaisir des dieux que je lui faisais goûter, afin de faire naître à mon Olympe le désir d'une pareille jouissance, sa réponse fut de me serrer la main avec émotion ; ensuite elle roula ses vêtements légers autour de sa ceinture ; et à moitié nue elle se plaça sur l'autel du sacrifice.

Adèle fut charmante dans cette épreuve ; parce qu'au moment où Olympe allait dire, *C'est assez,* l'ingénieuse Héloïse répétait avec âme ces mots touchants ; *encore mon ami, encore…* ce qui faisait rêver plus que jamais la sensible Olympe, d'autant plus amoureuse qu'elle n'en savait rien.

La seconde expérience m'amena à l'autel ; alors il y eut une noble lutte entre Adèle et Inez, à qui ferait l'office de pontife et le sort consulté tomba sur la dernière qui, toute entière à une ivresse dont elle ignorait les dangers, se jeta sur moi et me dépouilla en un clin d'œil de presque tous mes vêtements.

Ingénieuse dans son délire, après avoir épuisé sur mon corps les lis et les bouquets de roses, elle alla droit au dard embrasé, qui s'agitait sous le dernier voile, releva sa robe avec audace, et tenta mais vainement de la faire entrer dans son bijou d'amour ; il est probable qu'Adèle, qui devait prononcer le mot : *C'est assez,* se doutant de quelque chose, et voulant favoriser mes amours, prolongea à dessein notre extase amoureuse. Quoi qu'il en soit la scène fut longue, et Inez malgré tous ses efforts ne pouvant faire pénétrer que la pointe de mon dard dans sa grotte amoureuse, garda malgré elle son pucelage.

Enfin le tour d'Olympe vint ; elle était à demi électrisée, par les tableaux voluptueux dont elle avait été témoin ; elle m'aimait[268] sans s'en douter, mais sa charmante pudeur combattait encore, elle pria à l'oreille Adèle qui devait amener le dénouement, de le prolonger le plus qu'il lui serait possible, et les genoux chancelants, la main tremblante, appuyée sur mon bras, elle s'achemina l'œil humide de pleurs vers le théâtre du sacrifice.

Ce mélange d'amour et de réserve, de pente vers le plaisir, et de combats avec soi-même, fit dans ce temps une telle impression sur mon âme essentiellement aimante, qu'après vingt années, il fait encore couler de mes yeux des larmes involontaires : Ô pudeur ! que tu as de charmes pour un cœur pur, même lorsqu'il s'égare ! ce sera toujours un tourment pour moi d'avoir presque violé cet ange, lorsque quelques jours après j'aurais obtenu sa virginité, sans amertume et sans remords.

Ce fut une scène charmante que le timide embarras de cette vierge céleste, lorsqu'il fallut se mettre à genoux sur le tabouret amoureux, dévoiler peu à peu l'albâtre ou le corail de ses charmes secrets, le voile soulevé par une main tremblante, retombait aussitôt ; elle laissait couler des larmes brûlantes sur ma main : « mon ami, me dit-elle, avec émotion que l'art ne pouvait contrefaire ; tu m'as promis »... et ses reproches expiraient dans sa bouche... dans un moment d'enthousiasme, je me jetai à ses pieds. « Ô ma divinité ! lui dis-je, avec l'accent de la vérité, je ne veux point du plus touchant des plaisirs, s'il te coûte le plus léger des remords... je jure de te respecter ; » ces mots firent leur effet sur cette âme pure ; – « c'est de ce moment, me dit-elle, en me regardant avec sérénité que je me sens digne de toi, attends encore un moment, et peut-être mon cœur m'inspirera-t-il de récompenser ta vertu. »

Olympe avait à son doigt un petit anneau d'or, mais d'un très faible prix, elle me demanda timidement une bague d'alliance qu'elle voyait briller à mon index, et me dit avec une émotion qui partait de son âme ; « homme généreux, mon cœur entend le tien... respecte-moi ; oui, respecte-moi ; notre bonheur mutuel en dépend ; mais si jamais je te donne mon faible bijou en échange du tien... alors je suis à toi. »

À l'instant plus prompt que l'éclair, je réunis tous les voiles, qui couvraient les charmes d'Olympe : je baise avec timidité sa main, qu'elle approchait de mes lèvres brûlantes, et j'annonce aux deux sœurs qu'il n'y a plus de spectacle, et que la

---

[268] Rayé : s'en

toile est baissée.

La seconde nuit, qui devait être témoin des trois jouissances arrive enfin : tous les acteurs qui savaient leur rôle d'avance s'apprêtent à le jouer et la toile se lève au coup de minuit.

Adèle avait promis d'être la première en scène ; elle n'avait pas oublié un seul des mots énergiques qu'elle avait prononcés, dans l'extase du plaisir, lorsque vierge moi-même je la déchargeai du fardeau importun de sa virginité.

J'étais seul avec mon amante sur le premier dossier du lit, elle me serrait la main avec force pour m'assurer qu'elle électriserait la chancelante Olympe par son attitude, ses mouvements et ses expressions de volupté ; elle commence par jeter au loin des vêtements importuns ; je l'incite quoi qu'avec répugnance, à cause de la pudeur de l'être angélique, qui pouvait me gêner de ses regards, ensuite écartant ses cuisses rebondies, elle place elle-même, mon dard devenu de marbre dans la brûlante ouverture, où j'avais conquis son pucelage.

Un silence profond régnait autour de nous ; la pétulante Inez dévorait de ses regards ma flèche qui n'avait pu lui faire à elle-même la plus légère blessure, elle était toute yeux et toute oreille ; pour la touchante Olympe, le visage pâle et défait, elle cachait ses yeux de sa main : cependant, tant la curiosité agit sur les êtres les plus vertueux, je crus, dans le mouvement où commença le délire d'Adèle, voir les doigts d'Olympe s'écarter, pour saisir, pour ainsi dire, le plaisir à la dérobée, je me trompe peut-être ; mais je suis convaincu que sur cent prudes qui se trouveraient à la place de mon héroïne, il n'y en a quatre-vingt-dix-neuf, qui sans y penser l'auraient prise pour modèle.

Enfin, nos premières secousses ébranlent le lit nuptial ; mon dard vigoureux parvient en vainqueur jusqu'à l'extrémité de la carrière, qu'il doit parcourir. Ange du ciel, s'écrie Adèle, haletante de plaisir, ce trait qui me déchire, qui me conduit à la suprême félicité... redouble... redouble encore... surtout point de ménagement... fais couler à grands flots la semence brûlante dans mon sein... il n'y a point de bonheur sans cette pluie céleste... je la sens couler à torrents... Olympe... Inez... venez... voyez le ciel s'entrouvrir pour moi... je touche à l'immortalité.

Ici un profond silence succède à l'impétueux monologue ; je reste encore quelques minutes dans la route que je m'étais frayée et je sors tout honteux de n'avoir pas fait hommage à mon Olympe de la première de mes victoires.

Le théâtre change à l'instant de décoration. Adèle fait venir à ses côtés la jeune Inez, dont elle voulait préparer par d'ingénieuses onctions la conquête difficile ; et moi dans la nudité absolue des athlètes des jeux olympiques, je vais me glisser furtivement auprès de l'amie de mon cœur, n'osant la regarder et lui demandant timidement d'avoir profané sa pudeur par la plus audacieuse des jouissances.

Cependant un entretien général se renoue, entre Adèle, Inez et moi ; Adèle me félicite de mon triomphe, qui lui a ouvert les portes du paradis de Mahomet ; mais elle décide en femme expérimentée, qu'épuisé comme je le suis par la dégradation de mes principes de vie, il faudrait au moins trois heures, pour tenter avec succès un second assaut avec Olympe, et plus de six pour ravir à Inez son pucelage.

Cependant j'avais l'air froid auprès d'Olympe, qui, forte de ma faiblesse, promenait mais en rougissant sa main sur la partie antérieure de mon corps ; mon ami, me dit-elle, maintenant que je puis respirer sans danger quelques heures dans tes bras, que nos âmes sont en contact, suppléons à des caresses importunes par la douce confiance de l'amitié ; dis-moi, m'aimes-tu comme je veux être aimée ? serais-tu capable au retour de tes forces de me rendre heureuse moins par le plaisir des sens, que par tes sacrifices ? - Oui, je le jure par toi (c'est à mes yeux le premier des serments), je te respecterais tant que tu l'exigeras : et ce respect sera pour moi la plus pure des jouissances.

Voilà donc, me dit avec sérénité mon incomparable, le héros que cherchait mon cœur ! tendre ami, je n'abuserai point de mes droits : dis-moi avec franchise ce que tu exiges de moi en ce moment pour te récompenser de ta touchante retenue. – Une chose bien simple, lui répondis-je en lui baisant la main : c'est de me mettre à portée de voir les charmes dont je fais le sacrifice à ta vertu ; fais tomber ces voiles importuns qui m'empêchent de voir la Vénus grecque, au moment où elle sortit du sein des eaux, pour féconder la nature : mes yeux seuls jouiront, et tu n'as point à redouter de mes mains audacieuses un sacrilège.

Je me repose, dit Olympe, avec un sourire charmant, sur ta parole sacrée, quel que soit le péril auquel je m'expose ; mais si tu veux m'épargner quelque délit, ôte toi-même tous les voiles qui importunent tes regards : il ne règne dans cet appartement à demi éclairé qu'une faible lueur de crépuscule : jouis par tes yeux et moi je jouis par mon âme de ta touchante réserve.

Ce délicieux dépouillement se fit avec une gradation voluptueuse, et dura longtemps ; sa main en appuyant la mienne sur son sein entrouvert, m'indiquait malgré elle, qu'il fallait appuyer sur les deux globes pour s'assurer de leur résistance ; elle avait une ceinture comme Aspasie, pour voiler ses charmes secrets, même dans l'ivresse de la jouissance, elle conduisit mon doigt inexpérimenté sur l'agrafe pour la dénouer, et alors elle n'eut plus que sa main comme la Vénus de Médicis, pour voiler le plus céleste de ses charmes ; quant à l'enveloppe de percale[269] dont elle était couverte, la crainte qu'elle eut de montrer sa superbe chute de reins la détermina à s'enfoncer dans le lit, en laissant ma main errer à tâtons pour la faire disparaître, cette main se permit plus d'une gaucherie, pour faire durer cette nouvelle jouissance ; et j'y serais encore, si l'apparition subite d'Inez n'avait pas fait diversion à ma voluptueuse expérience.

Ma sœur, dit Inez, Adèle vient de m'instruire qu'il fallait plus de six heures à notre bon ami pour reprendre une vigueur capable de m'enlever mon pucelage ; ce pucelage me pèse singulièrement, et je n'ai pas le temps d'attendre une demi-journée pour le donner au vainqueur d'Adèle ; ma chère Olympe, ma bonne Olympe, on dit que tu es un peu froide, et que tu n'accordes que malgré toi, la plus légère des faveurs ; eh bien ! cède-moi ta place ; c'est toujours trois heures de gagnées, et je te ramènerai ensuite ton chevalier, je le jetterai dans tes bras, et tu jouiras à la fois de sa vigueur et de ma reconnaissance.

Olympe ne savait trop comment prendre une pareille saillie, je me chargeai seul de la réponse.

Charmante petite folle, lui dis-je, en mettant la main sur sa gorge naissante, tu pourrais te tromper dans tous tes calculs ; la céleste Olympe, qui ne veut appartenir qu'à elle-même n'a point besoin du retour de ma vigueur ; c'est une divinité pour moi, et je suis plus honoré de son culte que de sa jouissance, quant à toi, aimable enfant, retourne auprès d'Adèle, engage-la à te façonner encore, pour rendre plus faciles les assauts de l'amour, et crois qu'il ne faut pas trois heures de repos, pour te faire subir le plus joli supplice d'Adèle.

À ces mots, la petite espiègle m'embrasse avec une chaleur

---

[269] « Les percalles [sic] sont des toiles de coton blanches, plus fines que grosses, qui viennent des Indes orientales, particulièrement de Pondichéry » (*Encyclopédie*, XII, p. 325).

qui n'est pas de son âge, s'esquive avec la légèreté du zéphyr, et se replace auprès d'Adèle, avant que celle-ci se fût aperçue de son absence.

Sais-tu bien, mon ami, me dit en me serrant la main avec émotion, mon intéressante Olympe, que tu as fait à Inez une réponse qui était toute entière dans mon cœur... j'ai un plan pour abréger, s'il est possible ton supplice : Oh ! combien tu me saurais gré, si je te le laissais entrevoir !... mais non, il faut te laisser tout l'honneur de tes sacrifices : il faut me respecter... soulève à demi cette couverture légère, vois-la s'envelopper, pour ainsi dire, de sa pudeur, pour trouver un asile contre les attentats de l'amour.

En disant ces mots, ses yeux étincelaient du feu le plus pur, sa gorge superbe s'élevait et s'abaissait, sans rien perdre de sa fermeté ; la ceinture des Grâces était écartée ; je dévorais de mes[270] regards la petite entrée de la grotte d'amour, j'étais en extase et Olympe s'applaudissait de ma réserve comme si c'était pour elle une jouissance.

En faisant sonner la répétition de ma montre, je reconnus qu'il y avait une heure entière d'écoulée depuis ma lutte vigoureuse avec Adèle ; Olympe rougit avec grâce, en y réfléchissant ; quelques minutes après, le hasard lui donna une preuve encore plus complète du retour graduel de ma force, en cherchant un point d'appui pour changer d'attitude, sa main mignonne rencontra mon dard qui reprenait de la consistance ; elle le mania assez longtemps, pour me faire entendre qu'elle n'était pas fâchée de la découverte ; mais bientôt s'apercevant que je l'approchais du petit théâtre, où sa vigueur devait s'exercer, elle l'écarta en rougissant et reprit sa première posture.

Olympe, sentant que ses forces s'affaiblissaient, à mesure que je reprenais les miennes, se crut obligée d'accélérer le dénouement : mon ami, me dit-elle, je me sens une répugnance invincible, dans le cas où tu triompherais de ta sensible Olympe à me donner en spectacle, comme l'audacieuse Adèle. C'est en champ clos, que les vrais chevaliers français doivent combattre et triompher : promets-moi que si jamais je succombe, il n'y aura que le ciel et toi témoins de ma défaite.

Je vais te donner le gage le plus sacré dans les mystères amoureux : donne-moi ta langue, darde-la dans ma bouche, comme je t'en donne l'exemple... que les feux qui s'en échappent se

---

[270] Rayé : yeux

croisent... fort bien... encore mieux... voilà le vrai baiser de l'amour... maintenant je n'ai plus rien à t'apprendre... tu as vu tout le reste dans ma lutte avec Adèle : ce baiser est pour les êtres purs le plus sacré des serments, maintenant commande et j'obéirai.

Il me suffit, dit mon Olympe à demi subjuguée, mon ami, personne ne se doute qu'une heure t'a suffi pour rentrer dans la carrière où tu as triomphé d'Adèle ; profitons de la méprise pour sauver mon honneur dont je t'ai confié le dépôt. J'approchais alors adroitement mon dard de la main de mon amante, pour la confirmer dans ses heureux présages ; pour le coup elle ne se fit pas prier, elle l'agita avec délicatesse, elle le vit grossir et menacer sa conque de Vénus : je suis satisfaite, dit-elle, et ton Olympe est à toi.

Déjà je l'étendais sur le lit nuptial : déjà j'écartais ses cuisses d'albâtre : elle m'arrêta : mon ami, me dit-elle, il manque une cérémonie, donne-moi ta bague d'alliance, et prends mon anneau en échange, voilà les serments prononcés, l'autel les a reçus : prends ta sensible victime.

Après cet aimable épanchement, il fut convenu que la cérémonie nuptiale se ferait à petit bruit, pour ne point éveiller les soupçons des deux sœurs ; et surtout qu'elle commencerait à l'instant, pour éloigner toute vraisemblance sur le retour de ma vigueur.

Ici commence le plus beau moment de ma vie, moment où j'ai parfaitement jugé Olympe et dont je me rappelle encore avec enthousiasme, lorsque le temps est venu étendre son sceptre de plomb sur ma douloureuse vieillesse.

Je m'approche le cœur palpitant de désir, de ma céleste amante, je commence par l'étendre sur le ventre, afin de contempler sa superbe chute de reins, qu'elle avait jusqu'alors dérobée à mes regards ; je couvre toute cette partie de son corps de mes baisers, sans oublier ce qu'on appelle les coussins de l'amour, et même l'ouverture que Jupiter profana dans Ganymède ; Olympe se prête à tout avec une grâce infinie : si elle avait eu vingt virginités, elle me les aurait données toutes.

Le grand embarras était d'arriver sans bruit à la vraie jouissance : Olympe, du côté antérieur, n'était que trop bien organisée, à peine un tuyau de plume tiré des ailes de l'Amour, pouvait-il pénétrer dans la grotte de Cythère. La tendre victime se prêta à tout ; elle se promit de se mettre en sang, s'il le fallait, sans proférer la plus légère plainte, elle tint parole, car elle avait le courage des Porcia[271] et des Clélie ;[272] le sacrifice fut long et sanglant ; enfin après vingt minutes de souffrances, il se consomma ; le dard une fois entré la jouissance fut complète ; et je reconnus aux baisers brûlants de mon amie, qu'elle était la digne sœur d'Adèle : elle avait exigé de moi que je verserais le nectar à grands flots dans son sein : je tins parole : il me parut que mon dard, comme la lance d'Achille,[273] faisait et guérissait les blessures, Olympe ne se pressa point de le retirer ; ses beaux yeux qui épiaient mon âme, sa main qui jouait avec toutes les parties de mon corps qu'elle pouvait atteindre, m'annonçaient qu'elle jouissait encore, quand depuis longtemps je n'étais plus.

Je ne te crains plus maintenant, me disait à demi-voix l'enchanteresse, c'est à moi à te défier ; en même temps elle promenait sa main ardente sur la place où mon dard avait existé ; elle me fouettait à petit bruit avec des débris de roses, elle faisait frétiller sa langue dans ma bouche pour m'arracher encore un baiser de l'amour ; tous ces jeux furent interrompus par la voix d'Adèle : mon charmant ami, me dit-elle, plus d'une heure s'est écoulée depuis que tu as épuisé ta vigueur avec ta première amante : sais-tu bien que deux palmes amoureuses t'attendent encore : Inez prétend que tu es aux genoux d'Olympe et non dans ses bras ; force-la, mon ami, à être heureuse ; elle te remerciera un jour. Je calcule qu'il te faut encore une bonne heure pour le retour de ta vigueur : laisse cette amante timide t'inonder de ses larmes, se débattre, défendre sa pudeur mourante, se révolter contre tes bienfaits : point de ménagements pusillanimes, sois pour elle ce

---

[271] Plutarque note que Porcia, après la mort de son mari Brutus, se suicida en avalant des charbons ardents (*Vie de Brutus*, dans *Les Vies des hommes illustres*, XII, p. 398).

[272] « Clélie, fille romaine, était en otage chez les Etruriens. S'étant dérobée de leur vigilance avec ses compagnes, dans le temps qu'ils campaient encore près du Tibre, elle passa le fleuve à la nage suivie de toute sa bande, qu'elle ramena saine et sauve jusqu'à Rome, à travers les traits des ennemis qui s'aperçurent, mais trop tard, de son évasion. Porsena [...] préférait l'action de cette fille au courage des Coclès et des Mucius » (*Histoire romaine de Tite-Live, traduite en français, avec des suppléments de Freinshemius. Nouvelle édition revue et corrigée*, trad. M. Guerin, 10 tomes [Paris : Barbou, 1770], I, pp. 194-95.

[273] Télèphe « entreprit de s'opposer aux Grecs qui allaient à Troie : mais Achille le blessa et Télèphe ne put être guéri qu'après avoir fait alliance avec ce prince, et avoir mis sur la plaie un onguent fait de la rouille de la lance dont il avait été blessé » (Chompré, *Dictionnaire*, p. 393).

que tu as été pour moi, quand tu m'as enlevé ma fleur, c'est-à-dire, le plus impitoyable des hommes ainsi que le plus aimé.

Cette explosion fut la dernière ; la nature épuisée dans Adèle par la plus vigoureuse des jouissances, avait besoin de repos, pour reprendre son ressort, à peine les derniers mots qu'elle m'adressa furent-ils prononcés qu'après un bâillement très prolongé, elle s'endormit. Inez la suivit de près ; elle n'avait plus d'espiègleries amoureuses à tenter ; et la léthargie des deux sœurs fut si profonde que quoique dans le même lit les deux groupes se trouvaient aussi séparées, que s'il y avait entre eux un vaste appartement ; cependant notre position était toujours critique, nous tînmes conseil ma céleste Olympe et moi, et il fut décidé entre nous qu'à l'instant même elle monterait dans un boudoir qui renfermait un lit d'ami et situé au second étage ; le prétexte pour elle était qu'elle ne céderait jamais dans une lutte publique à l'ami de son cœur, fût-il aussi beau que l'ange de l'Orient. Cette séparation momentanée avait par ce motif de décence un grand attrait pour moi ; mais il s'y joignait encore une raison secrète, que j'étais loin d'avouer ; c'est que je voulais jouir publiquement de la folâtre Inez, ainsi que je[274] l'avais fait d'Adèle ; tant même dans les âmes bien nées, l'amour, l'aveugle amour, allie quelquefois la délicatesse avec la perversité.

Tout s'exécuta, comme nous l'avions projeté, une heure et demie après ce second assaut, lorsqu'à l'aide d'une imagination qui commençait à s'embraser je soupçonnai que la publicité d'une troisième jouissance pourrait accélérer le retour de mon ancienne vigueur, j'allai moi-même réveiller Inez, qui toute nue, reposait sur le sein d'Adèle nue aussi ; un baiser de feu que je donnai sur son bijou d'amour fit cesser sa léthargie, elle ouvre ses yeux lascifs, et s'écrie en se jetant sur mon dard : enfin voilà mon tour, mon ami, tu as donc laissé la[275] bégueule de sœur ; viens, je te dédommagerai : en même temps, elle joue avec l'ennemi qui la brave, elle le baise avec feu ; elle le place entre les deux boutons de roses qui forment sa gorge naissante ; elle feint de l'introduire jusque dans le petit sentier, frayé pour Ganymède ; toutes ses espiègleries remplissaient parfaitement le but d'Inez ; elles faisaient frétiller le serpent qui allait pervertir la nouvelle Ève ; déjà sa crête d'enflait, quand Adèle s'éveilla : enfin dit-elle, mon

---

[274] Rayé : jouir publiquement de la folâtre Inez

[275] Le manuscrit ajoute « ma » en lettres supérieures.

ami a secoué le joug d'Olympe ; tâchons en l'enivrant de nos caresses de le dédommager de son sacrifice : – Mais vois donc ma sœur, disait Inez, comme son bijou est fait pour le mien, – Oui répondait Adèle ; mais enfin l'oiseau n'entre pas dans la cage : – Il y entrera ma sœur, ou je cesserai d'être Inez, – Il n'y entrera pas sans mon adresse, ou je cesserai d'être Adèle.

Tous ces jeux embrasaient mon imagination ; mais la cage quoique préparée était si étroite, que l'oiseau était sur le point de se morfondre à la porte ; Adèle toujours fertile en expédients, rassemble les lilas, les myrtes de Vénus, les bouquets de roses, qui avaient servi aux premières initiations, et tandis qu'Inez étendue comme moi sur le côté, haletante de fatigue et de plaisir, introduit la pointe de l'épée dans le fourreau, sa sœur nous frappe tous les deux alternativement avec les verges voluptueuses d'Héloïse et d'Abailard. Le supplice dura dix minutes et fit son effet ; au bout de cet intervalle, lorsque le corps tout en feu, nous étions sur le point de demander grâce, le dard malgré sa raideur entra tout entier ; Inez, tout en sang, Inez palpitante de douleur, mais qui sent l'approche du plaisir, s'enlace plus que jamais avec moi ; cependant à l'approche de la rosée céleste, content de mon triomphe, je ne jugeai pas à propos de rendre mère un enfant de quinze ans ; pendant qu'Inez jouissait avec ivresse mais en silence, je me retirai subitement et tous mes principes de vie allèrent inonder le duvet naissant de ma tendre victime. Ce ménagement fut apprécié par Adèle, qui m'en récompensa par le baiser touchant de l'amitié.

Prêt à reprendre la route de Paris, une dernière surprise, et la plus agréable de toutes m'attendait encore ; je trouvai dans ma voiture déjà attelée mon incomparable Olympe, qui me sachant mort pour l'amour, voulait me faire revivre pour la touchante amitié.

Mon ami, me dit-elle, j'ai une dernière grâce à te demander : depuis deux ans, mon oncle résidant à Lunéville me prie de venir l'embrasser ; il n'y a que deux postes d'ici à cette ville ; il est six heures du matin et à midi tu peux te retrouver à Nancy, mène-moi et ramène-moi ; mon cœur sur la route a tant de choses à dire au tien ! – Olympe quel est l'état de ton oncle à Lunéville ? – C'est un notaire, – Un notaire ! – soudain un trait magique d'électricité me fait tressaillir : Olympe ton oncle est notaire ! j'irais au bout du monde pour le voir.

Dans la route je demandai à l'être céleste, qui me comblait

des caresses les plus touchantes, quelques renseignements sur sa fortune ; mon ami je te possède : – Louis XV, avec ses deux cent millions de revenus, n'est pas si riche que moi.

Arrivé à Lunéville, je me fais présenter au notaire par sa nièce, et j'accepte de lui un déjeuner ; celui-ci qui me connaissait de réputation par quelques uns de mes faibles ouvrages m'accueille de la manière la plus honorable. Olympe nous ayant laissés seuls un moment, pour visiter la maison, je profite de l'à-propos et je lui remets un petit contrat de rente viagère de cent écus[276] que j'avais dans mon portefeuille, pour subvenir aux besoins impérieux de sa nièce qu'elle m'avait toujours dissimulés. Cet excellent homme vit tout de suite que la vertu entrait plus que l'amour dans mon procédé ; et quand Olympe rentra, il ne fit connaître en rien qu'il nous avait deviner ; mais sur le point de partir, et sa nièce étant déjà montée dans la voiture, il se présenta à la portière, pendant que je donnais des ordres au postillon ; charmante amie, dit-il, dès que vous serez sur la route de Nancy, tombez aux genoux de l'excellent homme, qui comptant sur votre travail et votre vertu, vous met désormais à l'abri de tous les besoins, et il lui montre le contrat. A la même minute je monte dans la voiture, et le notaire homme de bien disparaît.

Olympe, oppressée par la reconnaissance et par l'amour se sentit défaillir, en serrant ma main, qu'elle baisait avec toute l'expression du sentiment : elle ne reprit même tout à fait ses sens que quand nous fûmes hors de Lunéville. Mon ami, me dit-elle, quelle jouissance tu me donnes, et quel mal tu me fais éprouver ! eh quoi ! tu veux donc m'acheter par tes bienfaits ! m'acheter !... pardonne ce tendre reproche... non je me mets à ta place, à la place de l'être supérieur dont j'embrasse les genoux ; et je sens que j'aurais fait comme toi...

Rien n'égale le plaisir pur que cette jouissance de l'âme me fit goûter : voluptés des sens que vous êtes petites devant elle !... Adèle, Inez, vous courbez vos têtes aviles, quand votre sublime sœur n'existant que par son âme, s'élève vers l'ordonnateur des mondes par sa touchante vertu.

Telle fut pendant dix ans, cette admirable Olympe, qui toujours dans mes bras, quand je n'étais pas à ses genoux, me fit couler constamment des jours purs et sans nuages. Elle valait

---

[276] « Il y a l'écu de trois livres et l'écu de six francs. L'écu de trois livres vaut soixante sols ; l'écu de six francs vaut le double » (*Encyclopédie*, v, p. 378).

mieux que moi et mes ouvrages ; j'ai eu le malheur de lui survivre, et je fus tenté un moment de blasphémer la Providence.

Âme excellente, âme de Fénelon, tu as été rejoindre ton modèle ! les types du bon et du beau étaient dans ton être, un des chefs-d'œuvre de la nature ; et moi qui ne tiens plus à l'existence que par des souvenirs qui m'élèvent et me déchirent à la fois, je te consacre ce faible monument, qui épurera, ou du moins fera pardonner à tout ce qui croit à la vertu, le délire coupable de mes trois jouissances.

Fin des Trois jouissances

Monologue de volupté

La Baronne, elle n'a que dix-huit ans.

Chevalier, enfin nous voilà seuls ! Maman est, avec son confesseur, à la chapelle du château, et ordinairement elle y est pour plus d'une heure : on ne vous a point vu entrer, parce que vous êtes venu par le jardin ; ainsi je puis vous entretenir en toute sûreté, cependant la femme de chambre rôde sans cesse autour de nous ; elle a l'oreille très fine, et il est très important qu'elle ne nous entende pas ; je vous prie n'ouvrez pas la bouche ; je ferai seule à demi-voix, les demandes et les réponses : vous avez de l'intelligence et vous me devinerez.

Vous voilà donc à mes genoux ; fort bien ; mais avec ce respect éternel, on n'avance guère dans la route de bonheur. Assurément je veux être respectée de l'ami de mon cœur ; et vous êtes cet ami ; car vous me le dites depuis six mois, toujours dans l'attitude où vous êtes, et osant à peine presser une[277] main, que je livre à vos désirs, et que vous baignez quelquefois des larmes de sentiment.

Mon ami, l'heure que le ciel nous accorde sera bientôt écoulée ; laissez-moi lire dans votre âme ce que vous n'osez me dire : je veux vous confesser d'une manière plus prompte et surtout plus aimable que ne le fait en cet instant le directeur de maman. Écoutez-moi bien, ne répondez pas un seul mot, mais il y a des gestes éloquents, qui suppléeront à votre silence ; le respect est à mes yeux le plus bel apanage de l'amour ; mais si, par hasard, vous le violez avec délicatesse et intelligence, vous êtes sûr de l'absolution.

Vous voilà à mes genoux, baisant ma main avec chaleur et portant plus haut vos regards pleins de feu : je lis dans le fond de votre pensée que pour la première fois depuis six mois, vous voudriez bien porter à ma bouche l'hommage que vous rendez à ma main. – Cette permission serait bien dangereuse : il y a, disent les maris-amants, un certain jeu de langue... oh ! dieu ! je suis toute troublée... Chevalier... oui, je t'aime... mais je t'en conjure... épargne une amante qui veut être respectée... même

---

[277] Rayé : ma

quand on lui manque de respect...

Fort bien... tu retombes à mes genoux... mais j'ai fait une faute irréparable... je t'ai permis d'attiser des feux, qui ne devaient jamais naître... je brûle d'être coupable : et si tu étais généreux... tu balances : mais tu me regardes avec des yeux qui sollicitent un pardon que je suis trop heureuse de t'accorder... ces regards tombent sur mon sein, que tu ne vis jamais, dont tu es loin de soupçonner les formes... voile qui les couvres disparais... il faut bien que l'amant qui me respecte, connaisse ce qu'il possédera un jour... mais ton œil brûlant en parcourt les sinuosités ; il erre autour de ces deux globes... cet œil m'alarme, je vois bien que je ne pourrai empêcher ta main d'en reconnaître la dureté... Oh ! comme en les pressant avec amour, tu crains d'y laisser quelque empreinte !... ton baiser même tout ardent qu'il est, ne peut faire plier ces globes... mais déjà tu rougis de ton audace et tu m'en demandes pardon à genoux, cher amant, je te remercie de m'empêcher désormais de rougir...

Mais quoi ! ma jarretière m'échappe : je vois bien, que dans l'attitude heureuse où tu te trouves, tu voudras, d'une main tremblante la rattacher... que cette main sera ingénieusement maladroite, qu'elle errera à dessein, tantôt plus haut, tantôt plus bas, pour chercher à tâtons un sentier de roses, dont l'abord t'est défendu... ma crainte était bien fondée... tes doigts voluptueux approchent du duvet qui en protège l'enceinte... mon cœur palpite d'effroi... arrête tendre ami, et ne profane pas un temple, qui, un jour, doit être à toi.

Tu m'obéis : céleste réserve... mais tes yeux sont baissés, tu crains de m'avoir fait un outrage... Chevalier, tu me connais mal... te déplaire serait pour moi plus pénible encore, que le danger d'une profanation, – écoute un apologue et tâche d'en pénétrer le sens.

L'Amour un jour se brouilla avec sa mère ; celle-ci qui, sans lui, perdait tout son empire sur les dieux et sur les hommes, lui dit en le caressant : mon fils, j'ai tort : punis-moi, mais aime-moi : l'Amour va en silence cueillir des roses sans épines, qui croissaient à Cythère, revient auprès de sa mère qui reposait à demi nue sur des coussins de duvet, la retourne avec grâce, la fouette avec tant de ménagement, fait onduler d'une manière si voluptueuse les deux globes d'albâtre, qui subissent l'empreinte des roses, que Vénus émue ne put s'empêcher de dire à son fils, en l'embrassant : oh ! j'aurai souvent tort avec toi, pour que souvent tu me punisses ainsi...

Ah ! dieu ! je suis perdue : chevalier, tu prends à la lettre mon innocent badinage... déjà tu as ôté les épines du bouquet de roses que tu m'as apporté... je ne sais plus où j'en suis... tu me fais une douce violence pour me retourner sur ce lit de volupté... eh bien frappe... encore plus fort... ces coups ne font pas de bruits ; le cœur seul peut les entendre... ne ménage point l'amante qui t'a offensé... parcours alternativement toute la surface de ces globes animés : imite l'Amour, fais-les vibrer par le contact des roses sans épines : qu'ils rougissent, comme si le sang allait jaillir de leurs pores enflammés... Dieux ! quelle flamme nouvelle circule dans mes veines !... mon ami, qu'as-tu fait ? tes coups charmants portent à faux, ils tombent sur les voiles qui cachaient les globes à tous les regards ; qu'attends-tu pour relever ces voiles importuns, bien au-dessus de ma ceinture ?... encore plus haut... ah ! que ta main ingénieuse, en me mettant à demi nue, sait bien, par ses caresses touchantes, ajouter au charme de nos jeux !... frappe, de nouveau, tout ce qui s'offre à tes yeux, depuis la chute de[278] reins jusqu'au dessous des globes... Oh ! quel torrent de voluptés vient m'inonder. Fils de Vénus, combien mon amant sait enchérir sur tes leçons !... je succombe à mon bonheur, et je sollicite de tout ce que j'aime un moment de repos.

Enfin, rendue à moi-même, je vois que tu m'as replacée dans ma première attitude et que tu me remercies, en baignant mes mains des pleurs de la reconnaissance... Mon ami le sacrifice n'est pas complet et je brûle encore... lève-toi... ô ciel, qu'est-ce que j'aperçois ? c'est un dard enflammé, qui fait effort contre la barrière que lui oppose ton vêtement... mon ami... je ne suis plus à moi... j'ose, sans ton aveu, rompre l'enceinte de sa prison... c'en est fait : mes yeux pour la première fois aperçoivent mon vainqueur... ce n'est pas là de la chair, c'est du marbre... mon délire est à son comble... permets à ton amante insensée de le presser avec fureur sur son sein, de le baiser avec ivresse... tu me fais signe de m'arrêter, afin peut-être que le feu sacré ne s'évapore pas avant qu'il atteigne l'autel... je crois t'entendre...eh bien ! mon ami, hâte-toi de faire disparaître tous les voiles qui me couvrent... tous te dis-je... il faut que je représente Vénus dans sa nudité absolue, telle qu'elle parut, lorsqu'elle s'éleva du sein des ondes... mes vœux sont remplis, mes cheveux même tressés sur ma

---

[278] Le manuscrit donne « chute des reins », mais le « s » a été barré.

tête ne mettent pas un seul point de mon corps à l'abri des regards et des blessures de l'amour.

Et toi, mon ami, place-toi, avec le moins de voiles possibles à mes côtés... remets dans ma main le dard qui doit me faire la plus aimable des blessures... le voilà à l'entrée du sanctuaire... il s'agite avec ménagement, pour enfoncer la barrière... il atteint la porte de la virginité... Dieu ! quelle douleur soudaine !... mon ami ne m'écoute pas... poursuis malgré mes cris étouffés, ta brûlante carrière... va en digne chevalier... Va, mets tout à feu et à sang, afin d'entrer en vainqueur dans ta conquête... t'y voilà enfin, et je me meurs...

Je renais à la vie... pourquoi t'arrêtes-tu ? il n'est plus qu'un moyen, pour que ta flèche brûlante guérisse les blessures qu'elle a faites, c'est d'y verser le baume salutaire qu'elle recèle dans son sein... poursuis... poursuis avec courage... déjà je sens une goutte de ce nectar humecter les parois du sanctuaire... Verse... Verse à grands flots... inonde ton amante... et moi aussi, je mêle mes ondes aux tiennes... Maman ! la terre, la nature entière disparaissent devant moi, et je touche à l'immortalité.

Fin du monologue[279]

---

[279] Manuscrit ajoute : Et de la quatrième partie

L'Art de foutre,

ou

Paris foutant

L'Art de foutre[280]

Sur la musique du prologue de l'Europe galante,[281] qui commence ainsi : Frappez, frappez, ne vous lassez jamais, etc.

Ballet

Représenté aux Porcherons dans le bordel de Mademoiselle De La Croix, fameuse maquerelle, le premier de janvier 1741, et remis au même théâtre presque tous les jours de fête de ladite année.[282]

---

[280] Cushing ajoute : ou Paris foutant

[281] Considérée comme le premier opéra-ballet, *L'Europe galante* (musique d'André Campra, livret d'Antoine Houdar de La Motte) fut représentée pour la première fois le 24 octobre 1697.

[282] Cushing ajoute : À Paris. / Chez Dom Bougre imprimeur de tous les fouteurs et de tous les cocus du Royaume à l'Enseigne du Vit à la grenadière. / Avec privilège de tous les Seigneurs de la cour.

   Vous, dont le vit prédestiné
   Incessamment fout et décharge ;
O ! vous, que de leurs dons tous les dieux[284] ont orné
Et qui trouvez étroit le vagin le plus large,
   Vous, enfin, suprême fouteur,
   Dispensateur des chaudes-pisses,
Du temple de Vénus grand sacrificateur,
Des couilles et des cons l'exemple et les délices,
   Permettez que sous vos auspices
J'ose de la foutaise[285] exprimer tous les traits ;
De mon vit au berceau ce sont là les prémices :
Il ne fout qu'en tremblant les cons les moins novices.
   De votre foutre animez mes portraits ;
   Répandez-y tout le feu qui vous brûle :
    Qu'à la fois Adonis, Hercule,
Maquerelles, putains confirment mes succès ;
Que votre vit foutant, soit le dieu qui m'inspire,
   Et qu'en suivant de si nobles essais,
Ma muse à l'art de foutre unisse l'art d'instruire.

---

[283] Joseph-Marie-Anne Durey d'Harnoncourt de Morsan, qui fit les frais de la publication de la pièce, et qui fut ensuite embastillé ; voir la préface.

[284] Cushing : dons les dieux

[285] Cushing : fouterie

[286]Personnages[287]

Mademoiselle De la C****,[288] Maquerelle.

Mademoiselle P****,[289] la jeune, putain.

Mademoiselle Le S****,[290] autre putain.

Mademoiselle D********,[291] troisième putain.

Mademoiselle R*******,[292] quatrième putain.

Mademoiselle M*****,[293] cinquième putain.

Mademoiselle L'E******,[294] sixième putain.[295]

Mesdemoiselles A********,[296] R****, et J****,[297] garces.[298]

Monsieur D'A***,[299] commissaire.

Chœur des garces, maquerelles, maquereaux et piliers de bordel, tirés des Comédies Française et Italienne et de l'Opéra.

Mousquetaires.

---

[286] Dans Cushing, cette liste est précédée par : L'Art de foutre ou Paris foutant. Ballet entremêlé de danses, de lazzis et de pantomimes, le tout imité fidèlement des 36 Postures de l'Arétin.

[287] Cushing : Personnages du ballet

[288] 47 ajoute en manuscrit : roix. Cushing : Mad^lle Delacroix

[289] 47 ajoute en manuscrit : etit. Cushing : Mad^lle Petit la jeune

[290] 47 ajoute en manuscrit : ueur. Cushing : Mad^lle Le Sueur

[291] 47 ajoute en manuscrit : uplessis. Cushing : Mad^lle Duplessis

[292] 47 ajoute en manuscrit : 'ousseau'. Selon Cushing, il s'agit plutôt de Rozette.

[293] Aucune identification dans 47. Cushing : Mouton

[294] 47 ajoute en manuscrit : mpereur

[295] Cushing : Mad^lle Angélique… six^e putain

[296] 47 ajoute en manuscrit : ntonia

[297] 47 ajoute en manuscrit : oly

[298] Cushing : 'Mesd^lles L'Empereur, Rabot et Julie, Garces'

[299] Cushing : Monsieur D'Alby. Selon l'Almanach royal de 1741, Dalby devint commissaire au Châtelet en 1728, et il était responsable du département de La Grève (p. 259).

Fouteurs, au nombre de six.[300]

Archers, qu'on ne voit pas, mais qu'on entend.

Suite de garces à cul et de laveuses de vit.[301]

---

[300] Cushing : six M$^{srs'}$

[301] Cushing ajoute : Approbation. / J'ai lu par l'ordre du Comte du Foutant, le ballet de Paris foutant, où je n'ai rien trouvé qui puisse en empêcher l'impression, l'auteur ayant bien rendu la nature, à Paris ce 1er de janvier 1741 signé Vired.

L'Art de Foutre

Ballet entremêlé de danses, de lazzis[302] et de pantomimes ; le tout imité fidèlement des Postures de l'Arétin.[303]

Le théâtre représente un vaste appartement, enrichi de tous les emblèmes du bordel : les six putains, qu'on a désignées, sont sur le devant du théâtre, toutes dans des postures différentes, et prêtes à être foutues : la maquerelle est au milieu : plus loin sont trente-six putains, partagées dans l'enfoncement du théâtre, exécutant au naturel les trente-six postures de l'Arétin :[304] le chœur des garces, maquerelles, maquereaux, fouteurs, etc. entoure les six premières putains et la souveraine maquerelle : les six fouteurs élus se mettent en état de foutre, et la maquerelle les excite à la foutaise.

Scène première

La maquerelle, les trois garces, le chœur, les six putains.

LA MAQUERELLE

Foutez, foutez, ne vous lassez jamais ;
Qu'aux coups de cul le con réponde :
Du puissant art de foutre épuisez les secrets ;
Remplissez de nos cons l'ouverture profonde.

---

[302] Selon Joseph de Laporte et Sébastien-Roch-Nicholas Chamfort, « Ce mot, emprunté de l'italien, désigne des mouvements, des jeux de théâtre, des plaisanteries particulières aux Bouffons Italiens » (*Dictionnaire dramatique*, 3 tomes [Paris : Lacombe, 1776], II, pp. 136-37).

[303] L'Arétin composa ses *Sonnetti* pour commenter les desseins érotiques de Giulio Romano, gravés par Marcantonio Romano. Voir Jean-Pierre Dubost, 'De l'image arétine à la gravure libertine : rupture et continuité', dans Quignard et Seckel, *L'Enfer de la Bibliothèque*, pp. 57-87.

[304] Contrairement à ce que constate cette didascalie, il n'y a que seize postures chez le poète italien. Giorgio Vasari se trompe aussi quand il note que : « Giulio Romano fit ensuite graver par Marcantonio en vingt planches autant de diverses manières, attitudes et postures qu'adoptent les hommes dissolus pour coucher avec les femmes, et ce qui fut pis, sur chacune des postures messire Pierre Arétin fit un très impudique sonnet de sorte que je ne sais ce qui l'emportait en obscénité, des dessins de Guilio Romano pour les yeux, ou des vers de l'Arétin pour les oreilles ». Voir L'Arétin, *Sonnets luxurieux*, éd. Paul Larivaille (Paris : Payot & Rivages, 1996), pp. 19-20. Le manuscrit Cushing comporte parmi de nombreux textes *Les Trente-six postures de l'Arretin* (pp. 194-201).

Foutez, foutez, ne vous lassez jamais ;
Que sur le con votre bonheur se fonde.[305]

LES SIX PUTAINS

Foutons, foutons, ne nous lassons jamais ;
Qu'à nos efforts le vit réponde :
Du puissant art de foutre épuisez les secrets ;
Elargissez des cons l'ouverture profonde.

LE CHŒUR ET LES SIX PUTAINS ENSEMBLE

Foutons, foutons, ne nous lassons jamais ;
Qu'aux coups de cul le con réponde.

LA MAQUERELLE

Le dieu qui lance le tonnerre,
Tous les dieux de leur foutre ont inondé la terre ;
Ce n'est qu'en se foutant qu'on peut leur ressembler,
Hâtez-vous de vous accoupler.
Foutez, servez d'exemple aux plus vigoureux carmes,[306]
Et vous, à leurs regards, étalez tous vos charmes.[307]

---

[305] Parodie de *L'Europe galante* : « Frappez, frappez, ne vous lassez jamais, / Qu'à vos travaux l'écho réponde. / Pour le fils de Vénus forgez de nouveaux traits ; / Qu'ils portent dans les cœurs une atteinte profonde. / Frappez, frappez, ne vous lassez jamais, / Vous travaillez pour le bonheur du monde » (Antoine Houdar de La Motte, *L'Europe galante* [Paris : Ballard, 1697], pp. 1-2.

[306] Les carmes étaient renommés pour leur appétit sexuel ; par exemple, dans la pièce de théâtre anonyme *Les Putains cloîtrées* (vers 1793), un personnage chante, « Je bande comme un carme, je bande comme un carme » (*Théâtre érotique français au XVIIIᵉ siècle*, p. 389). Le narrateur de l'*Histoire de Juliette* s'exclame, « Oh ! mes amis, qu'on a raison de citer un carme, quand on veut offrir un modèle de vit et d'érection » (Sade, *Œuvres*, III, p. 585).

[307] Parodie de *L'Europe galante* : « C'est Vulcain qui fait le tonnerre, / Dont le maître des dieux épouvante la terre ; / Mais ce sont les plaisirs, les grâces et les ris / Qui forment les traits de mon fils. / Jeunes cœurs essayez la douceur de ses armes, / Qui s'en laisse blesser éprouve mille charmes » (p. 2).

Les six putains s'avancent et les six fouteurs ; cela forme une scène muette. Deux des fouteurs ne bandent point ; deux putains leur mettent la main au vit, et tâchent de rappeler chez eux la nature : des autres fouteurs qui bandent, l'un veut foutre en charrette brisée, l'autre en levrette,[308] ainsi du reste ; le tout est accompagné de lazzis et de cadences charmantes.

DEUX GARCES ALTERNATIVEMENT AVEC LE CHŒUR

Belles, souffrez qu'on vous foute,[309]
On est heureux en foutant ;[310]
Laissez enfiler la route
Par derrière et par devant.

Pour apprendre l'art de vivre,
Croyez-nous, foutez toujours ;
Que le foutre vous enivre,
Consacrez-lui vos beaux jours.

UNE GARCE SEULE

C'est dans la seule fouterie
Qu'on trouve le germe de tout ;
Le foutre est l'âme de vie,
On n'est content que quand on fout :[311]
Dans ces doux moments la folie
Met la sagesse à bout.

---

[308] Tandis que cette posture est décrite dans *L'Art de foutre en quarante manières* (1789) et dans *Les Quarante manières de foutre* (1790), la « charrette brisée » reste une énigme ; voir *La Science pratique de l'amour : manuels révolutionnaires érotiques*, éd. Patrick Wald Lasowski (Arles : Philippe Picquier, 1998), p. 62 et p. 110. *Les Trente-six postures de l'Arretin* dans le manuscrit Cushing ne décrivent non plus cette posture.

[309] Parodie de *L'Europe galante* : 'Souffrez que l'amour vous blesse' (p. 2).

[310] Cushing : 'On n'est heureux qu'en foutant'

[311] Parodie de *L'Europe galante* : « C'est dans une tendresse extrême / Qu'on trouve des plaisirs parfaits. / On n'est content que quand on aime » (p. 2).

Comme on est prêt de se foutre, et que quelques vits même sont déjà dans les cons, fête accompagnée d'une symphonie lascive, on entend une symphonie bruyante qui interrompt les plaisirs, et annonce l'arrivée du commissaire.

Scène II

Le commissaire, la maquerelle, les personnages précédents.

LA MAQUERELLE

Quel foutu tintamarre ! et quel bougre de bruit !
O ciel ! un commissaire ! ah ! tout mon con frémit.[312]

LE COMMISSAIRE, *à la maquerelle.*

À ma recherche, en vain, tu prétends te soustraire ;[313]
Pour le coup je vous tiens, mesdames les putains,
    Redoutez tout d'un commissaire,
Qui vous rendra le mal que lui font deux poulains :[314]
Il est temps d'arrêter le cours des chaudes-pisses,
    Dont vous avez infecté tout Paris :
Suivez mes pas, venez, belles, sous mes auspices
    De vos dons recevoir le prix.
Nous savons à vos maux opposer un remède,
Qui, mieux que le mercure,[315] a droit de corriger ;
    Gardez-vous bien de m'outrager,
J'ai des archers là-bas qui viendront à mon aide,
    Hâtez-vous donc de déloger.

---

[312] Parodie de *L'Europe galante* : « Quelle soudaine horreur! et quelles terribles bruits! / Ciel! qui peut amener la discorde où je suis ? » (p. 3).

[313] Parodie de *L'Europe galante* : « C'est en vain qu'à tes lois tu prétends qu'on réponde » (p. 3).

[314] Selon le *Dictionnaire de Trévoux*, le mot désigne « une tumeur maligne qui vient aux aines et procède d'une cause vénérienne ».

[315] « L'usage principal essentiel fondamental du mercure et des diverses préparations mercurielles, c'est son administration contre la maladie vénérienne » ('Mercure', *Encyclopédie*, X, p. 375).

LA MAQUERELLE

Ah ! Monseigneur, daignerez-vous m'entendre ?
A de pareils revers, ciel ! devais-je m'attendre !
Moi, qui toujours remplit ma charge avec honneur,
    J'essuierais un affront semblable !
Ne puis-je vous toucher ?... jugez de ma douleur,
L'âme d'un commissaire est-elle inexorable ?
Auriez-vous donc pour nous un cœur si déloyal ?
Vous, l'appui du quartier, et des vertus le père...

LE COMMISSAIRE

    Marchons, ce ton commence à me déplaire,
Point de retardement, quelques mois d'Hôpital[316]
      Décideront l'affaire.

LA MAQUERELLE

L'Hôpital, je m'en fous, j'ai partout des amis,
À la ville, à la cour, et même à la police,
Abbés, marquis, fermiers, tout jusques aux commis,
    Pour moi corrompra la justice.
Mais, parlons, votre cœur est-il toujours d'airain ?
Je veux bien avec vous partager tout mon gain :
À l'aspect de cet or, serez-vous insensible ?

LE COMMISSAIRE

Que vous possédez l'art de nous persuader ![317]
    Je voudrais... il n'est pas possible ;
Vous avez un pouvoir à qui tout doit céder.

---

[316] Sur cette maison de force, voir Benabou, *La Prostitution et la police des mœurs au XVIIIe siècle*, pp. 79-85.

[317] Un syllabe manque.

LA MAQUERELLE, *en lui donnant de l'argent.*

Cette somme est bien suffisante.

LE COMMISSAIRE, *d'un ton emporté.*

Reprenez votre argent, il n'a rien qui me tente ;
En vain, par son éclat, vous pensez m'éblouir,
Je ferai mon devoir ; celui d'un commissaire
     Est d'être inflexible et sévère,
     Marchez, hâtez-vous d'obéir.

ARCHERS, *qu'on ne voit pas, mais qu'on entend à la porte de*
l'appartement

Marchons, et hâtons-nous d'obéir.

LA MAQUERELLE

Apprends que je me fous de toute ta séquelle,[318]
Mousquetaires, à moi, venez me secourir.

Il sort plusieurs fouteurs de diverses chambres, tous l'épée à la main. Il est bon de remarquer que ceux qui se trouvent sur la scène, ne sont que des abbés, des petits robins,[319] et des sous-fermiers ; ainsi, on ne doit pas être surpris que ces personnages restent muets.

LE COMMISSAIRE, *se radoucissant.*

Modérons nos transports, n'ayons point de querelle,

---

[318] Le *Dictionnaire de l'Académie française* note que ce mot « se dit par mépris d'un nombre de gens qui sont attachés au parti, aux sentiments, aux intérêts de quelqu'un. *Je me moque de lui et de toute sa séquelle.* Il est du style familier. »

[319] Selon le *Dictionnaire de l'Académie française*, c'est un « terme de mépris dont on se sert en parlant des gens de robe. Il est familier. »

Lions nos intérêts d'une chaîne éternelle.

Les mousquetaires remettent leur épée dans le fourreau ; le commissaire les salue très humblement ; la maquerelle lui donne encore quelque argent, et il sort très satisfait. Pour les mousquetaires, ils restent.

SCÈNE III

La maquerelle, les trois garces, le chœur, les six putains, les six fouteurs, les trente-six autres putains et autant de mousquetaires, suite de maquerelles, maquereaux, etc.

Les mousquetaires paraissent dans l'enfoncement du théâtre, et s'apprêtent à exécuter les figures de l'Arétin avec les trente-six putains ; les six putains de leur côté, se remettent dans leur première situation.

UNE GARCE, *qu'on s'apprête à foutre*

Ah ! que mon cœur
Goûte de bonheur,
Un feu divin m'enflamme,
Je meurs…. je sens…
Quel trouble dans mon âme !…
Quels ravissements !…[320]
Mes sens sont pleins d'une douce ivresse,
Une vive ardeur
Succède à ma langueur,
L'amour me presse,
D'autres transports
Font de ma tendresse
Naître les efforts :
De cent plaisirs le torrent m'inonde,
Je brûle…. grands dieux !… je…. je me meurs…[321]

---

[320] Cushing : Quel ravissement…

[321] Cushing : Je brûle…Grands dieux je me meurs…

Ah !.... mon âme abonde
De mille douceurs.

On fout ; il se fait là une décharge générale de foutre, qui forme le plus beau coup de théâtre du monde.

Second couplet

Ranimons-nous,
Pour de nouveaux coups
Ressuscitons la flamme
Que les plaisirs
Allument dans notre âme :
Je sens des désirs...
Mes sens sont pleins d'une douce ivresse...
Une vive ardeur[322]
Succède à ma langueur,
L'amour me presse,
D'autres transports
Font de ma tendresse
Naître les efforts :
De cent plaisirs le torrent m'inonde,
Je brûle.... Grands dieux !... je.... je me meurs...
Ah !.... mon âme abonde
De mille douceurs........

On fout encore, à peu près dans la même situation que la première fois ; toute la différence qui s'y trouve, c'est que la décharge dure plus longtemps, et que les culetis[323] sont plus répétés : un silence profond accompagne l'action.

CHŒUR

Que l'ardeur de foutre nous guide ;

---

[322] Cushing : comme ci-dessus (les neuf vers suivants ne sont pas donnés).

[323] « Vieux mot hors d'usage employé dans un sens obscène pour indiquer les mouvements du derrière faits par la femme dans l'acte vénérien » (Louis de Landes, *Glossaire érotique de la langue française depuis son origine jusqu'à nos jours* [Bruxelles : Vanderauwera, 1861], p. 102.

Déchargeons, bandons à jamais ;
Dans le con le plaisir réside,
Soyons foutus, foutons en paix.

LA MAQUERELLE

C'est assez fatiguer les vits et les matrices,
En nous foutant des dieux, craignons les chaudes-pisses.

FIN.

Bibliographie sélective

Manuscrits et sources
Bibliothèque de l'Arsenal :
Delisle de Sales, *Théâtre d'amour*, Ms 9549
Archives de la Bastille, Ms 11480 (ff. 127-227), et 12484, 12550 et
12581
Le Bordel ou le jean-foutre puni (Ancône : chez Jean Chouard, à
l'Enseigne du Morpion couronné, 1747); Rés 8° B 35550

Cushing Memorial Library (Texas) :
Melange de poësies Divers par différents Auteurs. A Paris. 1780 ;
PQ 1177. M45 1780

Imprimés
Bailey, Colin (éd.), *Les Amours des dieux : la peinture
mythologique de Watteau à David* (Paris : Réunion des musées
nationaux, 1991)
Benabou, Érica-Marie, *La Prostitution et la police des mœurs au
XVIIIe siècle* (Paris : Perrin, 1987)
Capon, Gaston et Robert Yve-Plessis, *Les Théâtres clandestins*
(Paris : Plessis, 1905)
Dawson, Robert, *Baculard d'Arnaud : life and prose fiction*, SVEC,
141-42 (1976)
Delisle de Sales, Jean-Baptiste-Claude, *Œuvres dramatiques et
littéraires*, 6 tomes (Paris : Arthus Bertrand, 1809)
Faroult, Guillaume, Christophe Leribault et Guilhem Scherf (éds.),
L'Antiquité rêvée : innovations et résistances au XVIIIe siècle
(Paris : Gallimard et musée du Louvre, 2010)
Grell, Chantal, *Le Dix-huitième siècle et l'antiquité en France
1680 – 1789*, SVEC, 330 (1995)
Hunt, Lynn (éd.), *The Invention of Pornography : Obscenity and
the Origins of Modernity, 1500-1800* (New York : Zone Books,
1996)
Jeanneret, Michel, *Éros rebelle : littérature et dissidence à l'âge
classique* (Paris : Seuil, 2003)
Lever, Maurice, *Théâtre et Lumières : les spectacles de Paris au
XVIIIe siècle* (Paris : Fayard, 2001)
- *Anthologie érotique : le XVIIIe siècle* (Paris : Robert Laffont,
2003)

Malandain, Pierre, *Delisle de Sales, philosophe de la nature (1741–1816)*, *SVEC*, 203-204 (1982)

Marcus, Steven, *The Other Victorians : a Study of Sexuality and Pornography in Mid-Nineteenth Ccentury England* (Londres : Weidenfeld and Nicolson, 1964)

Pauvert, Jean-Jacques (éd.), *Théâtre érotique français au XVIIIᵉ siècle* (Paris : Terrain vague, 1993)

- *Théâtre érotique – volume 1* (Paris : La Musardine, 2001)

Plagnol-Diéval, Marie-Emmanuelle, *Le Théâtre de société : un autre théâtre ?* (Paris : Champion, 2003)

- 'Puissances du mâle : le théâtre d'amour de Delisle de Sales', dans *Le Mâle en France 1715-1830 : représentations de la masculinité*, sous la direction de Katherine Astbury et Marie-Emmanuelle Plagnol-Diéval (Bern : Peter Lang, 2004), pp.150-62

Santini, Cécile, 'Théâtralité et exhibition dans le théâtre pornographique du XVIIIᵉ siècle', dans *De l'obscène et de la pornographie comme objets d'études*, éd. Jean M. Goulemot, *Cahiers d'histoire culturelle* 5 (1999), pp. 39-48

Senelick, Laurence, 'The word made flesh : staging pornography in eighteenth-century Paris', *Theatre Research International*, vol. 33, no. 2 (2008), pp. 191-203

Toepfer, Karl, *Theatre, aristocracy and pornocracy : the orgy calculus* (New York : PAJ Publications, 1991)

Touitou, Béatrice, *Bibliographie des écrivains français : Baculard d'Arnaud* (Paris : Memini, 1997)

Wynn, Thomas, 'Le dialogue dans le théâtre érotique du XVIIIᵉ siècle', *SVEC*, 2005:07, pp. 223-30.

Remerciements

Ce livre est dédié à Silas Spencer et à Pierre Frantz.

Je tiens à remercier (par ordre alphabétique) : Nimrod Ben-Cnaan, Anne Chassagnol, Jan Clarke, Derek Connon, Nicholas Cronk, Mark Darlow, John Dunkley, Adrian Gibbs, Richard Goulding, Ann Lewis, Gerard Lowe, Sophie Marchand, Will McMorran, Chris Mounsey, Roger Ravanelli, Isabelle Rodrigues, Dan Smith, Malcolm Unsworth, Tim Webb, Pamela Wynn.

Je voudrais aussi remercier : The Cushing Memorial Library and Archives (Texas A&M University), The Fine Art Museums of San Francisco, et The Wallace Collection (Londres).

MHRA Critical Texts

Phoenix

Phoenix is a series dedicated to eighteenth-century French drama. With a particular attention to performance history and the audience's experience, these editions make accessible to students and scholars alike a range of plays that testify to the diversity and vibrancy of that period's theatre. Phoenix is a joint project between the Université de Paris-Sorbonne and Durham University

Phoenix est une collection consacrée au théâtre français du dix-huitième siècle. Ses publications portent une attention particulière à l'histoire des représentations et à la place du spectateur. Elles mettent à la disposition des étudiants comme des spécialistes un ensemble de pièces qui témoignent de la variété et du dynamisme de la scène théâtrale de l'époque. Phoenix est le résultat d'une collaboration entre l'Université de Paris-Sorbonne et l'Université de Durham.

Lightning Source UK Ltd.
Milton Keynes UK
UKOW01f0330310817

308297UK00001B/67/P